医疗纠纷与事故处理

吴 冰 李 锐 王 丽 编著

兰州大学出版社

图书在版编目(CIP)数据

医疗纠纷与事故处理/吴冰,李锐,王丽编著.—兰州:兰州大学出版社,2009.9

(2009农家书屋文库)

ISBN 978-7-311-03480-1

Ⅰ.医… Ⅱ.①吴…②李…③王… Ⅲ.医疗事故—民事纠纷—中国—问答 Ⅳ.D922.165

中国版本图书馆CIP数据核字(2009)第168727号

责任编辑 丁武蓉 李 晖
封面设计 管军伟

书　　名 医疗纠纷与事故处理
作　　者 吴冰 李锐 王丽 编著
出版发行 兰州大学出版社 (地址:兰州市天水南路222号 730000)
电　　话 0931-8912613(总编办公室) 0931-8617156(营销中心)
　　　　 0931-8914298(读者服务部)
网　　址 http://www.onbook.com.cn
电子信箱 press@onbook.com.cn
印　　刷 兰州人民印刷厂
开　　本 710×1020 1/16
印　　张 19
字　　数 316千
版　　次 2009年9月第1版
印　　次 2009年9月第1次印刷
书　　号 ISBN 978-7-311-03480-1
定　　价 30.00元

前 言

医疗服务与人们身体健康和生命安全密切相关，构建和谐医患关系是构建社会主义和谐社会的重要内容之一，医患之间本应是相互依存、相互尊重、相互信任、相互配合的关系。近年来，我国医疗纠纷、医疗事故发生率呈逐年上升的趋势，这也是世界医学行业的普遍问题。随着时代的进步与发展，人们的知识水平在不断提高，消费者的维权意识也日益增强，使当今医患之间的关系产生了重大变化。同时，由于近年来我国进行了基本医疗制度改革，特别是在广大农村地区，农村医疗卫生体制改革不断深化，政府对农村医疗卫生事业的投入和管理不断加强，但是广大农民对自身享有哪些权利，遇到医生的医疗行为引起的医疗纠纷和事故如何处理，以及如何获得医疗损害赔偿等问题仍处于模糊的状态。尽管我国于 1987 年颁布了《医疗事故处理办法》，该法规对于医疗纠纷的处理起到了积极的作用，但随着社会的发展，法制的健全，旧的《医疗事故处理办法》已经无法适应现在新情况，因此，国务院在 2002 年 4 月 4 日颁布了新条例，即《医疗事故处理条例》，该条例不仅对医疗事故概念做了明确的界定，对事故等级、责任程度和赔偿做了详细的规定，而且给医务界提出了更高、更严的要求，也赋予了患者对医院更多的监督权利。该法规对于正确处理医疗事故，调整医患关系，保护患者和医疗机构及其医务人员的合法权益，维护医疗秩序，保障医疗安全，推动医学科学事业的发展，都有着十分重要的意义。但是，由于医疗活动专业性较强，在实践中，广大农民患者要正确运用法律来维护自己的权利，是件非常不容易的事情。因此，为广大农民提供一本较为全面，且浅显易懂的书本作为指南，以帮助农民患者有效地保护自己的权利，是我们编写此书的主要目的。

本书具有以下几个特点：(1)形式简单，便于阅读。为方便广大读者的阅读，本书采用了问答的形式编写。编著者精心选取了患者普遍关心的问题，并依据我国现行法律法规以及相关的司法解释，结合近年来我国发生的典型医疗纠纷案例，作了详细的解答。(2)案例典型，内容全面。本书在编写的过程中，搜集和整理了大量的材料，吸收了最新的纠纷处理方式，并关注了医疗卫生领域的立法动态，使读者能够全面清晰地了解相关的法律问题，以便更好地解决实际纠纷。(3)问题新颖,深入评析。编写人员从大量的医疗纠纷案例中筛选出一批典型案例,综合各种不同的观点和主张,结合《医疗事故处理条例》等相关法律、法规,进行深入的法理和学理分析,使读者通过阅读此书而快速获得解决基本医疗纠纷的能力,不至于在遇到此类纠纷时盲目处理,造成严重后果。(4)实践与法律、法规相结合。在编写过程中,我们悉心搜集相关的法律、法规,整理、汇集成本书的附录部分,其目的在于使广大读者在阅读的过程中能随时查阅相关法律条文,实践与法律、法规相结合,准确、有效地运用法律的武器维护自身的权益。编者希望本书能够提高广大读者自身的法律意识,以合法的途径维护自身的合法权益。

本书分为九章:第一章主要介绍农村医疗纠纷的基本常识,包括什么是医疗纠纷、引起医疗纠纷的原因、常见的医疗纠纷类型等;第二章主要介绍农村医疗纠纷的常见处理方法,包括处理医疗纠纷的方式和程序、遇到纠纷患者应该做的具体工作和准备等;第三章主要介绍农村医疗事故的基本常识,包括什么是医疗事故、常见的医疗事故有哪些、医疗差错和医疗意外、医疗事故等级的划分等;第四章主要介绍农村医疗事故中医患双方的权利与义务,包括患者的权利和义务以及医疗服务者的权利和义务;第五章主要介绍农村医疗事故的鉴定,包括医疗事故鉴定的启动、需要提交的材料、申请和受理以及医疗事故鉴定的机构和具体规定;第六章主要介绍农村医疗事故的举证,包括证据的收集、保全以及举证责任的分配等;第七章主要介绍农村医疗事故的处理与防范,包括解决医疗事故的途径、如何进行诉讼等;第八章主要介绍农村医疗事故的赔偿,包括如何获得赔偿、赔偿的范围以及如何计算赔偿数额等;第九章主要介绍农村医疗事故涉及的刑事责任,包括和医疗事故相关的医疗事故罪、非法行医罪,以及过失致人重伤、死亡等刑事责任。

本书第一、四、九章由吴冰执笔,第二、五、八章由李锐执笔,第三、六、七章由王丽执笔,全书由吴冰统稿,李锐、王丽参加了部分统稿工作。

本书在编写过程中参考了本领域部分学者的研究成果,并得到了兰州大学出版社的大力支持,在此向他们表示衷心的感谢。由于编者水平有限,书中疏漏之处在所难免,诚恳希望广大读者批评指正。

编者

2009 年 8 月

目录

第一章　医疗纠纷的基本常识25问

1 什么是医疗纠纷?

广义的医疗纠纷是指(发生在医患之间的)因患者对医务人员或医疗机构的医疗服务不满意,而与医方发生的争执。可见,医疗纠纷必须是因患者对医务人员或对医疗机构的医疗服务不满意,与医方发生争执而造成的,是患者对医方的责难。如果是因为患者不履行法定义务而引起的医方与患者之间的争执,例如因患者就医不缴纳诊疗费,或有意拖欠诊疗费而引起的医患之间的纠纷,则不属于医疗纠纷,而是一种民事财产纠纷;同样,因医方不履行法定义务而引起的患者与医方之间的争执,如医方违反对患者病情保密的义务,给患者造成了伤害而引起的纠纷,也不属于医疗纠纷,而是一种普通民事侵权纠纷。

狭义的医疗纠纷是指医疗民事纠纷,即医疗合同纠纷和医疗侵权纠纷。医疗合同纠纷是指合同当事人对医疗合同的制定、履行、变更、终止及合同权利义务的争议。医疗侵权纠纷是指医疗服务的提供者与接受者之间对医疗行为及其后果是否侵权及侵权责任的争议。

例如:一名60多岁的男性中风病人,为了预防肺部感染,在应用青霉素注射过程中发生昏迷抽搐, 后来经治疗病人恢复了知觉, 但是出现了痴呆和跛行。从其发病经过和恢复情况分析,医生均认为是中风后遗症,但其家属称病人有青霉素过敏史,坚持认为病人所出现的症状是因曾用青霉素而引起的,故病人住院长达10多年而不肯出院。

2 当前医疗纠纷有哪些新的趋势?

随着我国农村医疗卫生体制改革的不断深化, 各级政府对农村医疗卫生事业的投入逐年增加,卫生设施、医疗条件明显改善,广大农民通过新型合作医疗、医疗保险等途径得到的实惠也越来越多。但是农村医疗纠纷仍然频繁发生,而且呈现出以下的种种趋势。

一是纠纷数量增多。农村医疗卫生机构因诊断、注射、用药、急救、护理等方面而引发的矛盾纠纷屡见不鲜，尤其是因患者死亡而引发的医患纠纷上升幅度更大。

二是调解难度增大。在发生医疗纠纷时，患者或其亲属往往不分青红皂白,不注重事实和证据,把责任一味地推向医院,即使无理也要争三分。特别是患者死亡的案例,其亲属多会停尸闹丧,坚决不同意司法鉴定、尸体火化或心平气和地与医方交谈,有的甚至聚集亲友数人或数百人向医院讨说法。如此,时常发生损坏医院财产,围攻医院负责人及相关人员,甚至酿成群访事件,不达目的誓不罢休。而医方则尽可能地回避责任,使调解工作时常陷入僵局。

三是化解手段不硬。发生医疗纠纷后,患方和医方总是各执一词,正所谓“公说公有理,婆说婆有理”。而目前我国现行法律法规对强制尸检和司法鉴定等方面未作明确规定,使得获取必要的证据较难。即使有关部门参与其中,也需慎用行政手段。调解人员也只得用口头劝说、拖延时间来应付,难以提高调解工作效率。

四是社会影响难消。医疗纠纷的增多,往往带来相互影响、相互仿照、相互攀比的恶性循环局面。比如某地一居民因胆结石到镇医院治疗,经胆囊切除手术后痊愈出院。后经某部队医院确诊患有肝癌,则又回到镇医院继续治疗,直至死亡。此后,其亲属大闹该镇医院,认定是该镇医院手术导致病人患肝癌而死亡,不仅拒付两个多月的医疗费,而且还有其他过激行为。

其实,医疗纠纷是医患纠纷最常见的形式之一,是医患双方矛盾激化的表现。一方面是由于医疗事故、并发症以及其他原因造成的患者伤、残、亡等不良后果所致。另一方面是因为患者及其家属不了解病情发展的自然规律,或受经济利益的驱使,无端制造纠纷。面对医疗纠纷,患者和医疗机构都希望能快速、有效地解决。因此,我们只有了解医疗纠纷产生的原因和特征,正确认识医疗纠纷,才能更好地、及时地解决医疗纠纷。

3 引发医疗纠纷的原因有哪些?

频繁发生而善后艰难的医疗纠纷，严重影响着医疗秩序和医患双方的工作与生活。面对错综复杂的医疗纠纷,应该对其产生的原因进行细致的分析,从实践中寻找引发医疗纠纷的原因。经过长期的实践和总结,可以将其原因概括为以下5个方面：

一、医疗人员医德素质方面

1.在诊疗过程中，医务人员对病人不负责任、态度生硬、缺乏同情心。例如，病人来看急诊，有的当班护士不问病情，不作预检，为了自己工作方便，则借口推托说急诊“很忙”，叫病人去看普通门诊，病人出于无奈也只好转为普通门诊。但是病人因病痛苦，心里不满，指责医务人员缺乏同情心和责任心。事后的病情进展情况可以说明，如果患者确因求诊时间被耽误而造成不良后果，这便是构成医疗纠纷的原因。再如病人患急性阑尾炎并发穿孔，术后出现肠粘连，此时有的患者或其家属就会指控医务人员不能随时急诊。

2.病人或其家属在诉说病情时，总希望医生能全神贯注，细心地倾听病情，以取得理想的治疗效果。但是有的医生则表现为漫不经心、似听非听，或边诊断病情边与旁人闲聊，甚至开玩笑，工作很不认真。如果病人有病而医生没有及时发现(如主诉头痛，医生看做一般性头痛，但后来经检查确诊为颅内肿瘤)，或将重症看成轻病(如流行性脊髓膜炎早期、流行性乙型脑炎早期被误诊断为感冒，心肌梗塞被误诊为一般性胸痛等)，或危重病人的预后没有向家属事先说清楚等，一旦病人发生了死亡或留下严重的后遗症，则患者或其家属自然会指控是医生不负责任，以及当初不重视病人的主诉而引起的后果。有报导，医生因未听家属主诉，而出现把妊娠子宫当做肌瘤切除、糖尿病手术后引起创面不愈合等情况。

随着科学技术的发展，人们对医学知识的获取能力提高了，病人对自身疾病的了解也越来越多，其中有病人会对诊断工作提出各种意见与要求。如上了年纪的人，因经常性腹疼，原因不明，或患有慢性肝炎的人因长期间歇性肝区隐痛等会提出癌症检查的要求。如果医生对此意见不屑一顾，甚至不耐烦地反问：“有这么多的癌吗？”“你提这个检查，那个检查，是你作医生，还是我作医生？”甚至讽刺挖苦病人，病人听了当然很反感，愤怒压抑在心里。在医疗诉讼案件中有时确有此类巧合的意外例子，有的病人因患慢性肝炎后来果真并发了肝癌，原因不明的腹痛后来发现为内脏癌。诸如此类，患方就会指控医生不理会病人的提醒，自以为是，而造成误诊，要求医生承担责任，其心情应该理解。从医疗上分析，病人患癌与医生的服务态度无因果关系，但是因医生服务态度不好，说话不留余地，从而使医生陷入受谴责的被动地位。

3.有的医生做事很拖拉。病人要求迅速住院，及时抢救，而有的医生则表现得磨磨蹭蹭，正是“急惊风”遇上了“慢郎中”。如果因抢救不及时，或抢救中主治医师不在场，或者没赶上抢救的最佳时机，而使病情恶化，或在用药过程中发生了严重的反应，或病人死亡，其家属正处于极度悲痛之中，会因此而谴责医生。

二、工作中的失职

工作中的失职是指工作上的玩忽职守，或疏忽大意所造成的渎职情况。例如：用错药、打错针、输错血、开错刀，或在手术后体腔内遗留纱布及其他异物等。

例如：患者何某，女性，38 岁，已婚，被诊断为早孕，实施人工流产刮宫术，但在术中未能找到明确的绒膜组织，而请上级医生再刮仍未能肯定。第二天进行 B 超检查，报告为宫腔内异常回声：①积血；②残留物不除外。之后，医生给予中药“清宫逐瘀汤”进行口服治疗。服药后第三天，患者以宫外孕出血性休克急诊入院手术，术中证实为输卵管狭部妊娠破裂出血，腹腔积血约 2 000 毫升。

案例分析：该病人的妊娠诊断无疑问，选择终止妊娠刮宫术也无错误，因为宫内妊娠与宫外妊娠早期的临床表现和体征是没有区别的，现代 B 超诊断技术对于没有出现并发症的宫外妊娠诊断率也很低。问题在于，当上下级两位医生在手术中均未能找到绒膜组织时，应该重新认识病情、分析病情，并如实地将病情分析向病人作一交待。通常情况下，输卵管妊娠在并发症出现之前做出诊断的几率很小，但这种并发症的发生对病人而言危险性又极大。这不能不提醒医生及时对患者交待病情及下一步治疗中可能会出的问题何等的重要。

三、技术上的原因

有些疾病的早期症状不明显、不典型，医生在诊断时疏忽了，或者对某些罕见的疾病缺乏经验，尚不知其诊断方法以至于误诊；或对某些疾病的严重性认识不足，而未预见到病情会突然变化，甚至死亡。因此，若未事先向其家属作说明，其家属缺乏思想上的准备，在这种情况下，病人突然死亡很容易引起医疗纠纷。

例如：农民朱某某，男性，27 岁，于 1988 年 5 月 28 日因右腹痛 24 小时到村卫生室就诊。乡村医生程某诊断为：T 37.8℃，心肺(-)，腹肌紧张，右下腹明显压痛及反跳痛，未作其他项目检查，确诊为阑尾炎，决定就地进行手术治疗。次日下午 1 时，医生程某自行腰麻执刀，由一名临时化验员做助手。历时 2 小时，未能找到阑尾，续关腹腔，而后做保守治疗。第 7 天拆线，创口一期愈合出院。第8天,病人因腹痛高烧又到卫生室诊治,进行对症治疗30小时,腹痛仍不止,并出现中毒症状,立即转县人民医院住院治疗。因病情危重,经家属要求又转市人民医院,住院近两个月痊愈。出院诊断为腹膜炎、肠粘连,共花费30 000多元。其家属多次上诉,认为乡村医生程某处置不当,延误病情,导致身心痛苦和巨额的花费,要求追究其责任,赔偿损失。

由于外科病人发病急,多数病情危重,以手术为主要的治疗手段,因此需要分秒必争。若医方轻率选择手术方案,不顾条件贸然动刀并违反操作规范,很难保证手术安全有效。据调查:本案例病人就诊时医生仅轻描淡写地问了几句,随便摸了几下,就断定是急性阑尾炎,需要开刀。至于手术是不是最佳选择,近期疗效会怎样,远期效果如何,据程医生说,他根本没有想那么多,而更多考虑的是通过开刀可以扩大影响,提高知名度,增加收入。从个人利益出发,他不顾农村卫生室药品、器械、技术等条件限制,把没有外科基础的临时工拉上手术台当助手, 两人捣鼓了两个小时连阑尾都没有找到。这种不顾病人安危,把救人活命当儿戏,冒险手术的医生,不仅增加了病人的痛苦,而且违背了医德,违反了技术操作规范,应当受到谴责并追究其应负的责任。

本案例中病人留下了肠粘连的后遗症,如果这位乡村医生当初尊重事实,不要如此自不量力、轻举妄动,完全可以避免这一不良后果。因此,最佳手术方案的选择和决定是崇高医德的体现。手术方案可能有多种,对于应该选择哪种方案,自己能否胜任,意外情况时应该如何处理等,都应考虑周到,而最主要的还是要一切从病人的利益出发,以解除患者病痛,救人活命,恢复健康,保持机体正常功能为目的。同时也要注意避免在治疗疾病过程中增加病人及社会的负担,既要重视病人心理和手术效果,又要考虑病人的经济负担。只有这样审慎、周密、细致地考虑,病人才会真正受益,医生才算尽到了基本的责任。

这里还需指出的是,外科手术一般可收到立竿见影的效果,但当前农村卫生所(室)大多不具备条件,施行外科手术显然不妥。我国有关政策规定乡村医生的职责只是初级医疗服务和做好计划免疫预防保健工作,况且其所受到的教育和专业培训根本不具备进行手术的条件,因此,乡村医生不能给病人做手术。

四、意外情况

由于医学实践非常复杂,有些医疗过程中所发生的变化可以预防,但也有一些情况不仅不可以预见,而且非常难以控制。例如:药物注射、诊断性检查,或在麻醉过程中,有的病人会突然出现心搏、呼吸骤停而死亡,经过尸体解剖、病理检查、生化检验、案情调查、病史分析等手段，鉴定结果认为用药的指征、剂量、方法等各个方面均符合医疗上的原则和要求，抢救也是及时得当有力的。但是病人由于体质上的特异，发生了药物过敏性死亡（如某一案例病者患子宫肌瘤，手术中施行腰麻，病人发生药物过敏性休克突然死亡）。

五、家属另有要求

由于家属另有要求，成为导致医疗纠纷的原因近年来亦屡见不鲜。这类纠纷的特征是：经过多方面的查证核实，医务人员在诊疗工作中确实尽了很大的努力，实际上并无医疗过错或事故。但是，有的病人家属借口说是“医疗事故”而提出各种要求，如要求取消治疗期间所欠的巨额欠款。例如：一名16岁的男性再生障碍性贫血病人，因出现皮疹就诊，门诊检查中发现为再障，因病情严重而收住院。住院治疗两个月后死亡，花费住院费、医药费等共计2万多元。其家属根据《常用药物手册》所记载的“可他敏偶可发生皮疹和粒细胞减少”，强词夺理地说“孩子的再障是因服用皮肤科开的抗过敏药而引起”，以“医疗事故”为借口而拒不付款，其目的很显然是为了逃避医疗费。

有的医疗纠纷案件，其家属提出过高的经济赔偿和一些额外的要求，譬如解决户口、安排与调动工作、解决住房困难等等；有的家属将老年病人或残疾婴儿遗弃在医院；还有一些人竟目无法纪，以“医疗事故”为借口大吵大闹，并冲进病房打砸医院的门窗、仪器设备，个别人还行凶殴打医务人员，严重威胁医务人员的人身安全；有人甚至停尸要挟，扰乱医院正常的工作秩序。例如，有一风心病患者在分娩过程中死亡，临危时因主管病房的医师在图书室，抢救迟来了一步，死者家属因此而多次到医院大吵大闹。事后经临床分析，病人死亡是由于羊水栓塞而引起，风心二尖瓣狭窄的病人在分娩时确实存在一定的危险性。故此，医生预先采取了早安排住院的措施。事后经多次查证，此案在医疗上并无原则性过错，但是病人家属说：“死了人，小孩没有娘哺育，困难多”，以此纠缠不休。

笔者认为，病员因病死亡，作为家属肯定很悲痛，也值得同情与关心，但是，办事总得有个原则、政策，不能感情用事，更不能做无原则的纠纷。

案例：某天晚上，武昌县一对青年农民夫妇抱着他们不满周岁的喉梗阻男婴，到湖北省人民医院求治。经医生诊断后决定做气管切开，但患儿父母坚决不同意。这时，患儿呼吸困难，面部紫绀，眼看生命垂危。医生反复解释和劝导，患儿父母哭得死去活来，仍不为手术签字。耳鼻喉科主任医师杨强，看到患儿病情危急，就直接将他抱到手术室进行抢救。不料，患儿的母亲不顾一切地冲进手术室,夺过患儿就往外跑。杨医生急追上去,耐心劝服这对青年夫妇,最终给患儿做了手术治疗。小孩得救了,这对夫妇破涕为笑,万分感谢杨医生为他们做主,挽救了儿子的生命。

案例分析:患方的选择是维系医生与患者之间治疗与被治疗关系的核心,在法律和伦理上,也只有患者才有权决定是否建立这种医患关系,也只有患者才可以随时并合法地去终止这种关系。在各个医疗计划的制订和实施阶段,虽然患者的选择对于合理的医疗来说不是很重要,但是在临床上,即使疾病有明确的手术指征,手术方案也属优化,但由于手术本身具有不可避免的损伤性,会在不同程度上对病人的身体带来一定的影响。因此,应当充分尊重病人的选择权和知情权,让患者知情同意,并自觉办理治疗手续,如书面签字等。这不仅是伦理的要求,也是法律的要求,它保护了患者的权利。

一般来说,医生在治疗病人时的愿望和患方往往是一致的。尤其在直接危及生命,若不治疗病人就很可能死亡或致残的危急情况下,无论从医学上还是从伦理上看,其双方出发点的一致性都不存在什么疑问。然而,如本案例那样,患者的选择有时也会给医生带来棘手的选择。案例中病人的代理人为患儿父母,不办理医疗手续,并阻拦医生采用必要的治疗手段。对待这类医患冲突,医生的态度无非有4种:(1)遵照患方的意见,无论患方的选择正确与否,都抱着无所谓的态度,敷衍应付,绝对服从;(2)向患方作必要的解释,讲清所用治疗措施的意义,但最终还是依照患方的选择;(3)医生能尽职尽责,自觉替病家担风险,但不善于以教育和劝导的办法引导患方知情同意;(4)对患方高度负责,既尊重其选择权,又敢在关键时刻为病家做主。很显然,前两种从尊重病家选择权的角度看,医生似乎在伦理和法律上均无可非议。然而,在社会主义制度下,判断和衡量医生的最高医德标准是看其医疗行为是否从病人的根本利益出发,救死扶伤,全心全意为病人服务。当病人对治疗措施的选择明显不正确时,医生若从个人得失考虑,置病人安危于不顾,这种逃避和推卸责任的行为肯定是不道德的。第三种态度呈现出医生应具有的可贵品德,但在伦理和法律问题上却是有缺陷的,即未注意到医患双方的心理沟通,以求得患者的认同、参与和配合,这是对患方选择权的忽视。第四种态度则比较完美地体现了一个全心全意为人民服务的医生正确对待病患选择权的伦理行为。

通过以上分析,可见本案例中杨医生对待病家选择权的做法是完全正确的。对这个患儿来说,其症状和体征很典型,若进行气管切开治疗就有挽救的机会，反之，将会越来越危险。在预后十分明确的情况下，杨医生以较高的责任心和满腔热忱教育和劝导患方做出正确的选择，这不能算是强迫的行为。他深知患方是农民，缺乏医学知识，惧怕对患儿做气管切开后会造成严重的后遗症，病情又不允许等完全打通他们的思想后再行动。因此，在患儿的生死关头为其做主，是医生全心全意为病人的高尚行为，而不是无视病家的选择权。事实证明杨医生的做法是对的，深受病家的赞扬和感谢。

综合上述原因分析，医疗纠纷的原因可以归为两大类：即因医疗过失直接导致不良后果的纠纷和无医疗过失而发生不良后果的纠纷。工作中的失职和技术上的某些原因属于前者；医德素养差，服务不周，意外情况属于后者。

无论医疗纠纷发生的原因多么复杂，特别要注意的是医疗纠纷更多是由医疗过错而引起的。医疗过错是指医务人员在诊疗护理等医疗活动中的过错。这些过错往往导致病人的不满意或造成对病人的伤害，从而引起医疗纠纷。

除了由于医疗过错引起的医疗纠纷外，有时，医方在医疗活动中并没有任何疏忽和失误，仅仅是由于患者单方面的不满意，也会引起纠纷。这类纠纷可能是因患者缺乏基本的医学知识，对正确的医疗处理、疾病的自然转归和难以避免的并发症以及医疗中的意外事故不理解而引起的，也可能是由于患者的毫无道理的责难而引起的。

4 医疗纠纷的一般特点有哪些？

医疗纠纷是医患之间纠纷的一种，它是医患双方针对医疗活动而发生的争议，它的本质特点就是医患双方对医疗后果的认识有分歧，而分歧的焦点又在于不良后果的产生。医疗纠纷主要有以下三个方面的特点：

一、纠纷的主体是医患双方

医疗纠纷是产生于医患之间的纠纷，其他人不能成为医疗纠纷的主体。如病人对医疗事故技术鉴定委员会的鉴定不服或卫生局的处理决定不服，这是卫生行政机关及鉴定机构与患者之间的纠纷，矛盾不在医患之间，则不属于医疗纠纷的范畴。再如伤害案件的肇事者对医疗后果不满，要求医院与其共同承担赔偿责任，也不是实际意义上的医疗纠纷。若院方确实存在医疗过失并应该由医院承担责任，也必须以患者的名义请求赔偿。

二、纠纷的客体是患者的生命权或健康权

医疗纠纷一般都是患者认为自己的生命权或健康权受到了侵害。在实践中通常表现为,在诊疗护理过程中,患者出现了不同程度的不良后果,或者感到留下了不良后果的隐患，并且患者认为这种不良后果的产生是由医方的过失所造成。当上述两点同时具备时,便产生了医疗纠纷。所谓不良后果,包含的范围十分广泛,轻者可出现功能障碍、增加痛苦、延长治疗时间等,严重的可致病人死亡或残疾。对于医疗纠纷中的不良后果,由于是显而易见的,医患双方一般无异议,而对于不良后果产生的原因则往往成为纠纷的焦点。由于人体结构的复杂性和个体的差异性,使疾病的发展也变化莫测。就目前的医疗科技水平而言，有些疾病的不良后果是其发展的自然转归，是医护人员所不能避免的。当然,由于医护人员的责任心不够、技术水平有限等方面的原因,也可以使病人出现不良后果。

三、纠纷必须与诊疗护理工作有关

医疗纠纷必须是针对诊疗护理所产生的不良后果而提出的，除此之外的医患纠纷则不属于医疗纠纷。例如,某产妇在某医院产一男婴。按规定,婴儿室的护士每天都要按时将新生儿送到病房让产妇哺乳。分娩后第三天,护士像往常一样将小车停在走廊里分别送不同新生儿到其母亲的床边。当护士送完两个新生儿之后再回到小车旁，发现该产妇的孩子不见了。虽经多方积极寻找,但仍无下落。产妇要求医院承担责任,而医院认为孩子被盗是护士无法防范的,拒不同意承担任何责任,双方因而产生了纠纷。之后,产妇上诉至法院,最后法院以医院赔礼道歉并赔偿损失才了结了此案，但这个案例显然不属于医疗纠纷。

⑤ 农村常见医疗纠纷的特点有哪些?

案例1:2004 年 8 月 13 日上午，河南省××县××乡××村村民杨××因患口腔溃疡至本村郑××诊所治疗。郑××检查后决定给杨××输青霉素,数分钟后,杨××出现过敏性休克,郑××立即呼叫“120”救护车将杨××送入县医院抢救。杨××因青霉素过敏性休克造成脑梗塞后遗症,导致双目失明,经鉴定已构成一级伤残。之后,杨××起诉郑××要求赔偿损失 14 万余元。庭审中,因郑××不认为自己有过错，从而调解不成，故法院依法判决郑××赔偿杨××各项损失 8.5 万余元。

案例 2:2005 年农历 12 月 29 日，河南省××县××镇××村村民王××因耳朵发痒而至本村诊所就诊，该所医生张××给其开了口服西药和灌洗耳的外用药,外用药为庆大针 2 支,4 万单位。之后,王××的双耳因灌洗药物而失聪,经鉴定已构成六级伤残。王××起诉本村卫生所、本村委会和张××要求共同赔偿各项损失共计 4.3 万余元。经法院审理后判决张××赔偿王××各项损失共计 4.1 万余元,该村委会负连带责任。

上述案例可以看出,农村医疗纠纷有如下特点:

一是农村医生造成的医疗事故多属违规诊疗所致,医疗过错明显。

二是部分农村医生在输液、注射、用药、急救、护理等方面,未严格遵循医疗操作规程,如注射时,该做皮试而未做,造成医疗事故频发。

三是农村医生受利益驱动，过于相信自己的医术，没有考虑患者病情轻重,也没有考虑可能出现的不良后果,希望通过治大病、治难病来增加收入,接治了一些超过自己诊疗能力的重大疾病患者,从而造成不该发生的事故。

根据农村医疗纠纷的特点，广大农村患者朋友要树立自我防范和自我保护意识,尽可能避免意外伤害和医疗纠纷的发生。

⑥ 常见医疗纠纷有哪些类型?

常见医疗纠纷主要分为两大类:即医源性纠纷和非医源性纠纷两类。

7 什么是医源性纠纷? 医源性纠纷是怎样表现的?

引起纠纷的主要原因出自医疗过程中的医务人员方面的称为医源性纠纷。

一、服务态度生硬或解答询问态度粗暴而引起的纠纷

有的医务人员不体谅病人的焦虑心情,对病人的询问很不耐烦,或出言不逊、恶语伤人,造成病人和其家属的不信任。一旦病情出现恶化,如做过敏试验致死、心律失常发生突然猝死或注射一支链霉素致耳聋等,本来构不成医疗事故,但由于先前医患关系紧张而引起纠纷。

二、当着病人的面议论以前的诊治过程而诱发的医疗纠纷

有些病人在发病初期其典型症状往往不明显，医生仅根据当时的症状进行诊断治疗,当过几天不见好转时,病人又去另一医院就诊,此时典型症状已趋明显,医生改变原来的诊断是完全正常的。如果接诊医师说:“症状很明显怎么诊断错了?”或“你来晚了!”等等,听者留心,一旦病员出现后遗症或死亡,其家属自然就会追究初诊单位的责任,最终导致医疗纠纷。还有一些情况是因

为医生在病床前、手术台上或抢救过程中随意说出使患者感到不安的语言或发出惊呼声，都会引起病人和其家属的极大怀疑而导致医疗纠纷。

三、在医患之间拨弄是非而挑起的医疗纠纷

有少数医务人员为了发泄私愤、以图报复，从而抬高自己、压制别人；或为了个人利益利用某些同行出现失误，有意歪曲事实，妄加评估，到处游说；或为了给病员及其家属出谋划策，传递信息，甚至将病员病历私自窃走或复制，造成假相借以挑起事端。在遇到的部分难处理的医疗纠纷中，一定程度上与这些不负责任的卑劣行为有关。这种行为危害极大，要坚决严明纪律，严加惩处。同时，也应该引起广大患者的高度警觉。

四、对事故不做实事求是的处理而激发的医疗纠纷

当医务人员发生了差错，如果采取实事求是的态度公开检讨，承认错误，承担责任，争取得到患方的谅解，就有可能使将要发生的纠纷消除。如果回避矛盾、推卸责任、蒙骗病员、推诿不管，或担心其家属无休止地纠缠，影响医院声誉，失去个人的名声，而对应负的责任遮遮掩掩，结果反而使事态扩大，矛盾进一步激化。

⑧ 医源性纠纷经常发生的情况有哪些？

一、违反规章制度而引起的医疗纠纷

为了加强医院的科学管理，建立正常的工作秩序，各医院均设立了各种规章制度，其中与医疗过失关系最为密切的是违反查对制度和值班交接班制度。

查对制度是一项重要的医疗工作制度，认真执行查对制度，可以避免许多医疗过失的出现。查对制度与医疗过失的关系最为密切，出现问题的频率也最高，因此而导致的医疗过失也是最为常见的。据解放军某部队的统计，在218例医疗事故中，因违反查对制度而产生的有43例，占19.92%，表明违反查对制度对产生医疗过失的影响极大。其中较常见的有错用药物、错治病人、错误输血或错报病情。(资料来源：中国护士论坛)

违反值班交接班制度也是导致医疗过失的常见原因。值班使医务人员处于相对独立的工作状态，当班的医护人员担负着管理整个科室或某一局部的工作任务，如果没有高度负责的精神，没有忠于职守的工作态度，就很容易导致医疗过失。交接班是医疗护理工作得以连续实施的一种方式，只有做到“交时清楚，接时仔细”，才能衔接好医疗护理工作的各个环节，避免出现医疗过失。违反值班和交接班制度的常见表现有交接班草率、擅离职守或当班失职。

第一，交接班草率。医生的交接班制度规定：值班医生每日在接班前须到科室接受各级医师交办的医疗工作；接班时，需巡视病室，了解危重病员情况，并做好床前交接；各科室在下班前应将危重病人的病情和处理事项记入交班本，并做好交班工作；每日早晨交班时，值班医生须将病人的情况重点向主治医师或主任医师报告，并向主治医师讲清危重病员的情况及尚待处理的工作。护士的交接班制度规定：病房应建立日夜交班本，交班人员必须记录病员总数，以及出入院、死亡、转科、手术和病危患者的人数，登记新病员的诊断、病情、治疗、护理、主要医嘱和执行情况，危重病员的病情及护理有关事项，特殊病员的心理状态、各种检查、标本采集情况等；准时交接班，认真倾听交班意见，详细阅读交班本，了解病人动态，并要巡视重点病人，做床前交接班。做好交接班工作，可以保证医疗护理工作的连续进行，及时发现和处理特殊情况。如果违反了交接班制度，可能对危重或特殊病人疏于管理，导致医疗过失。

例如：某妇产科新生儿病房中，为保暖而将一新生儿暂放在暖气旁，护士没有将这一情况记入交班本，交接班时也极其简单，问："有事吗？"答："没有事。"就算交接完毕。由于没有巡视病房作床前交接，交班护士忘了暖气旁还放着一个新生儿，接班护士也没有逐一检查病人。结果直到再次交接班时才发现了暖气旁的新生儿，此时患儿已被烘干死亡。这起事故就是交接班草率造成的恶果。

第二，当班失职。值班制度规定：值班医生负责各种临时性医疗工作和病人临时情况的处理，对急诊入院病人及时检查并书写病历，给予必要的医疗处理；值班医生对危重病人应做好规程记录和医疗措施记录，并额外记入值班日志；当班医生独立担当着本病区的医疗工作，应严密观察病人，及时处理情况，对当班时来诊的病人做好接诊工作。否则，可能因突发事件和处理情况不及时而造成医疗过失。

例如：某患儿因腹股沟斜疝嵌顿来就诊，入院后手法复位成功，住院择期手术。第9天夜里再次嵌顿，护理人员向值班医生做了报告，值班医生查看了病人，给予手法复位，但未成功，以后就没有采取其他措施而消极等待。另一名值班医生急诊手术回来了解情况后，也进行了手法复位仍没有成功，即嘱咐其家属让病孩臀部抬高，未做其他处置，就去睡觉了。两位医生都没有观察病人的情况，直至翌日上午手术，见已发生了肠坏死，后病孩因中毒性休克死亡。该案例中两位值班医生当班时发现了情况但未处理，在手法复位不成功的情况下，不是采取手术等积极的治疗措施，而是拖延等待，交给白班去处理，因此才导致了这起严重的医疗过失。

第三，擅离职守过失。医生的值班制度规定：各科室在非办公时间及假日应根据病床的多少和科室的大小安排值班医生，并根据本科室情况安排主治医师以上人员或高年资住院医生担任二线值班；值班医生夜里必须在值班室留宿，不得擅自离开，如有事必须离开时，应向值班护士说明去向，当护理人员邀请时应立即前往诊视。护士的值班制度规定：值班人员应遵照护士长的安排，严格执行本班职责，遵照医嘱对病员进行护理；药房、检验、放射、血库等科室，应根据情况设立值班人员，并努力完成在班时间所有工作，保证医疗工作的顺利进行。在医疗实践中如果不认真执行值班制度，擅离职守，一旦病人出现突发情况或危重病人病情恶化，就可能因找不到医护人员而贻误抢救时机，造成严重后果。

例如：某医院妇产科，夜间安排一名医生、一名进修医生和一名护士值班。夜里，进修医生突发腹痛，经对症治疗仍不能缓解，而且逐渐加重。值班医生和护士均很着急，于是一起将进修医生送往急诊室诊治。其间，一产褥感染难以控制的住院产妇，因高热而出现抽搐，家属急忙找医生护士但未找到，等了20多分钟，值班医生和护士才回来，此时病人已出现危象，虽奋力抢救，但为时已晚，病人死于感染性休克。本例值班医生护士违反了值班制度，全体离开岗位，长达25分钟，病人家属无处找人，因失去了抢救时机而给病人造成了死亡的恶果，已构成医疗过失。

二、医务人员的服务态度较差而引起的医疗纠纷

医疗行为不只限于对患者的诊治，医疗作风、服务态度本身也是医疗的重要体现，这既属于医疗道德范畴，也是医疗工作的基本内涵。不符合医疗道德的行为，从广义上讲也是一种医疗过失。医务人员和患者之间，构成各自的诊疗行为规范，保证合理的医疗过程。同时，医师、护士和其他医务人员的服务态度往往是造成医疗纠纷的起因。因此，医务工作者不单要在医疗技术上精益求精，掌握好为患者解除病痛的真实本领，还要懂得怎样去执行医务。患者对医师的治疗手段都有一种很自然的关切，患者有必要知道医师怎样对他进行治疗。医务人员采取每一项治疗措施，都要让患者在各方面知道，这样做即使是出现一些不如预期的效果，也会得到患者方面的理解。

在实践中，确实存在一些属于医疗事故或差错，纯系医务人员的医疗作风、服务态度、缺乏对患者应有的同情和必要的关心、恶性语言刺激、骄傲蛮横的救世主态度,都是引起诉讼的主要原因。

还有一种原因是和医务人员的心理状态有关。例如:认为危重患者,特别是对癌症晚期患者,有时不能善始善终处理,有经验的医师特别注意患者方面的心情。而且从医学角度讲即使是难以避免死亡的临危患者,也要进行严肃认真的抢救,有时这种抢救明知不会有什么结果,但起码也是一种职业上的负责精神。这样做的结果使患者家属、亲友得到精神上的莫大安慰,不忘对医师、护士的感激之情。

医疗作风、服务态度固然是由医务人员的主观因素决定的,但也有其客观原因。如在某些医疗机构中,由于人员少、任务多,使医务人员工作繁重,造成他们只顾追求门诊数量,看病时间只图快,无暇回答患者一方提出的疑问以及对病情作必要的说明,从而使医患关系紧张,感情沟通格格不入。例如:某儿童医院为五十年代的设施,编制也未按实际需要增加,而担负八十年代的医疗任务;妇产科医院病床增加,但新生儿病床数未能相应增加,病人住院困难重重,致使门诊量过度增加,医务人员工作紧张。当患儿家长问及如何调养护理时,医务人员生硬地回答:“看书!”因而发生了医患争执的紧张情况。

三、因病因记录引起的医疗纠纷

病历不但是疾病诊治过程的全面记录,而且有一定的法律意义,是司法机关判断医院与患者之间纠纷的重要依据。在正常的诊疗活动中,因病案书写有误而进行必要的补充修改是允许的。但在处理医疗纠纷过程中,涂改病案的行为则是被严格禁止的。往往有些病员因见病历前后不一致,或与自已手中掌握的原始病历记载不一,心中生出疑虑,怀疑医务人员存在失误,故意所为,因而引起纠纷。再加上病员治疗结果达不到其期望的目的,就使纠纷更加复杂化了。

⑨ 什么是非医源性纠纷?

非医源性纠纷一般是由于病人或其家属以及病人所在单位缺乏医学常识,或对医院的规章制度不熟悉、理解不准确而引起,也有的纯属是病人及其家属无理取闹而造成的。

一、乱开病假证明及诊断证明书而引起的纠纷

医院个别工作人员由于老同学、老同事、老相识,或受他们之托,开人情假条,出具假诊断证明书。如有的因交通肇事被轧伤,托人情在开诊断证明时把伤情加重,长期不上班,给肇事者造成长期的经济负担;有的伤势很重,而肇事者或单位托人把伤情写得很轻。一张不实的诊断证明或人情假条,往往使医院承担不可脱卸的责任,引起纠纷。

二、工伤事故、伤害案件转变成医疗纠纷

接待这类案件的病员,对当事人伤情处理的好与坏,直接关系到案情的判断与处理。因此,出具伤情诊断证明应谨慎、客观,稍有失误就有可能陷入纠纷之中。原告与被告都有可能与医院发生冲突,故应建立严密的出具伤情、病情证明书制度,规定这种证明书如无上级医师的同意(出证前要经第二人复核),则为出证无效。

三、加害医院的纠纷

一般情况下病员家属希望亲人早日治愈出院,但也有极个别案例,家属为了骗取钱财或者其他目的,竟不惜以亲人的生命与痛苦为代价,嫁祸于医院,制造纠纷。如有的因某些原因自伤或损害某些重要器官;有的产生轻生念头在住院期间寻找机会自杀;有的病员自服农药或安眠药到医院诊治而不告知真情等,家属均可诬陷医院,有意制造纠纷。这类案件尽管比较罕见,但医务人员也应有所警惕,防止用心不良者加害医院。

四、不尊重医务人员人格,或寻衅要挟引起的纠纷

少数病员及家属把医务人员置于佣人地位,稍有怠慢,就指责、挑剔、刁难;稍不随心,轻则训斥,重则谩骂、殴打,严重损害医务人员的人格和人身安全。虽然医疗效果不理想,但并未造成不良后果,患者及家属却得理不让人,乘机要挟医务人员,提出无法满足的苛刻条件,破坏正常的医患关系而引起纠纷。

10 通常怎样认定医疗纠纷?

医疗纠纷的概念范围要比医疗事故大,它所涉及的面要更广一些。我们认为,只要医患之间就医疗行为的需求、医疗行为采取的手段,以及医疗行为的结果等三个方面存在着认识上的分歧和争议,那么我们就可以认定为发生了医疗纠纷。

11 医疗纠纷的责任认定方法有哪些?

如果医疗纠纷经过和解和行政调解得不到有效解决,最后的途径便是民事诉讼。一旦进入诉讼程序,责任的认定就成了关键问题。医疗诉讼的责任认定一般有三种:法官判定、医疗事故技术鉴定和医疗过错司法鉴定。

一、法官直接判定

并不是所有的医疗纠纷都必须经过医疗鉴定才能明确责任,根据《民事诉讼法》第 72 条规定:“人民法院对专门性问题认为需要鉴定的,应当交由法定鉴定部门鉴定;没有法定鉴定部门的,由人民法院指定的鉴定部门鉴定”。问题的关键在于医疗纠纷案件争议的事实是不是“专门性问题”,法官是否认为需要鉴定。

从前面医疗纠纷概念的分析可以得知,有些医疗纠纷争议事实并不是专业医疗问题,甚至不涉及医学知识,法官没有必要依申请或依职权安排医疗鉴定。

二、医疗事故技术鉴定

按照《医疗事故技术鉴定暂行办法》,目前我国医疗事故技术鉴定分为首次鉴定和再次鉴定,首次鉴定工作由市级和省、自治区、直辖市直接管辖的县(市)级地方医学会组织专家鉴定组进行;再次鉴定工作由省、自治区、直辖市地方医学会组织进行;对疑难、复杂并在全国有重大影响的医疗事故争议,省级卫生行政部门可以商请中华医学会组织医疗事故技术鉴定。但一般情况下,再次鉴定就是最终鉴定。

鉴定结论应该包括:医疗行为是否违反医疗卫生管理法律、行政法规、部门规章和诊疗护理规范、常规;医疗过失行为与人身损害后果之间是否存在因果关系;医疗过失行为在医疗事故损害后果中的责任程度;医疗事故等级等内容。

鉴定组会综合分析医疗过失行为在导致医疗事故损害后果中的作用、患者原有疾病状况等因素,判定医疗过失行为的责任程度,从重到轻分为 4 级,完全责任、主要责任、次要责任和轻微责任。鉴定结论中的责任认定直接关系到赔偿项目、范围和数额的最终确定。

医疗事故等级分为四级十二等,分别是一级甲、乙等医疗事故;二级甲、乙、丙、丁等医疗事故;三级甲、乙、丙、丁、戊等医疗事故;四级医疗事故。对于伤残患者,医疗事故一级乙等至三级戊等对应伤残等级一至十级。司法实践中,事故等级与赔偿数额之间不存在正比关系。

三、医疗过错司法鉴定

从 2005 年 10 月 1 日起,全国人大会常委会《关于司法鉴定管理问题的决定》正式实施，其中规定："在诉讼中，对本决定第二条所规定的鉴定事项发生争议，需要鉴定的，应当委托列入鉴定人名册的鉴定人进行鉴定。鉴定人从事司法鉴定业务，由所在的鉴定机构统一接受委托。鉴定人和鉴定机构应当在鉴定人和鉴定机构名册注明的业务范围内从事司法鉴定业务。"《决定》也明确了鉴定人依法回避和出庭作证制度。

国务院司法行政部门（司法部）主管全国鉴定人和鉴定机构的登记管理工作。省级人民政府司法行政部门（司法厅或直辖市司法局），负责对鉴定人和鉴定机构的登记、名册编制和公告。

司法鉴定结论要确定医疗过失参与度，分为ABCDEF六个等级。医疗过失参与度是指在医疗过失与疾病共同存在的案件中，多种因素共同作用导致患者伤残或死亡的损害后果，鉴定专家定量分析医疗过失在此后果中所起的作用，明确其参与因果关系的程度大小。

医疗过失参与度是法院定案的重要依据，《最高人民法院关于民事诉讼证据的若干规定》第27条规定："当事人对人民法院委托的鉴定部门作出的鉴定结论有异议申请重新鉴定，提出证据证明存在下列情形之一的，人民法院应予准许：鉴定机构或者鉴定人员不具备相关的鉴定资格的；鉴定程序严重违法的；鉴定结论明显依据不足的；经过质证认定不能作为证据使用的其他情形。对有缺陷的鉴定结论，可以通过补充鉴定、重新质证或者补充质证等方法解决的，不予重新鉴定。"

12 怎样认定医疗纠纷中医方的过错？

一般情况下医方的过错认定要看其是否已尽客观上的注意义务而加以判断。从充分保护利益和利于医疗技术的发展角度出发，医方应尽的注意义务应当是民法上善良管理人所应尽到的注意义务。具体而言，医方在从事诊疗护理行为时，应具有合理的注意及适当的技术。所谓"合理的注意及适当的技术"，其判断标准是"医疗水准"，即医师于医疗之际，其学识、注意程度、技术以及态度均应符合具有一般医疗专业水准的医师在同一情况下所应具备的标准。

可以具体结合以下原则，运用"医疗水准"这一判断标准来认定医方的过错：

一、"医学判断"法则

所谓"医学判断"法则，是指只要医疗专业者遵循专业标准的要求作决定，不能仅因事后判认其所作的决定错误而对其追究责任。医方在对患者施行诊疗时,若其已达到符合其专业要求的注意、学识及技术标准,即便治疗结果不理想,甚至有不幸发生,医方也无过错,不应对该后果承担责任。

二、"可尊重的少数"法则

医师为诊疗护理行为时,必须具备扎实的专业知识与技术基础,各医师可能持有不同的见解,在此场合,要容许医师有一定程度的自由裁量权。我们知道,科学与全民公决不同,而且"真理往往掌握在少数人手里",因此,在医疗行为给患者带来损害时,我们不能因多数人同意采取某种治疗措施就肯定其完全正确而不承担责任,也不能因所采用的治疗方法系属少数人认可而让该少数人承担责任。只要医师采取的治疗方法不违反其专业标准,就不能认定其有过错。

三、"最佳判断"法则

医方所做的诊疗护理行为除必须符合其专业标准所要求的注意义务、学识及技术要求等之外,还必须是其最佳判断。换句话说,当医师的专业判断能力高于一般标准,而该医师又明知一般标准所要求的医疗方法具有不合理的危险性时,法院对该医师的注意义务的要求应高于一般标准。比如,美国一些法院要求医师必须依其能力做"最佳判断"方可免责;日本民法理论中也有类似要求,称为"最善之注意义务或完全之注意"。"最佳判断"法则与医师的一般注意义务有别,法院适用该原则时须非常小心。"最佳判断"法则一般仅应在该最佳判断确定的治疗方法不增加患者的危险或该治疗方法已被认为符合"可尊重的少数"法则时,方可适用。

四、"允许风险"法则,或称"容许性危险"法则

该法则认为,在某些特殊情况下,包括医疗活动中,为谋求社会进步,应允许威胁人类权益活动的存在。医学的进步,使以往被认为属于绝症的疾病也有了治愈的可能,给患者及其亲人带来欢乐和希望,但新药的使用,也会产生副作用。医学的进步是经过千千万万次的反复实验和多次的失败才得到的,因此,判断医方的过错,应考虑"允许风险"法则的适用。

五、医疗的紧急性与医疗尝试的原则

所谓医疗的紧急性,是指由于医疗的判断时间紧促,对患者的病情及病状无法作详细的检查、观察、诊断,自然难以要求医生与平常时期的注意能力等同。因此,紧急性在医疗过失上,便成为最重要的缓和注意义务的条件。但这并非有意减轻医方的注意义务,而是仍以相同的注意程度作为判断标准,不过在因紧急情况而无法注意时,免除医方责任的承担。所谓医疗尝试,是指任何医疗行为虽均具有抽象的威胁, 医学理论要依赖新的药物尝试或技能实验才能发展。这时,常有相当的“未知领域”的存在,医生在此未知领域,当负注意义务。因此,医生在进行新的医疗尝试时,除经患者允许外,还要对患者的症状、体质、医院的设备、医生的能力及其他必要的实验及可能的危险,均应先慎重考虑,并应提供周全的应急设备,否则,将难逃过错之咎。

六、一般医师与专科医师不同的原则

在医疗行业,存在着诸多分工。首先有医院管理人与医务工作者之分;医务工作者依其专业,又有医生、护士、检验师、麻醉师、药剂师等区分。他们的注意标准应依其所属专业而加以判断。医院内大多有内科、外科等诸多专科,每个科内都有专业医师,如今已不再也不可能有包治百病的全能医师,因此,专科医师对其专门领域内的注意义务标准要高于一般医师的注意义务。至于某医师是否为专科医师, 不能以其是否取得该专业的执业证书或同类的资格证书为依据,而要看该医师是否以该专科的形态执业。倘若其能力未能及于专科医师的水平而强行为之,应从保护患者利益的角度出发,依专科医师的标准来判断该医师是否过错。

七、地区性原则

由于不同地区的经济、文化发展状况有差距,因此,医师执业的环境、医疗经验等,都有地区性的差异,这在我国尤为明显。在一些偏远的农村,许多医务工作者由于主、客观条件的制约,对现代医疗知识及医疗技术知之甚少。因此,判定医生是否尽到注意义务,应以同地区或类似地区(发展水平大致相当,环境、习俗、人口等相似的地区)的医疗专业为依据。可见,在判定医方的过错时应考虑到地域、环境等地区性差别因素,既不纵容医方的过错,又要针对具体环境而不对医方过于苛刻。

13 医疗纠纷中患方的合法权益有哪些?

一、及时复印病历

病历在医疗纠纷中往往起到其他证据不能起到的证明作用, 这一点在医疗事故鉴定和医疗纠纷诉讼中是相通的。

《医疗事故处理条例》第10条明确规定了患者复制病历的权力和医方配

合的义务。

复制病历最常用的方式是复印,患方(患者本人和患者近亲属)还可以要求医院在复印件上加盖印章。及时复印病历能够很大程度固定重要的医疗原始记录,避免篡改和不必要的疑虑。在复制病历上遇到涂改、伪造、隐匿、销毁等突出问题可以寻求卫生行政管理机关和公安机关的帮助, 但应避免抢夺病历资料。

此外,患方还要注意对一些重要的病例记录(如:死亡病例讨论记录、疑难病例讨论记录、上级医师查房记录、会诊意见、病程记录等)在医患双方在场的情况下进行封存,对医疗费用单据等注意保存。

二、选择解决纠纷的总思路

患方取得病历等资料后,即可加以初步研究。必要时可以向医疗专家、法律专家咨询,以大致明确是否属于医疗事故以及医方有无过错责任。

患方认为医方应承担责任而与医方有分歧的, 目前有三种解决纠纷的基本途径:与医方协商解决并签订协议、申请卫生行政管理机关处理和到人民法院提起诉讼。

1.与医方协商解决并签订协议。由于目前医疗机构主要为国有事业单位,医疗机构的负责人在医疗事故鉴定之前和鉴定不属于事故的情况下,并没有赔偿的具体权限,医患分歧达成一致的情况主要限于经过鉴定属于医疗事故。

2.申请卫生行政管理机关处理。《医疗事故处理条例》第 37 条、第 38 条规定当事人应当向医疗机构所在地的县级人民政府卫生行政部门提出书面申请。医疗机构所在地的县级人民政府卫生行政部门对患者死亡和可能为二级以上医疗事故的 7 日内移送地市级人民政府卫生行政部门处理。卫生行政管理机关的处理依据为医学会医疗事故鉴定结论、《医疗事故处理条例》第 49、50、51 条的规定。其中没有其他法律法规规定的死亡补偿费的赔偿。书面申请应在自当事人知道或者应当知道其身体健康受到损害之日起1 年内提出。

3.到人民法院提起诉讼。目前,到人民法院提起医疗赔偿纠纷诉讼,不以医疗事故鉴定为前提。患方的举证责任集中于损害后果(伤残等级、死亡等)和医疗关系(病历、医疗费单据等)。《最高人民法院关于参照〈医疗事故处理条例〉审理医疗纠纷民事案件的通知》规定因医疗事故以外的原因引起的其他医疗赔偿纠纷,适用民法通则的规定。按照《最高人民法院关于民事诉讼证据的若干规定》的精神,在诉讼中,医学会医疗事故鉴定结论只是诉讼证据的一种,必须经过质证，且鉴定人应当出庭接受质询，才可能作为有效证据和作为确定医疗单位承担赔偿责任的依据。其中，对造成患者死亡的，人民法院依据民法通则及相关法律法规可以支持患方关于死亡补偿费的赔偿请求。

明确上述解决途径的特点后，患方应果断选择较适合的途径，以免在不必要的问题上延误时间，造成被动。

三、不要对医疗事故鉴定寄予过多期望

鉴于前述特点，加之医学会医疗事故鉴定采取“少数服从多数”的原则，患方对医疗事故鉴定可能出现的结论应有客观认识。对经鉴定不属于事故或者不申请医疗事故鉴定，患方有理由认为医方有过错且应当承担赔偿责任的，不必要在医疗事故鉴定结论上倾注过多，应及时咨询专业律师，选择向人民法院提起诉讼，否则可能使患方陷于非常被动的诉讼局面。

14 院前急救中常见医疗纠纷有哪些形式？

院前急救是指对各种遭受危及生命的急症、创伤、中毒、灾难性事故等病人在进入医院前的紧急急救，是急救医疗服务体系的首发环节。院前急救病情复杂且严重，环境条件差，病人及家属情绪波动大，容易引起医疗纠纷。

一、服务态度差

院前急救服务对象大多是急、危、重病员，病人家属心情多较急躁。因此，对急救人员的服务质量、服务态度要求很高，急救人员的语言或抢救过程稍有不慎，就易引发纠纷。而院前急救人员相比院内工作环境差，任务重，有时还要承担抬、扶或抱病人的非医疗技术性任务。如此，工作时间长了，难免有些人产生不满情绪，对病人或家属产生抵触。而患者认为医疗急救服务是有偿服务，自己应该得到满意的服务，因而产生纠纷。

二、急救反应时间长

反应时间是指从接到呼救至救护车到达现场所需要的时间。除与急救距离有关外，还跟接警时间、出车速度、交通状况、车辆性能、道路熟悉程度等因素有关。由于目前我国多数城市急救中心的数量还不多，承担的急救区域广，急救距离长，从而使急救反应时间长。同时，由于患者呼救电话叙述不详，因心情紧张而不能说清楚病情、发病时间和地址，导致120电话接听不到位，未能做到1分钟接警，3分钟出车；加上我国道路硬件跟不上，交通拥挤，使反应时间延长。患者发病后，家属心情紧张急躁，容不得多等1分钟，即使急救车按最快速度到达现场，家属也认为反应时间长而进行投诉，往往造成纠纷。

三、抢救技术不熟练或设备不完善

因院前急救是开放式的，家属大多数在场，而每次出车均只有1名医务人员(少数单位另配1名护士)，人手少，要在短时间内由1个人完成诸如测量血压、吸氧、静脉穿刺、静脉注射甚至心肺复苏等一系列操作，有一定的难度。情急之下有的操作过于简化，一次操作不成功，造成家属对医务人员的不信任和反感，或技术操作不熟练未按规程操作，常引发医疗纠纷。由于院前急救工作具有不可预见性，故在现场急救中难免出现药品器械的短缺或不足。院前急救中，由于急救药品及器材管理不当，不能做到100 %的准确到位，如氧气瓶没有氧气，人工球囊漏气，吸引器吸引压力不足等，均会延误抢救时间而造成纠纷。

四、医患沟通解释不到位

院前急救工作突出个“急”字。医护人员忙于挽救生命，从而难免有些侵袭性操作，以及应用急需的检查诊疗项目和高价位的药品，没有征求患方家属意见；也有医生对病情的进展估计不足或只顾抢救，没有向家属下达病危通知，在转送医院途中病情出现恶化或死亡时家属不能接受，出现纠纷。

五、院前急救病历书写不规范

院前急救处理的伤病如车祸伤、中毒等各种各样的意外伤害常常与第3方有关联，因此院前急救病历记录不仅是医疗教学科研的重要资料，还是判断法律责任和进行伤残处理的依据，在法律上有不容忽视的重要性。时间记录不准确包括出诊时间、到达患者身边时间、回院时间；抢救记录不规范，语言描述不当，有主观推测，有时忙于抢救未及时记录；院前院内交接不清时，后果是相当严重的，这些情况均可能引起医疗纠纷。

六、其他隐患

如病方执意认为110服务是免费的，120医疗急救服务也应该是无偿服务，而拒付急救医疗费用；或遇到一些“三无”患者，延误诊治和转送而引发纠纷。

15 内科常见的医疗纠纷有哪些？

根据造成内科医疗纠纷的主要原因可以分为责任性和技术性的两大类：

一、责任性的原因

1.医务人员的责任心不强,不仔细询问病史,不作详细全面的体检,疏漏应该进行的各种检查或过分依赖实验室辅助诊断,造成分析病因和确定治疗方案时的片面性和盲目性。

2.医务人员违反医院规章制度,尤其是违反交接班、值班和查对制度,导致病人病情变化时得不到及时正确地抢救治疗,失去时机。

3.医务人员主观臆断,过度自信,不请示汇报上级医师,或上级医师在接受下级医师请求时不了解内情,轻信错误汇报,作出错误决定。

4.在进行诊断性操作时违反技术操作规程,动作鲁莽,造成重要脏器、神经、血管损伤。

5.不坚持"首诊负责制",对急危重病人推诿拒收或不根据病情实际采取相应的保护性措施,而是随意让病人转科转院,使其病情恶化,甚至造成死亡。

6.药物剂量、配伍的错误致病人出现不良后果。

二、技术性的原因

1.医务人员技术水平不高,对一些疾病的严重程度认识不足或判断错误,对有条件和有时间足以转送抢救者未能作出果断决定,导致病人病情恶化并造成不良后果。

2.医务人员技术水平低下,对疾病诊断作出错误判断,导致在治疗上出现相反的后果。例如,对急性农药中毒病人,如果对农药种类判断错误,用药则不尽相同;又如,对脑血管意外患者,究竟是脑出血,蛛网膜下腔出血,还是脑栓塞、脑血栓形式,若判断错误,用药原理则是相反的。

3.医务人员对药理知识掌握不够,对药物禁忌证认识不清,导致严重药源性疾病。因此,为防止内科误诊误治和医疗纠纷的发生必须从提高医务人员的职业素质着手。

值得注意的是,在内科医疗纠纷中,有较大比例的纠纷并非是医务人员的过失造成的。医疗意外和难以防范的并发症并非都是医务人员的责任,尤其是心肺疾病。例如,心脏病患者在做二级梯运动试验时诱发急性心肌梗塞,心包穿刺时诱发心搏骤停,病毒性心肌炎病人突然出现严重心律紊乱而猝死,都属于医疗意外,病人家属对此提出质疑是完全正常的现象。因此,作为患者要注意医务人员是否做好以下三个方面的工作:一是,检查前是否已将可能发生的严重后果告诉病人及其家属;二是,对病人适应证选择是否恰当,是否已有出现意外的不良征象；三是，意外发生时抢救是否及时（包括预防性措施是否落实，必要的抢救器材是否准备完好）。如果符合这些情况，病人家属则不能对医院提出过分要求。这里特别提到，心脏病人在医师指导下进行康复锻炼时，也必须严格按医嘱进行。

16 外科常见医疗纠纷有哪些？

外科的医疗纠纷几乎要占整个医疗纠纷数的一半以上。外科医疗纠纷的发生来自手术前的过失、手术过程中的失误以及手术后管理不善三个方面。

一、手术前的过失

1.推诿、拒收或应急不急而无故延误手术抢救时机；

2.手术前未完成应做的各种检查工作，导致手术中对病因、疾病部位、病情等出现的与术前诊断的有很大差异而束手无策；

3.体格检查不认真，出现误诊，对不应进行手术的疾病进行了不必要的手术；

4.应手术的病人在病情危急时，医务人员离岗，导致延误抢救时机；

5.对涉及多科的病人，尤其是复合伤者，未能实行首诊负责制而延误抢救时机；

6.手术前未作充分准备，未进行术前讨论；

7.违反规章制度，对应报批的手术未报批，对无能力承担手术者，为了练技术而让其贸然实施手术；

8.术前对病人或家属的谈话或书面签字手续不完善。

因此，在手术前，患者必须要注意医师所做的各种术前准备。

二、手术过程中的过失

1.违反手术操作规程，或由于动作鲁莽而损伤重要器官或血管、神经；

2.经验不足，发生病情变化无应变能力，又不及时请示上级医师；

3.医师技术水平所限，未达手术应达到的要求，或遗漏某些手术环节导致手术效果明显不佳；

4.手术中不按批准的手术方案进行，而是无原则地扩大手术范围，包括摘除了术前未征得病人和家属同意的组织器官（如果术中发现这些组织器官确需摘除时，应在术中转告家属，并由家属签字同意后才可施行）；

5.开刀时开错病人，开错部位，摘错组织、器官；

6.手术粗糙，主要血管结扎的止血效果不佳，造成结扎线头脱落，或因其他原因引起内出血，不得不再次手术；

7.手术器械、敷料等遗忘在体内；

8.手术人员互相不配合，不采纳正确意见和接受他人的提醒，甚至故意刁难对方，或者明知手术者已违反操作规程，但故意不指出，以此来使对方“出丑”，造成不良后果。

三、手术后的过失

主要是对病情观察上的失职，尤其是对出血及其引起的严重后果估计不足。

四、与术前、术中和术后三个环节都有直接关系

例如，某省级医院外科对一位患有室间膈缺损伴肺动脉瓣狭窄的儿童进行体外环境下心脏直视修补手术，手术前主刀医师存在两方面缺点：一是，未能将严重后果如实告诉病儿家属，即家属对术后可能发生的情况缺乏足够的思想准备；二是，对病儿心脏先天性畸形情况估计不足。严重室间膈缺损伴肺动脉瓣狭窄的病情本身是非常严重的，也就是说，这个手术的成功率较小。在手术过程中，发现病儿室间膈缺损超过2厘米，给手术修补带来一定的难度，造成手术时间要比一般情况下长。但根本过失发生在手术后：一是，住院医师在第二天清晨7时就将病儿的气管插管拔去。这是违反一般操作常规的，按理应在上午8点钟以后医务人员上班人手较多时拔管比较安全，一旦发生病情变化容易配合处理，更重要的是拔管时病儿的血气指标仍处于正常范围的临界线，即仍处于低度缺氧的情况下。二是，在拔管后，病儿在失去人工呼吸给氧的情况下出现烦躁不安现象。在明显缺氧的情况下，医师错误地给予吗啡镇静，造成病儿呼吸抑制，最后导致死亡。

17 妇产科常见医疗纠纷有哪些？

发生在妇产科的医疗纠纷的数量仅次于外科，而其矛盾激烈程度往往要胜于外科。分娩过程常见医疗纠纷有：

1.孕妇子宫尚未开全就用催产素，或在应用催产素后不严密观察产程，引起子宫破裂，如果抢救不及时可招致母子双亡。

2.在产钳助产时由于动作粗暴，严重拉伤子宫，有时会拉裂子宫动脉引起大出血，导致产妇死亡。

3.助产时保护会阴不力，引起会阴严重裂伤，或引起阴道膀胱瘘、阴道直肠瘘等严重并发症。

4.剖宫产（即人们通常所说的剖腹产）时将纱布棉垫或手术器械遗留在腹腔内。

5.在分娩过程中，由于医务人员的原因造成胎儿在宫内死亡。

18 护理工作常见医疗纠纷的发生原因有哪些？

护理是一项科学性、技术性、艺术性、服务性、社会性都很强的医院工作。从某种意义上来说，病人到医院最先接触的是护士，接触时间最多的也是护士，最了解病人病情变化的还是护士。即使是大手术以后的病人，手术能否最后取得成功，除主刀医师的技术外，还要靠护士的精心护理。因此，如果护理工作中出现疏忽，也是很易发生医疗纠纷的。其中有一些属于非医疗过失纠纷，主要是护士态度生硬、语言不文明造成病人及家属不满而引发的。

根据国内学者的调查统计分析，护理过失的原因，按发生比例高低排列为：未执行各种查对制度、不严格执行医嘱、药品管理混乱、不认真执行技术操作规程、失于职守、巡视病房和观察病人不仔细、拒收危重病人、对病人严重不负责任等。

一、未执行各种查对制度

严格、认真执行各种查对制度是保证护理质量的重要基础。护士未认真执行查对制度，最多见的是忽视对药物名称的查对。如不认真核对标签，误将氯化钾当做氯化钙葡萄糖，或查对时不仔细，只看药名字头，不完整看完药名，如误把阿托品作为安痛定，因为两者的拉丁文药名第一个字母都是“A”。

二、忽视对药物剂量的查对，尤其是婴幼儿的用药量

例如，镇痛、镇静药杜冷丁具有抑制呼吸中枢的作用，对小儿必须慎用，1岁以下儿童一般不选用此药，如果护士在执行医嘱时将10毫克误看为100毫克，就会引起儿童呼吸抑制而死亡。

三、不认真查核各种临床检查申请单或治疗单

在护理工作中如果不认真查对婴幼儿病人的床号姓名，就很容易发生调错婴儿；如果不认真查核各种临床检查申请单或治疗单，就很容易发生搞错药物，出现严重后果。

四、不严格执行医嘱

执行医嘱必须正确及时，不得自行改变，但也不能盲目执行，对明显笔误的医嘱不能粗心大意，依样画葫芦，更不能擅自对病人用药，尤其对一些急腹症诊断不明正在观察过程中或一些手术后较易并发创口出血的病人，不得随便使用止痛药，更不可随便使用麻醉药物。

五、不认真执行技术操作规程

执行护理技术操作规程，强调护理管理制度化、护理操作标准化、护理程序规范化，是保证护理质量、防范护理差错事故的重要保证。有些重大医疗事故就源于不认真执行技术操作规程，例如，新生儿病房护士如违反常规喂药、喂奶规定，就易使婴幼儿窒息致死。护理工作在整个医院工作中占有很重要的地位。如果护理人员不按要求巡视病房，不按医嘱要求观察病人病情，不重视病人及其家属提供的病情细节，甚至撤离职守，都会产生不良后果。

19 护理工作中常见医疗纠纷有哪些？

一、拒收危重病员，借故推诿

如有一名脾破裂的危重病员由家属推进外科病房，病房护士既未看记录又未通知医师来检查病员，以无床位为理由把病员推出门外，以致延误，丧失了抢救时机，病员死在病房门外。

二、不重视病员及家属主诉

如把家属反复提出的问题不予重视，以致遗漏掉对病员生命攸关的病情细节，甚至造成严重后果。例如一病儿因肺炎并发心衰来院急诊，医嘱青霉素做皮试，家长声明昨晚来门诊做青霉素皮试阳性，但该值班医师仍坚持再做青霉素皮试，导致该患儿发生过敏性休克死亡。

三、护理人员玩忽职守

有的医护人员只按医嘱治疗，对病员的反常行为或思想情绪观察不细心，不做必要的思想开导工作，甚至违反保护性医疗制度，向患者透露疾病不良的后果，使患者对前途失去信心，对疾病的治疗不配合等，造成不良后果。

有的医护人员发现自己用错药既不报告也不采取补救办法，致使患者死亡。

有的医护人员不懂装懂，自以为是，如手术室一护士，自认为地卡因的药理效用与普鲁卡因相仿，将其作为局麻药递给术者施行慢性扁桃体双侧切除术，结果造成病员中毒死亡。

还有的医护人员将本应由自己完成的护理工作交由患者家属来做，如叫家属给病员做灌肠、拔管、洗灌肠管、扒静脉注射液、看守静脉点滴、做热敷、取药等。笔者就遇到一例护士让患者家属给患者注射氨茶碱导致患者心律失常，呼吸停止，此时医护人员又让家属给患者做胸外按摩和人工呼吸，最后因抢救无效导致患者死亡的案件。

现实生活中还发生过护理人员因嫌婴儿啼哭不止，而将其翻转过来置于俯卧位，致婴儿窒息死亡的案件。

上述情况都属于医护人员的玩忽职守。造成不良后果的，一律应认定为医疗事故。

四、不认真执行“三查七对”制度

根据临床查对的规定，在执行医嘱时要遵守“三查七对”制度，即在摆药后查；服药、注射、处置前查；服药、注射处置后查对床号和姓名，以及服用药的药名、剂量、浓度、时间和用法。清点药品时和使用药品前，要检查质量、标签、失效期和批号，如不符合要求，不得使用。给药前，注意询问有无过敏史；使用毒、麻、限剧药时要经过反复核对；静脉给药应该注意有无变质，瓶口有无松动、裂缝；给多种药物时，要注意配伍禁忌。

五、护理不周

如对神志不清、昏迷状态下的患者，生活不能自理的患者，小儿患者等，护理不认真，不采取必要的安全措施，发生患者附床造成骨折、外伤，引流管及输液管脱落，气管切开病人的气管套脱出堵塞，窒息死亡；又如对危重病人不按规定护理，发生严重褥疮和坠床，造成严重后果的。

六、擅离职守

如不按时巡视病房擅离岗位，患者病情变化未及时发现，失去抢救时机，甚至患者何时死亡均记录不准确的；上夜班睡觉，不按时查房，以致病人发生医疗意外的；护士在岗时间睡觉，造成多名新生儿烧死、烧残、鼠咬死、咬伤的；擅离特护岗位，造成特护病人死亡的。

七、交接班不仔细，不执行床旁交接班制度，遗忘医嘱，遗忘危重患者的特殊处理，造成不良后果的

根据护士值班与接班的有关规定：病房护士实行一周倒班一次三班轮流值班。值班人员应严格遵照医嘱和护士长安排，对病员进行护理工作。交班前，护士长应检查医嘱执行情况和危重病员记录，重点巡视危重病员和新病员，并安排护理工作。病房应建立日夜交班簿和医院用品损坏、遗失簿。交班人必须将病员总数，出入院、死亡、转科、手术和病危人数，新病员的诊断、病情、治疗、护理、主要医嘱和执行情况，送留各种检验标本数目，常用剧毒药品、急救药品和其他医疗器械与用品是否损坏或遗失等情况记入交班簿，向接班人交待清楚后再下班。晨间交接班时，由夜班护士重点报告危重病员和新病员的病情诊断以及与护理有关的事项。早晚交班时，日夜班护士应详细阅读交班簿，了解病员动态，然后由护士长或主管护士陪同日夜班重点巡视病员作床前交班。交班者应给下一班做好必需用品的准备，以免接班人的忙乱。

护理人员交接班不严格遵守上述规定，值班时脱岗，交班时不细，造成病员伤残、病亡等严重后果，均存在医疗护理过失。

八、执行医嘱不严格

1.盲目执行错误医嘱：当医生医嘱出现错误时，护理人员有责任在执行医嘱前的查对过程中发现错误，并请医生及时纠正。反之，如果医生医嘱错误，护理人员也未认真查对就执行了错误的医嘱，则对此发生的不良后果，医生要负主要责任，护理人员将负次要责任。

2.执行医嘱错误：首先表现为执行医嘱失误，即由于护理人员工作疏忽，将医嘱中的药物剂量或名称看错，或将用药途径看错；其次表现为擅自改变医嘱，即某些护理人员为图自己省事，将医嘱中的静脉推注用药改为静脉点滴，影响了药物正常效应的发挥；也有的护理人员将医嘱中分次执行的脱敏疗法改为一次执行，结果造成病人过敏性休克甚至死亡；除了擅自改变用药途径之外，有的护理人员还自视工作经验丰富，竟然在没有医嘱的情况下进行治疗。

九、管理混乱

如药房药品放置混乱，护士取药时不执行用药“三查七对”制度，用错药输错液，造成严重后果。

十、不认真执行技术操作规程

1.肌肉注射定位不准、一味求快、未执行无菌操作等，而伤及神经，造成局部感染，或断针而导致严重后果的。

2.在喂药、洗胃、手术操作、静脉输液中违反操作规程造成严重后果的，如给小儿喂药不规范引起病儿窒息死亡、洗胃操作不当造成胃破裂、静脉输液后忘记松止血带，致使远端肢体缺血坏死。

3.器械、纱布被遗忘于手术切口。手术结束后，术者询问器械，护士回答无误，却由于护士清点器械、纱布等马虎，致使异物残留于病人体内的事件应由护士负责。如护士清点器械不符并提醒术者，而术者不听，造成的异物残留，由术者负责。如术者在手术中未询问护士，护士也未提醒术者，术后发现体内异物，二者共同承担责任，但护士负主要责任。

4.护士没有认真观察输液情况，致使静脉注射药液外溢，造成局部组织坏死。

5.把患者体位摆错，致手术部位颠倒。例如，把 X 线照片错排号码，手术室护士不了解手术部位，未分清左右，摆错了体位。手术医师未对照手术通知单，以及未核查其手术部分是左还是右，因而开错了刀。可见医师过分依赖护士连自己的病员病情都记不清，马虎到了如此地步，是令人难以理解的。把病员体位摆错，致手术部位颠倒。此时手术者要负主要责任，护士负次要责任，本例中放射科医生也应负责任。

6.该做皮试而不做皮试就给药。已知皮试阳性或有明显过敏史而误用药。

十一、护理人员技术不过关

1.观察病情时，因为经验不足或知识有限，对病人已出现的症状视而不见，以致延误治疗。

2.为抢救急重症病人的生命，当时医师不在场，但又必须做紧急处理，而发生技术失误。

3.对一些诊疗仪器设备的性能不完全了解或操作不熟练，应用过程中给病人造成不良后果。

4.实习护士在执行医嘱中出现差错事故，如事先请示了指导老师，并按其指示去做，应由指导老师负责；如未请示指导老师，实习护士要负责，指导老师也要负责，各自责任大小视具体情况而定。

20 麻醉科常见医疗纠纷有哪些？

一、手术后的麻醉处理不善的过失

1.手术后病人复苏情况尚不佳时就将病人匆匆送回病房。

2.麻醉医师不遵守规章制度，不亲自将麻醉或危重病人送回病房，并未向病房值班医师护士交班，以确保麻醉后的安全。

3.对重要的技术问题交待不清楚，导致病人出现病情突变，如在外科医疗纠纷中已列举的一案件,心脏直视手术后,在血氧情况并不很好的情况下过早拔除气管插管。

二、常见的医疗事故

1.麻醉操作过程中不慎将麻醉剂溅入眼球引起眼灼伤,或因麻醉药剂量控制不好,全麻时引起病人呼吸道和咽喉部严重灼伤,都属责任事故。

2.麻醉前未对麻醉器械进行认真检查,发生故障或接错套口,导致在麻醉过程中造成不良后果,属责任事故。

3.麻醉药量计算错误,用量过多,且又未能严密观察和及时发现并处理问题而造成不良后果,属责任事故。

4.对全麻不醒的病人,凡观察病人不认真者为责任事故,由于缺乏技术经验而未能及时处理就属技术事故。

5.硬脊膜外麻醉时,因违反技术操作规程,发生全脊髓麻醉,且抢救不力致使病人死亡或成植物人者,属责任事故。但若未违反技术操作规程,发现呼吸异常等情况时就积极进行抢救,但最终抢救无效者,则不属医疗事故。

6.蛛网膜下腔麻醉时药量过大,或操作不灵发生麻醉致死或致残者,属责任事故。若无违反操作规程之处,及时发现异常情况后就积极抢救,但最终抢救无效者,则不属医疗事故。

7.椎管麻醉操作过程中,由于预先检查不仔细或由于技术操作不当,造成断针折管给病人带来不良后果者,属责任事故。若因针管质量问题则不应追究麻醉医师责任,应按《产品质量法》和《消费者权益保护法》等有关法规规定作妥善处理。

8.误注、误用麻醉药物,造成严重后果者,属责任事故。

9.违反无菌消毒原则,造成椎管内感染者,属责任事故。

10.事先不了解病人还患有其他疾病,导致在麻醉过程中大量使用可急剧加重该病的药物,并造成严重后果者,属责任事故。

三、麻醉意外或并发症

1.麻醉剂过敏试验为阴性,但按常规进行麻醉时突然发生麻醉剂高度过敏反应或造成不良后果者,属医疗意外。但发生严重过敏反应时因毫无药品、器械准备而不能及时抢救病人者除外。

2.按正常麻醉剂量和常规操作规程进行操作,但突然发生呼吸抑制、血压下降等严重反应,虽经抢救仍造成严重后果者,属医疗意外。

3.极少数病人在全麻情况下发生恶性高热、特发性高血压、肌松剂敏感造成长时间呼吸停止等罕见的并发症时,麻醉人员不承担过失责任。

4.严格按常规消毒要求操作但仍发生麻醉并发感染者,属并发症。

5.部分局麻病人可发生虚脱等晕针反应,也属并发症。

21 药剂科常见医疗纠纷有哪些?

与药剂科有关的医疗纠纷主要有:

一、药剂科管理混乱而发出超过有效期或变质药品

药品超过规定使用期限或变质使疗效降低或失效,副作用增大甚至产生严重不良反应,同时也给病人增加精神负担。例如:患者陈某右手骨折到医院就诊,在药房取回10支骨肽注射液,价值225.8元,注射1支后回家发现该药已过期3个月,遂投诉到县消委会,经调解处理医院1次性赔偿陈某2258元。药品的有效期标示不显眼且字迹较小,尤其是小针剂包装盒有标示而单支却没有标示,所以容易忽视。有时片剂变色、潮解未发现而发给病人,输液变质产生絮状物或玻璃瓶有裂痕未发现造成输液反应,都应引起注意。

二、药师发错药

有时因药名相似而发错,临床中有些药物药名相似,但作用却差别很大,如他巴唑当做地巴唑发给高血压病人,致病人血压仍居高不下,把地巴唑当做他巴唑发给甲亢病人耽搁了甲亢病人的治疗;可拉明为呼吸兴奋剂,阿拉明为升压药,发错时就会延误病人的抢救时间;把10%氯化钾当做10%氯化钠注射液等;有因包装与剂型相似互相搞错,如庆大霉素、丁胺卡那霉素、林可霉素等针剂,扑尔敏、强的松、消炎痛、维生素E等片剂的大小和形状几乎一样而互相发错;也有因一种药有多种规格而相互拿错,如阿托品有针剂0.5,又有片剂0.3;也有因药架位置改变由于习惯性而拿错药。

三、含有对患者禁忌或慎用药物的处方

由于医生工作失误给儿童及孕妇开出有禁忌或慎用的处方,药剂人员没及时发现,或有发现仍执行医嘱。

例如:某6岁儿童腹泻到医院就诊,前两天使用复方新诺明,第三天复诊用氟哌酸,病人家属在报刊上看到儿童不能用氟哌酸,要求医院承担责任。因氟哌酸属喹诺酮类药物,对乳动物和人类软骨细胞均有特殊亲和力,影响儿童骨骼发育,18岁以下儿童禁用。

四、发出未做过敏试验的药品

青霉素皮试为临床最常见的药物皮试试验。例如:一成年男患者化脓性扁桃体炎,静脉滴注青霉素,病人认为做青霉素试验麻烦又费时,所以不做试验就去取药,药剂人员未发现把药发给病人,结果刚点滴少许就发生休克,幸好抢救及时脱离危险。由于青霉素过敏导致死亡的例子常有发生,有医生漏开皮试单,或医生开出皮试单病人未做试验就去取药,药剂人员未认真检查试验结果就发药;也有病人认为曾经用药不过敏就不必再试验;还有忽视青霉素与其他类抗生素有交差过敏的现象,给青霉素过敏者服用阿莫西林或头孢羟氨苄等。

五、医院制剂室自制药品配制及使用错误

配制药品含量不合格和微生物污染造成的危害较常见。碘酊、复方硼酸溶液易发生挥发、分解,药物有效含量下降,使手术、伤口感染;配制氯霉素眼药水时用于调节渗透压的原料硼砂、硼酸相互称错,使滴眼液使用有刺痛感;药液放置时间不久变淡黄色。

六、忽视发药交代

由于病人缺乏医疗用药常识,药师在发药时没有详细向病人交代药品的用法、用量及注意事项,用药失败造成不良后果。例如:患者张某,71岁,患有白内障,第一次用白内停滴眼液,将盒内药片口服,液体剂滴眼。当他第二次再取白内停滴眼液时听到药师交代使用方法,遂投诉上次发药药师,发药时没有交代使用方法造成他用药失败。因白内停滴眼液包装分两部分,临用时取药片放于溶剂中,待药片完全溶解后使用。农村老年人不会看药品说明书,有的将漱口液当口服液服用,有的外用栓剂当成口服,有的将药瓶内一小袋干燥剂也当成药品服用。有的药品剂量分不清,如说明书上写每次服10当成10片,5当成5片,一些液体剂服用的毫升数无法掌握等,造成用药超量或不够,增加副作用或达不到效果。

22 骨科常见的医疗纠纷有哪些?

一、诊断上的失误

X光片对骨折具有诊断标准,X线片是骨折诊断与治疗必要的辅助检查。有些医生过于自信没有进行X线摄片,或在拍摄部位时违反诊疗常规只拍摄一个方位,容易导致对骨折病情的分析错误,或对明显的骨折损伤作出诊断后,未考虑和分析受伤口的机制,导致骨折和脱臼、韧带受损并存的漏诊。

二、治疗上的失误

1.固定复位失误。

2.开放性骨折并发骨髓炎。医务人员在处置病人时不严格执行医疗规范的要求时,可能会导致患者并发骨髓炎,严重者可能会出现截肢的后果。

3.牵引固定失误,牵引时不考虑患者的骨伤情况,不分析X光片和掌握牵引复位指征,粗牵引导致病人神经损伤。

4.陈旧性骨折和骨不连。这种病症的出现要视具体病例分析,不能一概认定为医疗事故,如因医务人员违反医疗规范、内固定钢板质量不合格、内固定不合理所致的可定性为医疗事故。

5.感染。多见于清创不当,清创术后抗感染措施不当所致。

三、失血休克

对于开放性骨折病人,如果医务人员拖延抢救时间,容易导致病人出现失血休克。主要根据抢救记录,结合病人的伤情、救治条件和所采用的治疗措施综合分析医院是否有过失。

四、骨筋膜室综合征

常见原因可能是外固定过紧、外伤致筋膜室内积血和肌肉肿胀,医方须立即切开筋膜减压,改善血循环,必要时需要截肢。

骨科导致的医疗纠纷日益增多,主要表现在对交通事故中的患者进行骨折处置后出现骨不连、骨髓炎、神经损伤等。患者在遇纠纷时应保持冷静,注意复印和封存病历,并保存好有关的X片。与医院协商不成时,可综合考虑诉讼风险后向卫生局投诉或直接向法院提起诉讼。

23 怎样认识猝死与医疗纠纷的关系?常见的猝死有哪些种类?

猝死又称急死。从广义上讲凡外表看似健康但存在某种非致命性疾病的人在治疗过程中因其内在病变(器质性或非器质性)而发生急速的、意外的死亡,统称为猝死或急死。急死发生迅速,通常在出现症状后数分钟至数小时内死亡。有一部分几乎是闪电式的,自出现症状到死亡仅几十秒钟,谓之即时死。世界卫生组织规定:凡是在起病后六小时之内而死亡者,统称为猝死。急死前表现形式之一,有些急死者先感觉有轻微的不适后突然死亡;也有的缺乏任何疾病的感觉,几乎不经过濒死期,或突然意识丧失,经过短暂的濒死期而死亡;有些虽患某种慢性疾病,但并无恶化的迹象而突然死去。猝死可以发生在医疗过程中的各个环节，如候诊、听诊、叩诊、取血化验、手术准备、X线检查、注射等，甚至可发生在住院病员的休息、睡眠中，这些常被疑为医疗事故。有些猝死有一定的诱因，如精神紧张、情绪激动，表现为狂喜、愤怒、恐惧、争吵等。通常认为在情绪激动的影响下，交感神经兴奋性增高，引起心跳加快，血管收缩，外周阻力增加，血压升高；进而冠状动脉扩张，平均血流量增加，心肌代谢亢进，心脑工作负荷增加。同时由于交感神经兴奋，儿茶苯酚胺的释放增多，导致急性心力衰竭，发生猝死。体力活动过度，如过度剧烈运动或过度劳累，也是颇为常见的诱因。各种治疗中的稍小刺激，如穿刺、小手术等，也可是猝死的诱因，但不是猝死的真正原因。猝死者经尸体解剖、病理检查、生化检查等，大多可以发现导致猝死的病因。但限于医学科学水平发展的局限，尚有部分猝死者，虽经各种检验，也不能发现猝死的病因所在，此属于目前原因不明的猝死，如青壮年急死综合征、婴幼儿急死综合征，有时难以查明引起猝死的真正原因。猝死者多见于男性，可发生于任何年龄，但以50~60岁多见，青壮年男性(20~30岁)和婴幼儿也常有发生。

猝死是因机体内潜在性的疾病或功能障碍而引起的死亡，原无法律问题，但由于死得突然，特别是在医疗过程中患者发生的猝死，常使死者家属怀疑是医务人员的医疗事故，而引起医疗纠纷，要求追查医疗方面的责任，这种情况在医疗事故的法医学鉴定中屡见不鲜。但是，凡是因潜在性疾病突然恶化而发生猝死者，死亡是疾病发展的必然结果，事先又难预料，死亡与医务人员无直接的因果关系。只要经法医鉴定为猝死(符合猝死病理)的案例，医疗方面是不承担直接责任的。

猝死必定有潜在的内因，这种病变可能是慢性而潜伏地进行，有时在患者治疗其他疾病时可能被发现，如能早期发现并积极采取预防措施，常可推迟猝死的发生。但是，只要存在难以解决的矛盾，那么这种矛盾终究是要爆发的，总会发生猝死。而目前的医疗水平对特殊性的潜在性疾病还难以发现和难以控制。

常见的猝死疾病有如下几种情况：

一、心血管疾病的猝死

心血管系统的疾病发生猝死最常见的原因是冠状动脉疾病，特别是冠状动脉粥样硬化性心脏猝死(又称冠心病猝死)。冠心病在临床上可分为：隐性冠心病、心绞痛、心肌梗死、心力衰竭、心律失常、急死六种类型。冠心病猝死者，死前多无明显临床症状，尸体检查可见冠状动脉粥样硬化病变，只有少数患者并发新近血栓形成或急性心肌梗死。冠心病患者急死的发生率较高，绝大部分患者在发作后短时间内死亡。冠心病患者在治疗中可因疲劳、急噪、情绪激动、悲痛、精神紧张等诱因发生猝死。也可以在与医师、护士、病友、家属等谈话中或在睡眠、休息状态下猝死。如某男性患者60岁，在某日晚看完电影后自感胸部不适，遂去某医院诊治，经治无效发生猝死。尸体解剖证实属左冠状动脉粥样硬化性心脏病急性心肌梗死。

二、中枢神经系统疾病的猝死

中枢神经系统疾病猝死的主要原因是脑血管病因“中风”使脑血管破裂引起脑出血和蛛网膜下腔出血最为多见。其次，癫痫、脑肿瘤和脑脓肿引起的脑内占位性病变使颅内压增高，造成的脑疝也可发生猝死，以及动脑血栓形成和脑栓塞均可引起猝死。例如某男性患者56岁，因头痛在针灸治疗中尖叫一声后死去(针灸双合谷，双足三里穴)，经尸体解剖发现脑血管破裂出血死亡。

三、呼吸系统疾病的猝死

呼吸系统疾病的猝死多见于大叶肺炎、支气管肺炎、支气管哮喘、声门水肿和喉头痉挛、肺水肿、肺结核及新生儿肺出血等。呼吸系统疾病猝死者多发生于儿童及婴幼儿。例如某住院治疗患儿，因肺结核空洞，大量咯血吸入呼吸道造成窒息性猝死。

四、内分泌系统疾病的猝死

内分泌器官的疾病，常由于体内激素的增高或降低而对其他器官和系统的功能产生远隔效应。所以，在鉴定内分泌器官所致的猝死时，除进行形态学方面的检查外，还要作激素和其衍生物的测定。内分泌系统可发生猝死的疾病有肾上腺皮质功能的减退症、肾上腺髓质嗜铬细胞瘤、糖尿病、胰岛细胞瘤、甲状腺功能亢进、甲状腺功能减退、甲状旁腺功能减退等。例如某妇女性患者因甲状腺功能亢进入院治疗，突然因心力衰竭而猝死。尸体解剖发现心脏扩大、心肌多处灶性坏死。其因患甲腺功能亢进使血液循环加速、血液循环血量增多，增加心脏的负荷，导致心衰死亡。

五、胸腺淋巴体质的猝死

胸腺淋巴体质是一种特异体质，尸体解剖时发现其特点仅是胸腺肥大，也有表现为全身淋巴组织增生、心脏较正常小、主动脉周径(起始部)狭小、肾上腺和性腺发育不良、第二性征不明显等。具有这种体质的人，身体瘦小，体质脆弱，可因轻微的疾病或临床治疗措施如疫苗注射、小的手术、食道镜及气管镜检查、抽血检验等而发生猝死。例如某男性患者24岁，在进行食道镜检查中突然猝死。经尸体解剖仅发现胸腺肥大(57克)。鉴定为胸腺淋巴体质因一般的刺激引起猝死。

六、急性传染病猝死

急性传染病猝死多见于少年和幼儿，成年人比较少见。急性传染病如暴发型流行性脊髓膜炎(又称暴发型流脑)，起病凶险，进展急剧，很快发生休克样虚脱症状，表现周围血循环衰竭，血压下降，脉细而弱，四肢冰冷，面色苍白，皮肤及黏膜有广泛散在紫红色出血性斑点，可在24小时内死亡。其次急性脑膜炎、乙型脑炎、急性脊髓灰白质炎、流行性出血热、中毒性细菌性痢疾、白喉等，均可发生猝死。例如某患者14岁，女性，因神志不清、脑膜刺激症状、全身散在皮下出血等急诊住院治疗，经用大量磺胺药物静脉滴注及抢救治疗无效，于入院后4小时死亡，经鉴定为急性暴发型流脑猝死。

七、青壮年猝死综合征

青壮年猝死综合征是1974年日本渡边富雄提出的命名。其特点为：1.易发生于20~30岁的平常健康的男性青壮年。2.发病月份以4~7月较多见，尤以凌晨2~4时最为多见。3.发作时的症状为突然发出大声呻吟，四肢痉挛性抽搐，意识丧失，迅即死亡。4.尸检所见：只是心腔内血液呈暗紫红色不凝固，呈流动状态，而未发现致死病变。5.尸检还可发现：各脏器淤血水肿，黏膜及浆膜面点状出血，很多病例可于胸腺组织残存，甲状腺较大，含血量较多，肾上腺皮质变薄等。

青壮年猝死综合征中，人们往往对死因提出怀疑，而尸体检查所见中除猝死的一般病理变化外，无其他的明显病变，治疗中的疾病又不至于发生死亡。因此，在鉴定时必须慎重，不宜轻率下青壮年猝死综合征的结论。只有在详细的调查、全面的尸体检验、细菌学检验、化验等排除其他各种死因后，才能作出青壮年猝死综合征的结论。

八、婴幼儿猝死综合征

婴幼儿猝死综合征是一种原因不明的猝死，欧美等国称之为“摇篮死”，是一种出乎意外的死亡，病史上无任何征兆，全面的尸体检查不能查明确切死亡原因。其多见于生后2~4个月的婴儿；多发生于冬春寒冷季节；性别差异不大；90%以上多发生于睡眠中，在安静状态下死亡。关于死亡的机理，与感染、心律失常、呼吸暂停、免疫缺陷等有一定的关系。

在临床实践中对猝死者(原因暂时不明的死亡),特别是有医疗纠纷迹象者,要对尸体进行系统、全面的解剖及病理组织学的鉴定检查,才能明确猝死的原因。在医疗纠纷案件中猝死占有一定的比例。致力于猝死病因学的研究,将会对医学基础理论及临床医学起到提高和促进的作用。

24 特殊诊疗操作中怎样避免医疗纠纷?

一、特殊诊疗操作概念

所谓特殊诊疗操作是指医务人员应用各种有特定功能的医疗仪器对病人进行诊断治疗的技术手段,其范围主要包括各种电生理检查,例如心电图、超声波、脑电图、脑血流图、肌电图等;包括在放射的配合下进行诊疗技术,例如心导管检查、冠状动脉造影术、介入疗法等;包括各种纤维内窥镜检查,例如纤维胃镜、纤维胆管镜、纤维乙状结肠镜,以及纤维直肠镜、膀胱镜、支气管镜、腹腔镜和关节镜;包括各种特殊功能检查,例如肺功能测定、心功能测定、肾功能测定等。随着科学技术的不断发展,在临床工作中应用特殊诊疗操作技术的手段和范围将会不断扩大,这对于提高诊断率和治愈率起到重要的作用。

二、特殊诊疗操作原则

卫生部《医院工作制度》对特殊检查的工作制度作出了原则的要求,强调:

1.特殊检查前要详读临床医师的申请单,作好相关准备,并检查病人是否按要求作好准备。

2.凡需预约时间的检查必须详细交待注意事项。

3.对危重病人,应有医护人员护送前往检查,或由特殊检查室的人员带机到床前检查,以确保不发生意外。

4.诊断报告要及时准确,有疑问时应与临床医师共同商讨。

5.认真注意消毒隔离,防止交叉感染。

6.严格遵守操作规程,操作时确保安全,并注意仪器的定期保养维修和计量准确。

7.做好资料保管工作。

三、特殊诊疗操作医疗过失原因

在特殊诊疗操作时发生医疗过失的原因主要有三个方面:

1.违反规章制度和技术操作规程,这属失职行为,如果造成严重后果则为责任事故。

2.技术水平低下,经验不足,对操作遇到的异常情况缺乏识别和应急处理的能力,如果造成严重后果则为技术事故。

3.未严格掌握适应证和禁忌证,造成加重或引发、伴发疾病,属以技术为主的医疗事故。

四、特殊诊疗操作注意事项

1.必须严格掌握检查的适应证和禁忌证。

2.必须较好地掌握操作原理和技术,了解器械的性能和注意事项,有效地预防可能发生的副反应并进行应变处理。

3.必须充分做好检查前的有关准备,对没有把握的病人应暂停检查,不能勉强。

4.必须对检查中所用的仪器和药品等进行仔细检查,以充分保证仪器不出现故障。

5.必须对操作者进行严格培训,对技术尚不熟练者应有上级医师在场指导。

6.必须严格遵守操作规程,动作力求准确轻柔,尽可能减轻病人的痛苦,并在操作中要密切观察病人的反应,一旦发现异常应及时采取措施,决不能疏忽大意,也不能蛮干。

7.必须在检查后向病人及其家属详细交代注意事项。

8.必须认真做好检查记录和材料的登记保管工作,以备查证。

五、医疗过失的判断依据

1.病人有无进行该特殊诊疗操作的适应证,包括有无必要性,有无禁忌证。

2.操作过程是否符合技术规程,有无鲁莽、粗心、贪求速度等情况发生。

3.穿孔、出血等并发症是否及时发现,发现后是否立即采取积极的补救措施。

4.治疗后有无不良后遗症。

25 计划免疫接种中的医疗纠纷有哪些?

任何一个接种纠纷都不是单一因素所致,通常是多因素共同作用的结果。以引起纠纷的主要因素为主,可以将接种纠纷分为三类:预防接种副反应、接种事故、医患矛盾激化。

一、预防接种副反应

预防接种副反应是指接种疫苗后在使个体或群体产生对疫苗可预防疾病免疫力的同时,也可能使极个别个体产生对疫苗免疫的副作用或免疫损伤。

预防接种副反应发生的原因:

1.疫苗的生物学特性、制造工艺和附加剂。如异种蛋白免疫作用、减毒活疫苗剩余毒力过高、提纯工艺不精致使杂质留存、附加剂的超敏反应等。

2.疫苗接种对象选择和接种安排失当、接种前后缺乏宣传。如将儿童疫苗用于青少年或成人、给免疫功能低下者接种减毒活疫苗、空腹接种、接种前剧烈运动及接种前后没向儿童监护人作必要的说明或接种后没有留院观察。

3.接种个体的遗传因素、个体素质。如个体特应性皮炎、变应性鼻炎和变应性哮喘、原发性或继发性免疫缺陷和个体发育不健全、分娩过程损伤等。

二、接种事故

接种事故是由于生物制品质量和预防接种使用时的差错或污染所造成的事故。接种事故往往与责任心不强、不规范操作、疏忽等人为因素密切相关,其性质与医疗纠纷类似。

发生的原因:

1.生物制品质量事故。此类事故很少见,但一旦发生,接种人数越多,其累及的范围越广,往往造成严重的后果。如菌种搞错、减毒不全、制品污染、毒力过高、野毒污染、不按正常渠道供应而采购了假冒伪劣疫苗等。

2.预防接种使用中的事故。这是接种事故中最常见的。如用错制品、剂量过大或重复接种、接种途径错误、接种部位错误、继发感染、接种对象选择不当或盲目扩大接种对象、活疫苗溅入接种者或他人眼内等。

三、医患矛盾激化

这一类接种纠纷,往往有上述较轻的接种副反应或接种事故作为初始原因,初始原因发生后,通过解释、说服或诚恳道歉本可以化解。但往往医患双方没有处理好相互关系,尤其是作为计划免疫工作者没有处理好医患关系而使矛盾激化、升级而引起的。这类纠纷可归类在上述接种副反应或接种事故中,笔者将这些纠纷作为专门一类进行分析,以便更有利于研究和制订防范策略。

发生的原因常见有:计划免疫工作者服务态度差、语言生硬、不进行必要的卫生宣传或解释工作、与儿童监护人吵架。儿童监护人免疫知识不足又不听工作人员解说,个人修养差、儿童监护人找碴索偿的不良心态等。

第二章 医疗纠纷的常见处理23问

1 我国处理医疗纠纷的主要方式有哪几种？

根据中国的习惯和《医疗事故处理》条例，发生医疗纠纷后，可有三种解决方式：医患双方协商解决、卫生行政部门调解、法院诉讼。实践中，大多数医疗纠纷通过双方协商解决，还有部分通过诉讼解决，而由卫生行政部门调解的很少。

由于医疗纠纷涉及复杂的医学知识，法官并无能力直接判断医生的过错，最终的判决几乎全部系于医疗技术鉴定，因此打医疗官司实际上就是打医疗技术鉴定。医疗技术鉴定必须注意下面两点：

一、医疗技术鉴定的提起

可以在起诉前进行，也可以在起诉后进行。起诉前的鉴定可由医患双方共同委托当地医学会实施，也可以由医患一方要求卫生行政部门委托医学会鉴定。而起诉后，则只能由受诉法院委托。

起诉前进行鉴定的好处是，可以减小诉讼风险，避免盲目诉讼。但其巨大风险是提交鉴定的病历未经法庭质证，可能导致结论不公正。另外如果医院的过错十分明显，就没有必要在起诉前鉴定，直接交法庭委托鉴定，可以大大节约诉讼时间。

至于经两次医学会的鉴定后，能否再委托其他司法鉴定机构就医疗过错进行鉴定，各地规定不一，最高人民法院的司法解释也未作出规定。笔者的观点是，根据《最高人民法院关于民事诉讼的若干规定》，如果原、被告任何一方有足够证据表明，医学会的鉴定结论依据不足或程序不当，法院应当委托其他司法鉴定机构重新鉴定。

二、医疗技术鉴定的准备

医疗技术鉴定所依赖的材料主要是患者就诊时的病历，因此鉴定时保证病历的真实性非常重要。但病历由医疗机构保管,而鉴定专家又不会对病历的真实性提出任何鉴别。如何防止病历被伪造?唯一的办法就是在纠纷发生后,及早复印病历,并对不能复印的主观病历(病程记录等)进行封存。但尽管这样仍无法防止医生在诊治过程中伪造病历,此时最好的办法就是在诉讼中对病历的真伪进行质证,只有在病历经质证以后才能提交鉴定,此时鉴定专家应当采用经质证后的病历。如果质证后,病历仍达不到鉴定要求,则被告应当承担举证不能的责任。当然,对病历的质证非常专业。

当医学会受理鉴定后,患者应当提供一份详尽的陈述书。陈述书应当用医学术语全面阐述医方在诊疗过程中违反医疗常规的过错,并指出相应依据。由于鉴定专家全部由医生出任,自然对医方的袒护是不可避免的,因此陈述书非常关键,必须做到有理有据,让鉴定专家无路可退,只能接受。如果陈述书很粗糙,遗漏医方的过错,或者没有医学依据,专家基本上睁一只眼闭一只眼,不会主动纠正的。这类似于法院的不告不理,你告错了,或者没有提到的诉讼请求,法院不会主动裁决的,鉴定专家也一样。

② 医疗纠纷处理的基本方式是什么?

一、协商解决

在发生医疗纠纷后,患者首先要采取的就是这个维权手段,因为这个方式程序简单,处理起来速度快,而且一旦达成协议,医疗机构的赔偿也会非常迅速。《医疗事故处理条例》第43条规定:"医疗事故争议由双方当事人自行协商解决的,医疗机构应当自协商解决之日起7日内向所在地卫生行政部门作出书面报告,并附具协议书。"采取这种方式进行维权的,快捷、迅速是优点,但是也存在几个问题:

1.医疗机构一般不会认为自己及其医护人员的行为是医疗事故,有的即使自己也意识到错误,考虑到赔偿和行政处分方面,也会不承认。对于这种情况,患者只能采取其他的两个途径来维权。

2.有些时候医疗机构有与当事人进行协商的意思,但是,双方对于患者人身的损害是否构成医疗事故,构成几级医疗事故,医疗机构在患者人身损害中负有多大的责任,患者现在的人身损害与患者原有疾病之间的关系有多大等问题存在很大的分歧,这时候,就需要双方共同委托医疗鉴定机构来进行鉴定。根据《医疗事故处理条例》第20条规定:"医患双方协商解决医疗事故争议,需要进行医疗事故技术鉴定的,由双方当事人共同委托负责医疗事故技术鉴定工作的医学会组织鉴定。”然后,双方根据医疗鉴定的结果来协商赔偿的数额。

3.采取这种方式维权的患者方一定要注意,因为医疗行为是一种专业性和科学性非常强的学科,而医疗事故的索赔更是涉及医疗和法律两个方面的专业知识,作为一般的患者或者患者家属很难掌握准索赔的标准,而采取这种方式处理医疗事故,只要双方在医疗事故处理意见书上签字,就会发生法律效力。所以,患者一方在签字前一定要对相关的问题考虑清楚,对于索赔的范围和数额计算清楚,以防合法的索赔权益因为不懂而得不到保障,最好能够咨询一下这方面的专业人士。

二、行政调解

因为现在我国的医疗机构大多数还是国家办的公益性事业单位,与卫生行政机构存在着上下级的隶属关系,所以,有很多医疗纠纷的患者一方认为卫生行政机构就是医院的“娘家”,认为让他们主持医疗事故的处理会一家人向着一家人,而忽视医疗纠纷中卫生行政部门的作用,其实这是不正确的。虽然卫生行政机构与医疗机构是上下级的隶属关系,但是《医疗事故处理条例》出台后,把卫生行政机构的作用定位于居中的调解和对构成医疗事故的医疗机构及其医务人员的行政处理上。根据《医疗事故处理条例》第36条规定:“卫生行政部门接到医疗机构关于重大医疗过失行为的报告后,除责令医疗机构及时采取必要的医疗救治措施,防止损害后果扩大外,应当组织调查,判定是否属于医疗事故;对不能判定是否属于医疗事故的,应当依照本条例的有关规定交由负责医疗事故技术鉴定工作的医学会组织鉴定。”第37条规定:“发生医疗事故争议,当事人申请卫生行政部门处理的,应当提出书面申请。申请书应当载明申请人的基本情况、有关事实、具体请求及理由等。当事人自知道或者应当知道其身体健康受到损害之日起1年内,可以向卫生行政部门提出医疗事故争议处理申请。”第38条规定:“发生医疗事故争议,当事人申请卫生行政部门处理的,由医疗机构所在地的县级人民政府卫生行政部门受理。医疗机构所在地是直辖市的,由医疗机构所在地的区、县人民政府卫生行政部门受理。”

三、司法诉讼

司法诉讼是当人们的权利受到侵犯的时候,能够采取的最后的维权手段,根据《民法通则》的有关规定,第106条公民、法人违反合同或者不履行其他义务的,应当承担民事责任。公民、法人由于过错侵害国家的、集体的财产,侵害他人财产、人身的，应当承担民事责任。这里明确规定了，当人们的身体受到侵害的时候，当事人有提起诉讼，要求国家法律保护的权利。但是，医疗纠纷在进行诉讼的时候，要注意的一个问题就是，根据《最高人民法院关于民事诉讼证据的若干规定》第 4 条，下列侵权诉讼，按照以下规定承担举证责任："(八)因医疗行为引起的侵权诉讼，由医疗机构就医疗行为与损害结果之间不存在因果关系及不存在医疗过错承担举证责任。"这里涉及到一个举证责任倒置的问题，也就是说，如果患者一方认为医疗机构的医疗行为给自己或者死亡亲属的人身造成了损害，那么，患者一方只需要提供在医院就诊的证明及身体受到损害的证明即可，需要医疗机构举证证明自己的医疗行为跟患者的损害结果之间不存在因果关系，如果证明不了，则医疗机构就要承担败诉的责任。

有下列情形之一的，县级人民政府卫生行政部门应当自接到医疗机构的报告，或者当事人提出医疗事故争议处理申请之日起 7 日内移送上一级人民政府卫生行政部门处理：

1.患者死亡。

2.可能为二级以上的医疗事故。

3.国务院卫生行政部门和省、自治区、直辖市人民政府卫生行政部门规定的其他情形。由以上的三条可以看到，行政调解是医疗纠纷解除的一个重要途径。因为有的时候双方协商，达不成一致意见，而进行司法诉讼，一是时间太长，二是诉讼成本要高一些；而行政调解，一来可以在双方认可的基础上达成一致意见，二来可以节省时间和诉讼成本。所以有的时候，发生医疗纠纷，选择行政调解要更好一些。

当把医疗争议提交卫生行政部门以后，卫生行政部门并无权直接判定是否构成医疗事故，而要进行调查。只有对事实清楚，因果关系明确的重大医疗过失行为，卫生部门才能认定为医疗事故，而对于那些复杂的，双方争议较大的医疗纠纷，卫生行政部门必须要提交医疗鉴定委员会鉴定后才能认定。

卫生行政机构在进行行政调解的时候，要本着当事人自愿和合法的原则下进行调解。当事人在采取这种手段维权的时候，要注意的问题一是跟双方协商要注意的问题一样，需要专业人士的指导，第二是要防止有的卫生行政机构怠于行使自己的职责，耽误了进行医疗纠纷处理当事人的时间，损害了当事人的权益；或者是有的卫生行政机构超越了自己的职能，越俎代庖，以行政强制命令双方接受他的调解意见。这两个极端，不管发生了哪一种，当事人都要及时结束行政调解，采取司法诉讼的手段解决。

3 医疗纠纷的处理程序是什么？

一、基本程序

1.医疗纠纷发生，患者及家属向医疗单位或其主管部门投诉，提出查处要求。

2.医疗单位或其主管部门接到投诉后应立即指派专人妥善保管原始资料，封存有关医疗物品，严禁涂改、伪造、隐匿、销毁。如病人死亡应主动提出尸体解剖。

3.组织医疗行政管理部门展开调查，并形成调查报告，必要时报告上级卫生行政部门。个体开业的医务人员、乡村医生发生的医疗纠纷由批准开业的卫生行政部门组织调查、处理。

(1)调查病人及家属。

(2)调查有关当事人主要是被投诉人员。

(3)调查旁观人员。

(4)查阅有关医疗文书等资料。

(5)进行技术咨询。

为慎重起见，调查时最好请被调查人将情况写成文字材料，有条件时应进行录音。调查的内容主要是事件发生的经过。

4.熟悉有关法规和制度。

5.处理医疗纠纷时，如出现患者及其家属殴打医务人员，扰乱医疗工作秩序，应及时报告保卫部门和公安部门，请求协助处理。

6.如系一般医疗纠纷，在调查后，则可由医务部(处，科)与病人协商解决。如病人或家属不能接受，则将调查结果报医疗纠纷处理领导小组或医疗单位领导。

7.医疗纠纷处理领导小组或医疗单位根据调查结果进行具体研究，查找问题，吸取教训，制订出处理意见。

8.将医疗纠纷处理领导小组或医疗单位处理意见与病人或家属商谈，争取协调解决。如确属医疗单位问题，必要时予以经济补偿或赔偿。医疗纠纷的发生和处理情况应报上级卫生行政部门。

9.如纠纷仍未能解决，则建议患者或家属诉诸三级医疗事故鉴定委员会进行鉴定。如对三级鉴定结论不服,可申请复议或二级鉴定。如仍不服,则申请复议和一级鉴定。

10.卫生行政管理部门和医疗单位根据鉴定结论和有关法规及制度作出相应处理。

11.如病人或家属对一级医疗事故鉴定委员会的最终鉴定结论仍然不服,则可诉诸县区级法院,由法院进行最终判决。如对县区级法院判决结果不服,可诉诸更高一级法院,直至高级人民法院。

12.根据法院判决结果作出相应处理。

二、投诉情况记录备案

1.投诉人姓名或单位名称。

2.患者姓名、性别、年龄、门诊和住院号。

3.投诉的主要内容和目的。

4.调查的基本情况。

5.存在的主要问题和教训。

6.处理情况。

三、有关资料

1.投诉信件。

2.调查记录。

3.有关的录音材料整理。

4.有关的医疗文书。

5.有关物证材料。

四、医疗事故鉴定程序

1.召集医疗事故鉴定委员会。

2.召开会议,通报有关情况,主要包括医疗纠纷的基本情况。

3.学习有关法规文件和规章制度。

4.鉴定调查:复习病情资料,包括查阅病历,病理切片和尸体解剖结果以及有关当事人的记录和录音资料等。

5.鉴定辩论。

6.鉴定:

(1)采取无记名投票进行鉴定。

(2)应用医疗事故(事件)辅助鉴定系统进行鉴定(优点是可以将鉴定者的

意见和鉴定结论全部保存下来)。

7.发布医疗事故(事件)鉴定书。

8.依照鉴定结论作出相应处理。

4 法院诉讼、判决基本程序是什么?

一、起诉

主要是原告以书面形式向人民法院递交起诉状,并按被告人数提出副本。个别情况下可口头起诉,由法院记入笔录。

二、受理与立案

法院接到起诉后,经审查符合条件的7日内立案,并通知当事人;不合条件的,7日内裁定不予受理。

三、开庭前准备

1.向当事人发送起诉状、答辩状副本。

2.确定审判组织。

3.告知当事人合议庭组成人员。

4.确定审判人员是否自行回避。

5.审查并确定案由。

6.确定当事人范围、通知遗漏的当事人参加诉讼。

7.审核诉讼材料。

8.认真调查和收集证据。主要方法有:询问当事人、第三人;要求当事人、第三人提供证据;询问证人、鉴定人;提取物证、书证、视听资料为证据;勘验物证和现场。

9.查清是否需要采取证据保全措施的情况。

10.查清是否需要采取财产保全措施的情况。

11.查清是否有需要合并审理的情况。

12.查清是否有分开审理的情况。

13.查清是否有法定不公开审理的情况。

14.制定庭审提纲。

15.开庭通知及公告。

四、开庭审理

⑤ 处理医疗纠纷可以参考的有关法律规定有哪些？

《中华人民共和国执业医师法》、《中华人民共和国护士管理办法》、《中华人民共和国药品管理法》、《最高人民法院关于审理人身损害赔偿案件适用法律若干问题的解释》、《医疗事故处理条例》、《医疗事故分级标准（试行）》、《医疗事故技术鉴定暂行办法》、《医疗机构管理条例》、《医疗机构病历管理规定》、《医疗器械监督管理条例》、《血液制品管理条例》。

⑥ 法院对各种医疗纠纷案件是怎样审理的？

一、一审诉讼案件

绝大部分医疗纠纷案件是在一审了结的，可以说一审程序是诉讼程序的核心部分，医患双方均应当将主要精力集中在一审诉讼的各个环节中。

1.法院受理医疗纠纷案件的条件

(1)有明确的被告。

(2)有明确的诉讼请求。

(3)有明确的损害后果。

(4)原被告双方确立了明确的医患关系。

(5)受诉法院对案件具有管辖权。

2.原告起诉时应当准备的材料

(1)原告的身份证明。

(2)被告的主体证明。

(3)起诉状。

(4)治疗病历资料。

(5)损害后果的证明资料。

(6)原告发生各种经济损失的证据材料。

3.原告起诉时应当交纳的费用

(1)诉讼费：根据原告起诉标的大小而不同。

(2)律师费：依据原告与律师签订的《聘请律师合同》确定。

4.原告(患方)胜诉必须同时具备的四个条件

(1)有明确的损害后果。

(2)医疗行为存在过错。

(3)医疗过错与损害后果之间存在因果关系。

(4)在诉讼时效内。

5.原告(患方)的举证责任

(1)原告(患方)与被告(医疗机构)存在医患关系。

(2)有损害后果。

6.被告(医疗机构)的举证责任

(1)医疗行为是否存在过错。

(2)医疗行为与损害后果之间是否存在因果关系。

7.证明医疗行为是否存在过错及过错与损害后果之间是否存在因果关系的途径

(1)法院根据审理直接认定。

(2)通过医疗事故鉴定。

(3)通过司法鉴定。

8.法院可以直接认定医疗机构承担责任的情形

(1)医疗机构举证不能,如病历丢失,被证明病历虚假,超过举证期限不举证等。

(2)医疗机构对重要的医疗风险不履行告知义务。

(3)医疗机构医务人员非法行医,如无上级医师指导的实习医师独立诊治病人造成损害后果。

(4)提供不合格的药品或医疗器械。

(5)医疗过错非常明显的,如超药典剂量用药造成损害后果的,应当做药物过敏实验而未做的,护理人员打错针或发错药的,开错手术部位的等。

(6)其他。

9.诉讼时效

(1)诉讼时效为一年,自知道或者应当知道损害结果发生时计算,知道或者应当知道时间距医疗行为已超过20年的法律不保护。

(2)诉讼前进行医疗事故鉴定的,可以自收到鉴定结论之日起计算一年时效。

(3)诉讼前进行过书面协商或行政调解的,可以自书面协商或调解不成日计算一年时效。

10.超过诉讼时效的法律后果

超过诉讼时效即意味着原告直接丧失了胜诉权，即使医院存在明显的重大过错，也可以免除医院的赔偿责任。

11.诉讼中的举证期限

(1)法院的举证通知书确定了举证期限。

(2)举证一般在法院开庭前完成，特殊情况除外。

12.超过举证期限举证的法律后果

(1)法院不组织质证，证据失去了证据意义，可能导致败诉。

(2)相互同意的，可以质证，但可能性极小。

二、二审案件

1.上诉期限

(1)自收到一审判决书之日起15日内应当提起上诉。

(2)超过上述期限，一审判决生效。

2.上诉案件的费用

(1)应当缴纳给法院的诉讼费同一审诉讼费，不缴纳诉讼费的，按照撤诉处理，则一审判决生效。

(2)律师费，与律师重新签订《聘请律师合同》，律师费依照合同约定。

3.上诉请求

(1)不得增加新的诉讼请求。

(2)增加诉讼请求的，法院可以调解，调解不成的，不予审理。

(3)二审反诉的，法院可以调解，调解不成的，不予审理。

(4)新增的独立请求或反诉当事人可以另案起诉。

4.二审胜诉的关键

(1)发现新的支持胜诉的证据。

(2)一审法院认定的关键事实存在错误。

(3)一审法院适用法律不正确。

(4)有枉法裁判的情形存在。

5.二审法院的处理结果

(1)原判决认定事实清楚，适用法律正确的，判决驳回上诉，维持原判决。

(2)原判决适用法律错误的，依法改判。

(3)原判决认定事实错误，或者原判决认定事实不清，证据不足，裁定撤销原判决,发回原审人民法院重审,或者查清事实后改判。

(4)原判决违反法定程序,可能影响案件正确判决的,裁定撤销原判决,发回原审人民法院重审。

三、申诉程序

1.申诉的时效

(1)对生效的法院判决,当事人不服的,应当在2年内提出申诉。

(2)两年为不变期间,自判决、裁定发生法律效力次日起计算。

2.对生效判决,法院应当再审的情形

(1)有新的证据,足以推翻原判决、裁定的。

(2)原判决、裁定认定事实的主要证据不足的。

(3)原判决、裁定适用法律确有错误的。

(4)人民法院违反法定程序,可能影响案件正确判决、裁定的。

(5)审判人员在审理该案件时有贪污受贿,徇私舞弊,枉法裁判行为的。

3.对生效的调解书,法院应当再审的情形

(1) 有证据证明调解违反自愿原则。

(2) 调解协议的内容违反法律。

⑦ 医疗纠纷案件司法处理的法律依据?

答:法律依据主要是《民法通则》和《最高法院关于审理人身损害赔偿纠纷案件适用法律若干问题的解释》;构成医疗事故的,一般要参照《医疗事故处理条例》的规定处理。

⑧ 患者是否属于消费者?

答:今年8月1日颁布实施的《山东省消费者权益保护条例》已经明确把医患关系列为消费关系,对于患者的知情权、接受合格医务人员的专业服务权以及使用合格的药械等方面的权益进行了规定。

⑨ 患者是否有权复印病历资料?

答:患者有权利要求复印或者复制其门诊病历、住院志、体温单、医嘱单、化验单(检验报告)、医学影像检查资料、特殊检查同意书、手术同意书、手术及麻醉记录单、病理资料、护理记录等客观性病历资料。医疗机构应当提供复印或者复制服务并在复印或者复制的病历资料上加盖证明印记。复印或者复制病历资料时，患者有权在场。

10 患者是否有权封存病历资料？

答：发生医疗事故争议时，死亡病例讨论记录、疑难病例讨论记录、上级医师查房记录、会诊意见、病程记录等主观性病历应当在医患双方在场的情况下封存和启封。封存的病历资料也可以是复印件，由医疗机构保管。

11 患者是否有权要求封存治疗现场的实物？

答：对于疑似输液、输血、注射、药物等引起不良后果的，医患双方应当共同对现场实物进行封存和启封，封存的现场实物由医疗机构保管；需要检验的，应当由双方共同指定的、依法具有检验资格的检验机构进行检验；双方无法共同指定时，由卫生行政部门指定。

12 对于因交通事故进行医疗而发生医疗纠纷的，是否要考虑交通事故对于损害后果的作用？

答：无论是伤还是病，就医的患者都不是正常健康的人，在确定医疗过错行为在损害后果中的作用时，要充分考虑患者原有疾病和外伤的因素，根据不同情况承担各自责任。

13 医疗纠纷案件的审理期限多长？

答：简易程序三个月，普通程序六个月，但鉴定时间不包括在内。

14 可以到外地委托司法鉴定吗？

答：医疗事故鉴定一般由医疗机构所在地、受诉法院所在地的医学会进行。司法鉴定根据需要，经常到外地的司法鉴定机构进行，这样能够排除当地一些不当行为的干扰。

15 到外地进行司法鉴定的途径有哪些？

答：常用的途径有申请受诉法院委托和请律师委托两种。律师可以通过其所执业的律师事务所委托面向社会的司法鉴定机构鉴定。

16 单方委托的司法鉴定结论，对方不认可的怎么办？

答：最高人民法院《民事诉讼证据规定》第二十八条：一方当事人自行委托有关部门作出的鉴定结论，另一方当事人有证据足以反驳并申请重新鉴定的，人民法院应予准许。

17 单方委托的司法鉴定结论的价值和作用有哪些？

答：对方认可或者不申请重新鉴定的情况下，可以作为法院定案的依据；起诉之前作为当事人和律师决定诉讼的方向和计算数额的依据。

18 患方在纠纷发生后应立即采取哪些措施？

1.对疑似输液、输血、注射、药物等引起不良后果的，应立即会同医方一起对"现场实物"进行封存并提请相关检验机构进行检验。

2.对某些死亡原因不明的案件应在48小时之内提出尸体解剖申请。

3.在病情允许的情况下，为防止证据灭失或得到其他上级医疗机构诊疗行为的佐证，应立即转院。

4.收集门、急诊，住院病史及与医患纠纷相关的其他书证。

5.第一时间复制客观病史资料(加盖医院公章并注明复制页数)并封存主、客观病史。

6.及时向公证机关或人民法院提起证据保全、调取申请。

7.及时找寻同病房病友及其陪侍人等与患方没有利害关系的现场证人，索要联系方式。

19 怎样学会与医生交流？

病人看病，医生首先需要问诊。"问诊"顾名思义，就是医生问病人哪里不舒服、因何来看病、不适的时间长短等。这时，病人就要把自己的相关情况告诉医生，这些信息对诊断和治疗非常重要。有经验的病人可以一一道来，但对于初次就诊或高龄、文化程度较低的病人，就有些难度了。有的病人见到医生就紧张，心跳加快，血压升高，语言表达困难，不知说什么好，或是答非所问，或是一问三不知；也有不少病人对医生的问题表示不耐烦或是反感。而如果和医生的交流不充分，一方面会影响医生的诊治，另一方面自己也无法准确了解病情。因此,就诊时要学会与医生交流。

首先,要稳定情绪。先把自己的病情进行初步整理,明确最不舒服的感觉和部位是什么。经过这样的准备,心里有了底,有利于消除紧张情绪。

其次,要听明白医生的问题,只有听明白了才能正确回答。有时,医生的问题比较多,说明医生关注你的病情,千万不要不耐烦。

再次,是正面、直接地回答问题:医生对病人的提问一般都比较简单,比如哪里不舒服?什么时候开始的?持续时间有多长?有无发热?咳嗽吗?痰中是否带血?有无腹泻?怕冷吗?发抖吗?回答起来比较容易。正面、直接地回答问题,实际上也就节约了时间,提高了诊病效率。

第四,告知医生的治疗情况。许多患有慢性疾病的人,可能正处于治疗之中,其看病的主要目的是随访疗效。例如正在服用降压药,医生就要判断目前病人对治疗方案的效果是否满意。而且因此需要确切知道你正在服用哪种药,是单药治疗还是多种药物联合治疗,医生会根据血压的水平确定下一步治疗方案。有些病人不知道自己服药的种类、名称,尤其是同时服用几种药物时就糊涂了。这些情况潜在的增加了药物不良反应的风险。如果不能告知医生你正在服用的药物,就有可能重复用药,甚至出现用药过量的危险;如果不能较好地控制血压,也不能明确判断药物的种类、剂量是否合适,此时又有新出现的疾病,需要增加新的药物,就很难判断与你正在服用的药是否有不良的相互作用或禁忌。总之,不了解自己服用的药物会给下一步治疗带来不利影响。遇到这种情况,看病时最好把药物名称记录下来。

20 患者维权三步骤指什么?

俗话说"看病无小事",但我们应该相信的是,绝大多数医生都想尽全力治好患者的病,至少主观上他们是这样想的。因此,患者应该冷静地看待医生和医院。门诊就医时,应妥善保管好自己的医疗单据,诸如病历、化验单、报告单、药费单等。住院病人如果出现纠纷,应及时封存病历和住院记录。

一、先协商

如果患者在门诊或住院后发现治疗有问题,除了保存证据外,最好先与医院协商。一般的讲,目前各大医院均有专门处理医患纠纷的医务处等部门,他们专门负责此类纠纷。如果医务处协调处理的结果不让你满意,患者再考虑其他途径包括到法院起诉。有些患者在出现纠纷后不冷静,动手打骂医生,或用其他方式干扰医生的工作和生活，这样便把矛盾激化了，双方便很难再平心静气地协商。另外，据了解，一般的医院都给医生手术上了保险，即使输了医疗官司，赔偿也由保险公司出钱。当然，保险公司给医院的理赔是有限额的。

二、后咨询

协商不成的下一步就是打官司，但打官司前最好咨询有关医学专家。病人不能仅凭意气用事，多听听一个甚至几个专家的意见，并且应该听进去专家的建议。如果专家认为医院方面存在医疗事故之嫌，那你才可以考虑诉前准备。

三、请律师

医疗损害赔偿涉及到法律，更涉及医学知识。确定打官司后，尽可能请一位既懂法律，同时对医学知识和医院操作流程又有所了解的律师，这样可以在法庭辩论时做到有的放矢，不至于在法庭上说外行话，被对方抓到足够的理由。

21 医疗纠纷的举证责任有哪些？

举证责任是指当事人对自己提出的主张，有提出证据并加以证明的责任。它的内容，一是行为责任，就是由谁举证，二是后果责任，就是举证不能和举证不足的后果究竟由谁承担。具体包括：1.当事人对自己提出的主张，应当提出证据；2.当事人对自己提供的证据，应当加以证明，以表明自己所提供的证据能够证明其主张；3. 若当事人对自己的主张不能提供证据或提供证据后不能证明自己的主张，将可能导致法院对自己不利的裁判，即承担败诉的结果。

22 患者有哪些举证责任和权利？

虽然医疗纠纷案件适用举证责任倒置规则，但并不意味着患者就没有举证的权利和义务，而且有些证据必须由患者进行举证，患者的举证义务在于证明医疗伤害的结果存在。例如，患者应以门诊病历、医院的收费收据等证据来证明其确实在该院就诊过，以受到医疗伤害后的病例、鉴定结论等证据证明医疗伤害结果的存在。

举证责任倒置只是将原来患者的证明医疗行为与损害结果之间存在因果关系及医疗机构存在医疗过错的举证义务转至医方身上，患者无须花费精力金钱去证明医方有过错，但这并无损于患者的举证权利，只要有确实的证据，患者依然可以提交给法院。特别是在医院举出全部都是有利于自己的证据时，作为原告的患者如果不能掌握必要的证据，就会陷于被动的局面。所以患者在实行举证责任倒置后，依然应积极地收集证据。《医疗事故处理条例》第十条规定："患者有权复印或者复制其门诊病历、住院志、体温单、医嘱单、化验单(检验报告)、医学影像检查资料、特殊检查同意书、手术同意书、手术及麻醉记录单、病理资料、护理记录以及国务院卫生行政部门规定的其他病历资料。"患者根据这一规定取得的病例资料复印件仍有权利向法院提供，以防止医院在举证过程中只提供对自己有利的证据。同时对于上述医院举证的证据种类，如患者能够掌握，都可以向法院举证。

综上，在医疗纠纷案件中，由患者就其在医疗机构治疗过程中受到医疗伤害承担举证责任，由医疗机构就医疗行为与损害结果之间不存在因果关系及医疗过错承担举证责任，既有利于实现实体法上保护弱者、实现实质正义的价值，又有利于实现程序法上提高举证效率及审判公正的目的。

23 患方要提起医疗侵权诉讼，事前应该做哪些工作呢？

1.如果委托律师代理医疗纠纷，则应签署聘请律师协议和授权委托书，并缴纳律师费。

2.按以下顺序及时向法院提供证据材料，若聘有律师可以先向律师提供，由律师进行分类整理，选择提交。

(1)患方的身份及亲属关系证明：患者身份证复印件，如患者死亡或不具有完全民事行为能力，则还需法定继承人或法定代理人(如配偶、父母、子女、兄弟姐妹等)的身份证及户口簿复印件。

(2)病历资料复印件，包括患者门诊病历、住院志(入院记录)、体温单、医嘱单、化验单(检验报告)、医学影像检查资料、特殊检查同意书、手术同意书、手术及麻醉记录单、病理资料、护理记录、出院(死亡)小结等。

(3)患者或家属的误工证明，如工资单或单位出具的工资证明；无工作单位的，由居委会或村委会出具无业证明。

(4)相关费用单据和清单，包括相关的医疗费单据、护理费单据、营养费单据、交通费单据；如患者伤残，需提供残疾等级证明和残疾用具费单据；如患者死亡，需提供丧葬费单据，伤残和死亡都应提供患者实际抚养的，无其他生活来源者的户籍证明及无业证明。

(5)其他,如有关专家的意见、证人证言、鉴定结论、医学文献资料等。

证据必须说明证据的来源;书证须提交原件,提交原件确有困难的,可以提交复制品、照片、副本或节录本。其中,所有复印件必须以A4纸张复印,对于费用单据的复印,必须按照费用发生日期和种类或费用的出具单位进行分类,并展开平铺于A4纸进行复印。

第三章　医疗事故的基本常识12问

1 什么是医疗事故?

在广义上,医疗事故是指医疗单位在从事诊断、治疗、护理(简称“诊疗护理”)等活动过程中,因诊疗护理过失造成病员的死亡、残废、组织器官损伤而导致的功能障碍或其他不良后果。在狭义上,国务院2002年4月14日发布的《医疗事故处理条例》(以下简称《条例》)中第二条对医疗事故的概念作出明确规定:“医疗事故是指医疗机构及其医务人员在医疗活动中,违反医疗卫生管理法律、行政法规、部门规章和诊疗护理规范、常规,过失造成患者人身损害的事故。”这里我们采纳狭义上的概念,即强调医疗事故的确定性,不应将普通的民事纠纷归属于医疗事故。比如因医疗收费引起的医患之间的争议,仅是一种普通的民事纠纷关系,就不应将其划入医疗事故的范畴;再如有时因弄错尸体引发的一些纠纷,虽然也发生在医患之间,但也不应属于医疗事故的范畴,这些情况都不是医疗事故,但在日常生活中大多数人都会误认为是医疗事故,这里应引起注意。

2 生活中常见的与管理有关的医疗事故有哪些?

第一,对危重病人片面强调制度、手续、条件,借故推诿和拒收,以致延误或丧失抢救时机,或不负责任地将危重病员转院、转科,造成不良后果。比如,遇到急、危、重患者,不作认真检查和处理,不负责任地转院,使患者因途中颠簸,加重病情;或者属于两个科以上的多种疾病,各科相互推诿拒收入院等,以致延误或丧失抢救、诊疗时机,造成患者死亡等不良后果;或者接诊医生工作不负责任,草率从事,延误抢救治疗时机,造成患者死亡等不良后果。举个实例来说,某市一患者早上起床时头痛,且手哆嗦,到当地卫生院,疑为颅内出血,急送至人民医院作CT检查,发现6毫升出血,但该医师未留其住院治疗,而是又送回卫生院，导致病情加重，虽经抢救脱险，但留下后遗症，这种情况就会引发医疗事故纠纷。

第二，擅离职守，贻误诊疗抢救时机，造成不良后果。比如医务人员上班时干私活、睡大觉、看电视等，丢下危、重患者不管；有的在手术麻醉及其他重要技术操作中，擅离职守，放手让不能胜任该技术的人员单独操作；有的药剂、检验、血库等值班人员不在岗，不能及时取到急需药品、血液、制剂的检验结果，直接影响抢救等失职行为。举例来说，张某上腹部持续疼痛伴恶寒发热，持续两天后到医院就诊，接诊医生诊断为急性胆囊炎，给予止痛、退热、抗炎补液，进行保肝、利胆等治疗。下午三时，张某双手不停地乱动，后出现烦躁，测体温高达39.5℃，肌注复方氨基比林2毫升以后，当班医生也没有再巡视张某，也未向值班医生交班，值班医生离开后，值班护士测患者体温高达40.7℃，患者面色苍白，摸不到脉搏，测不到血压，心音低沉无规则，护士随即离开病房找值班医生，未找到。护士于是返回病房，找另一门诊协助急救，等值班医生回病房时，患者已死亡。根据医院工作制度规定，各科室医师在下班前，应将危重患者的病情和处理事项记入交班册，并做好交、接班工作。在上述案例中，当班医生未向值班医生交代危重患者的情况，说明当班医生存在过失，值班医生在值班时擅离职守，结果贻误了抢救时间，造成了患者的死亡。

第三，不执行卫生法规、医院管理制度和技术操作规程，明知故犯，查对不严，交接班违反规定，或不遵医嘱，护理不当，造成不良后果。比如，注射护士不核对患者姓名，错误注射药物造成患者死亡的事件时有发生。通常情况下，医疗事故的发生不单单是因为技术水平低和其他客观因素所致，而是医护人员责任心不强，没有遵守操作规程和诊疗常规。

第四，医院领导、后勤人员及其他有关人员，在自己职责范围内，不积极领导、组织、配合医疗护理工作，造成不良后果。比如，某患者需要输血，由于血液一般都是冷冻储藏，所以患者一般还需要等待一会，结果血库人员打电话聊天，忘了即时将血液解冻，造成患者因未及时获得输血而导致失血过多死亡。

③ 生活中常见的与手术有关的医疗事故有哪些？

除了在全麻过程中，可能发生麻醉过敏、心搏骤停、喉头痉挛、肺水肿、心律不齐等各种意外死亡之外，主要是手术医师违反手术原则，不按技术操作规程进行手术，损伤重要脏器和血管，造成大出血，引起患者死亡、伤残及手术后的器官功能障碍等。与手术相关的常见的引起医疗事故的原因有：

第一，手术前引起医疗事故的原因：

诊断的失误——误诊必然会造成误治；没有做必要的化验和检查，手术者采取打开看的轻率态度，盲目开刀，因而造成医疗过失；术前手术准备不充分等。比如，对于某患者的疾病还没有完全确诊，就决定实施手术，结果手术时，错将没有病变的部分切除，给患者造成无法挽回的损害。

第二，手术中引起医疗事故的原因：

在手术中无客观体征依据，盲目扩大手术范围，任意更改手术方式；手术中发现疑难情况，手术者不能胜任手术，而出于所谓自尊不请示上级医师，而轻率蛮干，不顾后果；手术中粗心大意，将纱布、手术器材等留置在患者体腔内；手术中不按人体正常解剖层次及技术规范进行；手术中未经上级医师同意，擅自做主，改用未曾使用过的手术方法；手术者的技术不熟练，误认脏器等。例如，在给某患者进行胃部病变部分切除时，主刀医生盲目地认为多切掉些更好，结果导致患者本来只需切除五分之一的胃部就可以治愈的疾病，却被切掉了三分之二的胃部，导致患者术后出现一系列严重后果。类似这种情况，容易引发医疗事故纠纷。

第三，手术后引起医疗事故的原因：

手术后患者的内出血和大量的渗血而发生不幸是最为常见的手术后医疗事故；手术中将异物遗留在体腔内是最为常见的过失，也是典型的责任事故之一，术中体内残留异物最常见的是纱布，有时也见于手术器械及其他手术材料；术后感染，手术后没有做伤口的常规无菌换药处理等。

④ 生活中常见的与输血、药物等有关的医疗事故医疗事故有哪些？

在日常生活中，因为输血、错用药物、过量用药、检查治疗、诊断错误等引起的医疗事故也很常见，在输血中，输入异型血引起致死性溶血反应，多见于血型检验和交叉配血检验时发生差错，以致配错血型。也有化验、血库人员因工作制度不严，采血时粗心，以致发生溶血性休克死亡。输入被细菌或霉菌污染的血液、血浆或液体均可引起死亡。输液量大、速度快可引起左心衰竭合并肺水肿而引起死亡或其严重后果。举个例子，某验血人员在验血时心不在焉，错将某患者本来是 O 血型化验成 A 血型，导致最后输成 A 型血而发生溶血性休克死亡，导致严重的损害性后果的发生。

此外，医疗开错药，药房发错药，护士拿错药；医务人员在各种检查治疗如：检查、病理、理疗、放射、同位素、制剂等工作中，不负责任，造成损害后果；在助产工作中不认真观察产程，违反操作规程，以至产妇、婴儿死亡；诊断错误是常见的引发医疗事故的一种情形之一，但错误诊断不能一律定为医疗事故。因为医疗条件是有一定限制的，有的病例即使是医术精湛的医生也束手无策，无法挽救患者的生命，但有的错误诊断是由于医生工作马虎，粗枝大叶，本应正确诊断的却诊断错误，或自己经验不足又不请示上级医师，既不会诊，又不及时转院以致贻误诊断治疗时机，就会造成医疗责任事故。

⑤ 如何判断是否构成医疗事故？

医疗事故的认定有严格的条件和标准，要从多方面去衡量。通常，构成医疗事故需要具备以下的条件：

一、医疗事故的主体必须是医疗机构及其医务人员

这是对医疗事故主体的特殊要求，即其行为人必须具有特殊身份，医疗事故的行为人必须是医疗机构或者医务人员。这里的医疗机构是指依照《医疗机构管理条例》的规定取得《医疗机构执业许可证》的机构，主要是各级各类医院，也包括卫生防疫站、保健站和取得《医疗机构执业许可证》的县级以上城市从事计划生育技术服务的机构；医务人员是指经过考核和卫生行政机关批准或承认并且依法取得执业资格的医疗卫生专业技术人员，包括医生、护理人员和其他技术人员。医疗事故发生在医疗机构及其医务人员的医疗活动中，这说明不但对责任主体有严格的限制，并且要求事故是发生在主体合法的医疗活动中。

目前我国已经实行了医务人员执业资格制度，无论是医师还是护士，只有取得相应的资格才能开展医疗诊治护理工作，而没有取得执业资格的人员从事诊疗护理业务是不合法的，因而其造成的人身损害，不属于医疗事故。由于近年来随着我国新型农村合作医疗制度的建立，医务人员本身作为独立的主体，具有双重身份。一方面，医务人员是一个独立的行为人，当其从事滥用职权等违法行为时，不是基于医疗机构的意志和利益，不是以医疗机构成员的身份出现的，则不能归咎为医疗机构的过错，那么造成的后果也只能由医务人员个人承担。另一方面，医务人员又是属于医疗机构的，如果医务人员的行为是基于其所属的医疗机构的意志支配下所为的，则责任主体是医疗机构，而非实施行为的医务人员。当医疗事故实际发生时,医患之间的关系表面上体现为医务人员与患者之间的关系,实际上是医疗单位与患者之间的关系,医务人员在这里只是作为医疗机构的一部分来为患者服务,因此,此时的行为主体是医务人员,而责任主体是医疗机构。

这里,很多农民朋友会问,乡村医生是不是医疗事故的主体呢?我们这里回答是肯定的,主要原因是:首先,根据《乡村医生从业管理条例》第2条的规定,乡村医生是指尚未取得执业医师资格或者执业助理医师资格,经注册在村医疗卫生机构从事预防、保健和一般医疗服务的乡村医生。通常我们农民朋友看到的在村医疗卫生机构中执业的医师或者执业助理医师,都不是乡村医生。其次,根据《乡村医生从业管理条例》第9条的规定,国家实行乡村医生执业注册制度。县级人民政府卫生行政主管部门负责乡。村医生执业注册工作。也就是说,乡村医生要经过相应的注册和培训考试才能执照开业,这完全符合医疗事故主体要件的要求,因此我们认为乡村医生也是医疗事故的主体。

二、实施的医疗行为应当具有违法性

医疗机构及其医务人员在医疗活动中,需有违反医疗卫生管理法律、行政法规、部门规章和诊疗护理规范、常规的行为。这里的违法性包含两层含义:其一,指医疗行为违反医疗卫生管理法律、行政法规、部门规章和诊疗护理规范、常规,如果严格依照医疗规章从事医疗行为,不可能造成医疗事故,即使造成患者的某种损害,也是医疗意外,不构成医疗事故。其二,指医疗行为违反了国家关于保护民事主体合法权益不受侵害的法律规定。我国《民法通则》明文规定,公民的身体权、健康权、生命权受到法律保护,不受任何非法侵害。医疗行为造成公民生命健康权的损害,违反了国家法律,具有违法性。

三、医疗事故的侵犯客体必须是人

《医疗事故处理条例》明确规定,医疗事故针对的是医疗机构及医务人员在医疗行为中过失造成病人人身损害的事故,因此,医疗事故的客体不是物和行为,而是人的身体健康和生命。《条例》是根据对患者人身造成的损害程度对医疗事故进行划分,所以,医疗事故损害的是“人身”这一客体,这种损害导致的结果可能是死亡或残疾,或者是脏器损伤等其他机体的功能障碍。举例来说,医务人员因输血违反操作规程使病人感染艾滋病、肾切除手术应切左肾却错切右肾、手术中将纱布遗留腹中等行为,都侵犯了病人的身体健康,都属医疗事故。但是如果是因医疗费用、医疗态度、侵犯病人姓名权等发生的医患纠纷,其客体不是病人的身体健康或生命,则不应当认定是医疗事故。

四、医疗事故主观方面表现为过失

医疗事故是过失造成病人人身损害的事故,因此,医疗事故行为人的主观心态必须是过失行为,即违反卫生管理法律、行政法规、部门规章和诊疗常规的过失行为,而不是故意行为。这里的过失是相对于所发生的危害结果所具有的心理状态,是由于行为主体疏忽大意或者过于自信导致了不愿意看到的后果。因此,将医疗事故严格限定在因过失引起的损害结果,从而排除了因医疗单位故意引起的医疗事件。对于医务人员故意行为造成患者人身损害的,从医务人员的角度来说,显然是一种违法行为,医务人员应当对其行为负责,构成刑事上的伤害的,还要承担刑事责任。但同时也应看到,患者到医疗机构就医,是与医疗机构形成的一种医疗服务合同关系,医疗机构有义务尽心尽责地为患者提供医疗服务,而医务人员的行为应当视为是一种职务行为,故医疗机构也应对其工作人员在行使职务过程中给患者造成的损害承担责任。也就是说,医务人员故意给患者造成人身损害的,虽不构成医疗事故,但医疗机构并不能免责。当然,医疗机构在承担责任之后还可以向造成损害的医务人员追偿。

过失是行为人实施某种行为时的一种心理状态。过失行为通常分为两种:一种是疏忽大意的过失,是指在医疗事故发生中,应当预见和可以预见到自己的行为可能给患者造成不良结果,因为疏忽大意而未预见到而致使危害发生;另一种是过于自信的过失,是指行为人虽然遇见到自己的行为可能给患者导致危害,但是轻信借助自己的技术、经验或有利的客观条件能够避免,因而导致了判断和行为上的失误,致使危害发生。

五、医疗事故客观方面表现为给患者的人身造成了损害的后果,且该后果与医务人员的过失行为之间有因果关系

医疗事故所侵害的是患者的人身权、健康权,甚至是生命权,因此,只有造成患者的人身损害,才能产生医疗事故。这种损害通常包括三层意思:首先,是侵害了受害人的生命权或者健康权,其具体的表现形式就是生命的丧失或者人身健康的损害,直接造成病员死亡、残废、组织器官损伤导致功能性障碍的损害事件,这是人身损害事实的第一层损害。其次,是当受害人的生命权、健康权受到损害之后,所造成的财产利益损失,包括为治疗损害所支出的一系列财产损失。再次,是受害人因人身损害所造成的受害人及其近亲属的精神痛苦这种无形损害,这种无形损害也是精神损害慰抚金赔偿的客观基础。

医疗行为与损害后果之间必须有因果关系才能认定为医疗事故。也就是说，医疗行为是导致患者人身损害发生的原因，医方只有在因果关系存在的情况下，才为其行为负损害赔偿责任，因此，患者的损害后果必须是医方的医疗违章行为所致。最高人民法院《关于民事诉讼证据的若干规定》第4条第(8)项规定："因医疗行为引起的侵权诉讼，由医疗机构就医疗行为与损害结果之间不存在因果关系及不存在医疗过错承担举证责任。"根据这一司法解释的规定，医疗事故侵权责任实行因果关系推定和过错推定，即实行举证责任倒置，由医疗机构承担医疗行为没有过失和医疗行为与损害后果之间没有因果关系的举证责任。实行因果关系推定和过错推定，意味着受害人在因果关系和医疗机构存在过错上，就不必举证证明，而是由法官实行推定。受害人只要证明自己在医院就医期间受到损害，就可以向法院起诉，不必证明医院的医疗行为与损害后果有因果关系，同时也不必证明医院一方的过错，这样更有利于受害人实现赔偿权利。

⑥ 如何判断医疗机构和医务人员是否合法？

近年来，国家开始放开了医疗的服务市场，可以看病的医疗机构不仅仅限于几家大型的综合医院，而是出现众多的社区的服务中心、疗养院、护理站、诊所等医疗机构，这些医疗机构由于名称繁多，令患者很难分辨哪些是合法的医疗机构。之所以要分清哪些医疗机构是合法的，其目的是为了在发生医疗纠纷时可以及时地采取措施。如果是在非法的诊疗场所发生了疑似医疗事故的情形，就不应该按医疗事故争议的途径解决问题，而是应当及时报案，按照非法行医进行处理。

医疗机构和医务人员是否合法直接关系到是否构成医疗事故，因此，对医疗机构和医务人员合法性的判断主要是从以下几方面来判断：

第一，看医疗机构是否有《医疗机构执业许可证》，如果有《医疗机构执业许可证》，则应查看该执业许可证的执业时间、范围等，看有没有超出执业范围，有没有过期等。

第二，看医务人员是否具有执业资格证书并在医疗机构从业。如果不具有执业资格，则不是合法的医务人员，比如，医疗机构中的党政管理和后勤人员或者是在临床见习和实习期间的医学生，因过失行为对患者造成的损害，则该人员不是合法的医务人员。如果不是在执业范围内的医疗机构从业，而造成他人损害的,则也不属于医疗事故的范畴。

因此,合法的医疗机构是根据《医疗机构管理条例》和《医疗机构管理条例实施细则》的规定,经批准取得《医疗机构执业许可证》的机构。而合法的医务人员是经过考核和卫生行政机关批准或承认并且依法取得执业资格的医疗卫生专业技术人员,包括医生、护理人员和其他技术人员。

通常医务人员主要分为以下几种:1.医疗防疫人员;2.药剂人员;3.护理人员;4.其他技术人员,包括检验、理疗、病理、口腔、放射、营养、生物制品生产等技术人员。

具体来说,我国目前合法的医疗机构主要有以下几类:1.综合医院、中医医院、中西医结合医院、民族医医院、专科医院、康复医院;2.妇幼保健院;3.社区卫生服务中心、社区卫生服务站;4.中心卫生院、乡(镇)卫生院、街道卫生院;5.疗养院;6.综合门诊部、专科门诊部、中医门诊部、中西医结合门诊部、民族医门诊部;7.诊所、中医诊所、民族医诊所、卫生所、医务室、卫生保健所、卫生站;8.村卫生室(所);9.急救中心、急救站;10.临床检验中心;11.专科疾病防治院、专科疾病防治所、专科疾病防治站;12.护理院、护理站;13.其他诊疗机构。

同时规定,个人想要开设诊所,必须同时具备下列条件:

1.经医师执业技术考核合格,并取得《医师执业证书》。

2.取得《医师执业证书》或者医师职称后,从事5年以上同一专业的临床工作。

3.省、自治区、直辖市卫生行政部门规定的其他条件。

7 什么是非法行医?通常要承担哪些法律责任?

一、什么是非法行医?

非法行医是没有取得医生执业资格的人,未经过卫生行政主管部门核发开业行医执照而擅自开业行医。“没有取得医生执业资格的人”这里包括不具备医生技术资格,也没有取得医生执业资格的人,也包括已经具有医生技术资格,但没有取得医生执业资格的人。非法行医主要表现在以下几个方面:

1.没有取得医师执业证书的人从事医疗服务活动。例如:没有医师执业证书的人在家中挂牌开门诊等。

2.取得医师执业证书的人在医疗机构外从事医疗服务活动的个人行为。

例如：走街串巷游走行医，在集市或街边摆摊给人看病等。

3.取得医师执业证书的人在超出登记注册的执业地点、执业类别、执业范围等情况下从事的医疗服务活动。

4.没有取得《医疗机构执业许可证》的机构从事的医疗服务活动。

5.取得《医疗机构执业许可证》的机构从事超出登记许可诊疗范围的医疗服务活动。

6.医疗机构虽取得《医疗机构执业许可证》，但其从业人员是没有执业证书的人从事医疗服务活动。

7.医疗机构虽取得《医疗机构执业许可证》，但其从业人员是由跨专业的人员从事的医疗服务活动。

8.利用封建迷信及所谓的“特异功能”从事的诊治活动。

9.利用电脑程序从事的所谓诊断及治疗活动。

10.其他非法行医情形。

二、非法行医通常要承担哪些法律责任？

非法行医造成患者人身损害的，不属于医疗事故，但并不是说非法行医者无需承担法律责任。对待非法行医，法律规定了以下处理方式：

1.非法行医的行政责任

《医疗机构管理条例》第 24 条规定：“任何单位或个人，未取得《医疗机构执业许可证》，不得开展诊疗活动。”第 44 条还规定：“违反本条例第二十四条规定，未取得《医疗机构执业许可证》擅自执业的，由县级以上人民政府卫生行政部门责令其停业，没收非法所得和药品、器械，并可以根据情节处以 1 万以下的罚款。”此外，卫生部发布的有关行政规章，如《医师、中医师个体开业暂行管理办法》，其中也规定了取缔、打击非法行医的财产处罚方法，即没收非法收入和药品、器械，可合并处罚款。

2.非法行医造成损害的民事责任

非法行医没有构成犯罪的，患者受到损失的，可以依照我国《民法通则》关于公民人身权利受到侵犯的规定直接向人民法院提起诉讼，要求非法行医者承担民事损害赔偿责任。由于非法行医的主体一方，不符合医疗纠纷的特征要求，由此造成的病人人身损害事件，不属于医疗纠纷，当然也不构成医疗事故。

根据我国民法理论，人身损害赔偿原则历来是对人身伤害造成的财产损失进行赔偿。即侵权行为造成他人人身损害的赔偿数额，以人身伤害而引起的财产损失为标准,实际损失多少财产就赔偿多少。赔偿范围的法律依据是《民法通则》第119条。主要项目有:医疗费、交通和住宿费、死者的丧葬费、残疾者的生活补助、受害人的误工工资、护理人员误工补助费、死者生前或残疾者致残前扶养人的生活费和其他必要的支出。非法行医损害赔偿案件,除必须承担财产赔偿责任外,还应给予必要的民事制裁措施。因为医疗活动就医患双方提供和接受医疗服务,是平等主体之间的民事活动。为牟取财物而无证行医,非法刊登药品广告,销售使用假药,聘用不合格的医务人员等,最终导致病员健康严重受损,这类行为,违背了民事活动的诚信原则和合法原则,是民事违法活动的典型表现,所以对非法行医理应采取相应的民事制裁措施是切实可行的。

3.非法行医情节严重构成犯罪的,应当依法追究行为人的刑事责任

我国《刑法》第336条规定了非法行医罪的构成及刑事责任:"未取得医生执业资格的人非法行医,情节严重的,处三年以下有期徒刑、拘役或者管制,并处或者单处罚金;严重损害就诊人身体健康的,处三年以上十年以下有期徒刑,并处罚金;造成就诊人死亡的,处十年以上有期徒刑,并处罚金。""未取得医生执业资格的人擅自为他人进行节育手术,假节育手术,终止妊娠手术或者摘取宫内节育器,情节严重的,处三年以下有期徒刑、拘役或者管制,并处或者单处罚金;严重损害就诊人身体健康的,处三年以上十年以下有期徒刑,并处罚金;造成就诊人死亡的,处十年以上有期徒刑,并处罚金。"对于因为非法行医行为受到损害的患者,可以在公诉机关对非法行医人提起的刑事诉讼中提起刑事附带民事诉讼。

⑧ 什么是医疗差错?医疗差错是医疗意外吗?

医疗差错,是在诊疗护理过程中,虽然由于医务人员的过失行为而给病员造成了一定程度的损害,但尚未达到《条例》中所规定的严重程度。笔者认为医疗差错是指因诊疗护理过失使患者病情加重,受到死亡、残废、功能障碍以外的一般损害和痛苦。具体来说,医疗差错就是由于诊疗护理中的过失行为而给病员造成低于四级医疗事故的损害结果。也就是说,医疗差错与医疗事故的行为性质是一样的,只是由于前者并未达到法规规定的严重程度,而不能被认定为医疗事故。

医疗差错本身又分为严重差错与一般差错。一般医疗差错是在诊疗护理过程中,医务人员虽有过失行为,但尚未给患者的身体健康造成损害,也没有

任何不良后果。严重医疗差错是指在诊疗护理过程中,由于医务人员的诊疗护理的过失行为,给患者的身体健康造成了一定的损害,延长了治疗时间,给病员带来了痛苦,但并未造成病员其他的不良后果。在医疗实践中,区分严重医疗差错与一般医疗差错的关键是对病员的身体健康是否造成影响，若造成一定的影响,就属于严重医疗差错;未造成影响的,则属于一般医疗差错。

医疗差错和医疗意外听起来非常相似,很容易让大家将二者混淆,其实二者是不同的,医疗差错绝对不是医疗意外。因为,医疗意外是指在诊疗护理过程中，由于无法抗拒的原因，导致病员出现难以预料和防范的不良后果的情况。医疗意外的发生,并不是医务人员的医务过失所致,而是病员自身体质变化和特殊病种结合在一起突然发生的,这种医疗意外的发生,不是医务人员本身和现代医学科学技术所能预见和避免的。医疗意外通常包括两种情况:1.在医疗活动中由于患者病情异常或者患者体质特殊而发生医疗意外;2. 现有医学科学技术条件下,发生无法预料或者不能防范的不良后果。具体来讲,医疗意外具有两个特征:其一,患者死亡、残疾或功能障碍的不良后果发生在诊疗护理工作中;其二,不良后果的发生,是医护人员难以预料和防范的,或者说是他们不能抗拒或者不能预见的原因引起的。所以,可以认为医疗差错是一种没有造成医疗事故的过失行为,应承担过失赔偿责任,而医疗意外则不属于过失行为引起,是肯定不承担医疗事故责任的。

有些人会问，发生医疗意外时医疗机构是不是都可以不赔？答案是否定的,虽然发生医疗意外不是医疗机构的医务人员过失所引起的,但如果发生的医疗意外是由于医务人员对损害事实的出现应当预见和能够预见却没有预见到,即医务人员没有充分的预见和防止危害结果的发生,或者没有充分的行使告知义务,而造成严重损害后果,此时也应当承担一定的民事赔偿责任。但此时承担的责任不是医疗事故责任,而是一般的民事损害赔偿责任。

举个例子来说,某个护士在给患者输液时,将张某的液体输给了王某,由于张某和王某当天输的液体正好是完全一样的,输液后,并没有给张某造成什么损害,后来张某在输液后发现药瓶上是王某的名字,随即向医方提出质疑。遇到该种情况,应当判定该护士的行为是一种医疗差错,虽然护士的确存在医疗过失行为,但由于没有给患者造成损害,不构成医疗事故,此时,护士应承担过失的赔偿责任,向患者赔礼道歉。

⑨ 临床工作中常见的医疗意外有哪些?

在临床工作中,医疗意外的情形多种多样,比如:输液时按照常规要求进行了皮试,皮试结果经过慎重判决确认为阴性,而用药后依然导致病员死亡;病人的过敏反应发生在连续用药中,或属于规定不需重做皮试的时限之内;引起过敏反应的药物中不属于统一规定要做皮试或另有防范规定的对象等;在基础麻醉或椎管滞麻醉时,使用规定的剂量麻药,仍导致呼吸抑制,血压下降或麻醉平面过高,虽经积极抢救,依然未能防止不良后果者;紧急医疗中的意外;病员为特异性体质,在治疗前知道或治疗后发现,但目前医学科学技术难以解决而出现不良后果;手术中的意外等等。下面具体介绍一些常见的临床意外情形。

一、外科手术中常见的几种常见医疗意外

1.在进行外科手术前,医务人员对所需用的医疗设备、仪器、手术器械进行了详细的检查,而在手术过程中或外科抢救措施中发生了故障,造成不良后果,应属医疗意外。

2.患者的病情复杂、严重,手术技术操作过于繁杂,难以控制病情的恶化而发生死亡者属医疗意外。如在手术中,非医疗过失引起的不可逆性休克、呼吸骤停、心搏骤停、急性肾功能衰竭等,经抢救无效死亡的均属医疗意外。

3.对于有其严重疾病而又必须进行外科手术治疗的疾病,如恶性肿瘤、严重的创伤、急腹症等,在外科手术及外科抢救中,出现心力衰竭、脑血管意外、脑及重要器官的血栓形成及栓塞发生死亡者,均为医疗意外。

4.医务人员按技术操作规程进行手术,因患者本身病情的病理变化出现心、脑、肝、肾、大血管等破裂,造成难以控制的大出血,救治无效死亡者,属医疗意外。

5.患者手术部位的组织器官有严重的组织粘连、脏器的先天性畸形、解剖学上的变异、组织层次的严重不清等,手术中无法识别正常的组织及器官,造成损伤,引起不良后果者,应属于外科手术治疗的并发症。

二、内科中常见的几种医疗意外

1.内科最常见的医疗意外是注射各种药物所引进的过敏反应。有些药物的注射,虽按操作规程进行皮肤过敏反应试验,但阴性者注射后仍会造成一些过敏反应。还有某些药物在药典中并未规定做皮肤过敏试验反应,或由于病人的特异性体质而发生过敏反应或造成死亡等不良后果的,均属医疗意外。

2.某些内科疾病的诊断和治疗技术操作,常伴有不同程度的危险性,如在心脏插管、心脏直搏时,可造成心律失常、心跳停止、心力衰竭、静脉血栓形成、感染等。经认真选择,适宜作运动试验的患者,在试验过程中,虽严格按技术操作规程进行,仍可发生心律失常、心搏骤停及心力衰竭等,这些均属内科治疗方面的医疗意外。

3.某些内科危重疾病,虽诊断明确、治疗及时,但仍可出现意外的病情变化,造成死亡或其他不良后果,这也属内科医疗意外。

三、精神科常见的几种医疗意外情况

1.精神病科的治疗,如电休克、胰岛素休克和各种注射及口服治疗性药物等均有一定的危险性。在治疗过程中按技术操作规程进行,治疗后发生猝死、栓塞、癫痫持续状态、心跳呼吸骤停或其他严重不良后果,均属医疗意外。

2.精神病由于高度兴奋,躁动不安,脑动脉硬化突然发生脑血管意外,脑血栓形成,或有智能低下,心肌梗死病史的患者,在发生其他科疾病时,不能及时叙述病情,又无明显的临床特征,造成延误治疗或其他不良后果,应属医疗意外。

3.凡是有自杀念头的精神病人或在某些精神症状支配下,出现的突然行为,造成自杀、自伤等行为时,若医护人员确实尽到了职责,则属医疗意外。有时精神病人冲动时, 工作人员由于维护他人安全或自卫躲避而发生病人的损伤及其他不良后果者,也属医疗意外。但应强调指出:精神病人要危害医务人员时,不可采取防卫过当行为,否则将追究其法律责任。

4.对疑难性精神病,或症状不明显的合并症,由于从医学角度尚不能被认识,虽作了详细检查和会诊研究,但因目前的医疗水平等客观条件的限制,不能明确诊断而发生严重不良后果者,应属医疗意外。

四、小儿科常见的几种医疗意外

1.小儿外科腹部手术因组织薄弱,手术后发生肠瘘,发现及时,经认真处理后,仍造成死亡或致残等,应属医疗意外。

2.某些儿科疾病,常会出现难以预测的病情突变,以致急死。如心脏病患儿心搏骤停以及其他原因不明的急死;气管切开术患儿发生大出血死亡等,均属医疗意外。

3.某些儿内科的疾病在诊断和治疗操作过程中,虽按严格的技术操作规程进行,正确掌握病症,并注意防范,但仍有不同程度的危险发生。如在进行各种注射和穿刺时,突然停止呼吸和心跳;静脉输液发生的静脉炎或静脉血栓;气管切开时发生的呼吸心跳停止;腰椎穿刺后发生的脑疝;锁骨下静脉穿刺合并的气胸、气栓;药物除颤及电转复中出现的心脏骤停;使用抗心衰及抗心律失常药物,治疗过程中又出现新的心律失常;肿瘤及血液病化疗中出现的骨髓抑制;气管镜、胃镜检时发生的窒息;多种药物造成的过敏反应,以致休克、死亡;体外心脏按摩抢救时发生的肋骨骨折,某些骨制疏松性疾病发生的病理性骨折等,均属医疗意外。

五、妇产科常见的医疗意外

1.孕妇因病情危重或有其他合并症,需要紧急抢救的,虽经医生认真治疗,精心手术,但仍在手术中发生死亡或遗留其他并发症等不良后果者,应属医疗意外。

2.在助产中,医生观察产程认真、仔细,但由于产妇配合不好,或因难产,如巨大胎儿、臀位产等,发生会阴Ⅱ度撕裂伤需常规修补,或发生耻骨联合分离等,属医疗意外。

3.感染性流产、滞留流产、疤痕子宫、恶性葡萄胎、绒毛膜上皮癌、子宫体腺癌等患者,其子宫原有病灶均可增加穿孔的机会。如果按正确的技术操作规程进行刮宫者,发生子宫穿孔,也属医疗意外。

4.先天性畸形患儿,手术中造成脏器损伤后,经及时处理,无不良后果的,也属医疗意外。

5.产妇病情已很危重,为抢救母婴生命,必须迅速结束分娩而施行剖宫产手术、臀位牵引手术、器械助娩等,发生新生儿产伤或新生儿死亡,属医疗意外。

6.产妇极不合作,如妊娠合并精神分裂症,由于病人意识不清楚,行为不能控制,引起了子宫破裂或胎盘早期剥离,经抢救无效造成死亡的,属医疗意外。

10 哪些情形不属于医疗事故?

从实践中我们可以看出, 并非所有发生在诊疗护理工作中的不良后果都属于医疗事故。由于每个患者的身体状况都有所不同,加上目前的医学水平并不能治愈所有的疾病，因此在医疗过程中，出现一些难以避免的后果，也是可以理解的。比如，由于患者及其家属不积极配合医院的治疗，而造成患者病情加重或者死亡等不良后果的；或者由于患者的病情异常或体质特殊，而发生难以预料和预防的不良后果等等，出现这些情况，就不能认定其为医疗事故。《医疗事故处理条例》第33条规定了六种情形，不属于医疗事故。

一、在紧急情况下为抢救垂危患者生命而采取紧急医学措施造成不良后果的

医师在诊疗过程中为了抢救患者的生命，可以采取紧急救治措施。例如：在患者生命危急的情况下，医生为了抢救患者生命，而采取截肢等紧急措施，由此产生的不良后果，不应追究医疗机构及其医务人员的责任。在火车上遇到产妇生产，在没有专门医生的情况下，非妇产科医生可以参加救治。若在救治过程中发生不良后果，也不应当追究该医生的责任。这里我们要注意，要判断紧急医疗措施造成的不良后果是否属于医疗事故，必须同时具备以下两个条件。

1.必须是情况紧急，患者存在生命危险，这种危险迫在眉睫。“紧急情况”一般包括下列内容：

(1)病员由于疾病发作，突然外伤受害及异物侵入体内，身体处于危险或非常痛苦的状态。例如：急性外伤、脑外伤、骨折、脱臼、撕裂伤、烧伤等；突发高热；突然出血、吐血、有内出血象征、流产、小儿腹泻、严重脱水、休克者；发病突然、症状剧烈、发病后迅速恶化者；烈性传染病可疑者；急性过敏性疾病；其他经医师认为适合于急诊抢救条件者。

(2)突发事件、重大事故和疫情。例如：重大灾害、突发事件、突发事故造成的人员伤亡；鼠疫流行造成的人员病亡；霍乱病例或其他法定传染病在短期内大面积爆发流行；造成多人伤亡的食物中毒事故等。

2.紧急医学措施应当限于迫不得已的。如果抢救人员知晓该抢救措施可能给患者造成损害，但除采取该种紧急措施外别无选择的。也就是说在抢救的时候，施救的医方根据当时的情况和其自身的能力没有任何其他更好的救助措施可以实施。

二、在医疗活动中由于患者病情异常或者患者体质特殊而发生医疗意外的

医疗意外的发生，是难以预料的，是由于病情或病员体质特殊而发生难以预料和防范的不良后果的,医护人员在主观上不存在过失,而是由于病员自身体质变化和特殊病种结合在一起突然发生的情况，医护人员依靠现代医学科学技术也不能预见、防范和避免。医疗意外中的难以预料是指医护人员根据当时的情况,对有可能发生病员死亡、残疾或功能障碍的不良后果无法预见。在判断医疗意外是否属于医务人员责任范围时,必须审查以下几方面:

1.医务人员是否履行预见危险发生和防止危险结果发生的义务。

2.医务人员是否充分行使了危险告知义务。

3.医务人员有无行使及时和充分地保留导致意外发生的有关药物、医疗器械义务。

4.医务人员实施的医疗行为是否符合医学诊疗要求。

三、在现有医学科学技术条件下,发生无法预料或者不能防范的不良后果的

这种情形可以说是医疗风险的一种情形。医疗风险通常是指在医疗行为过程中可能发生使患者人身受到损害的偶然事件，而在现有医学科学技术条件下,无法预料或者不能防范该不良后果的发生。目前我国的医疗机构在各地的医疗资源分配很不均衡,尤其是广大农村地区,医疗技术和水平更显得薄弱,加上医疗设施等相关配套措施跟不上,在这种情况下,更容易导致无法预料或者不能防范的不良后果的发生。如:有些地方常见的流行病,一般当地的医生见过很多,所以当地的卫生站一般都能准确地诊断出来,但是换到其他地方进行诊治时,由于医生没有见过该种流行病,往往会发生漏诊和误诊的情况。

还有一个现象应值得注意，在较高等级的医院，比如一个三级甲等的医院,因为医务人员繁忙,经常让进修医师独立门诊。像这样的情况,我们应该认为该医院违反了执业医师法,其进修医师的诊疗行为属于非法行医范畴,而不能认为是该医疗机构的医疗过失。在医疗实践中,现有医学科学技术条件下无法预料或者不能防范的不良后果主要表现为以下几种:

1.并发症

并发症通常解释为某一种疾病在治疗过程中，发生了与这种疾病有关的另一种或几种疾病。根据并发症引起的原因可分为疾病并发症和治疗并发症。治疗并发症又可分为手术并发症、麻醉并发症。疾病并发症是指由疾病在发展过程中引起的另一种疾病或症状。常见的如急性上呼吸道感染并发肺炎,肝硬化并发食道静脉曲张破裂出血,高血压患者容易并发心血管病变(如心功能衰竭)、脑血管病变(如中风)等等,这些都是疾病本身自然病程中可能衍生而加重病情的偶发病况。手术并发症是指由手术引起的另一种疾病或症状,如胃手术后的倾倒综合征。麻醉并发症是指由麻醉引起的另一种疾病或症状。

由于并发症情况多样,出现并发症时,能否作为医方的免责事由呢?一般来说,可以分为以下四种情况:一是对于不能预见的并发症,如果没有违反诊疗常规或规范,可以免责;如果有违反诊疗常规或规范,并且不能排除对并发症的发生有因果关系的,不能免责。二是可以预见、不能避免的并发症,可以免责。三是可以预见、难以避免的并发症,要看医方是否尽到高度注意的义务,如果没有违反诊疗常规或规范,且已经尽到高度注意的义务,可以免责;否则不能免责。四是可以预见、可以避免的并发症,不能免责。

在实践中,一种疾病并发另一种疾病所导致的不良后果,只要不是由于医务人员的诊疗护理过失所致,就不属于医疗事故。如某种常规手术后,部分患者可能会出现眩光、夜视力下降等并发症。

2.后遗症

从医学上讲,后遗症是指严重创伤、感染等过程中疾病本身或者未获得及时治疗或者延误治疗所残留下的不可逆的永久性器官损害。主要是治疗结束后,造成的某些身体机能有障碍,严重的还存在医疗依赖,需要靠外源性医疗支持维持身体机能。后遗症发生的原因,有的是因必需的诊疗方法所造成的损害形成的,如双侧卵巢切除后,内分泌功能需要外源性激素维持;甲状腺切除后的甲状腺功能减退等。有的是疾病本身的自然转归,如脑出血或脑梗塞,医疗终结后遗留肢体功能障碍等。

后遗症与并发症是不同的,第一,二者发生的时间不同,后遗症通常发生在医疗终结后,而并发症发生在疾病发展过程中或医疗过程中。第二,二者的治疗效果不同,后遗症通过治疗,临床表现不能改善,具有不可逆性,而并发症通过治疗可以痊愈或减轻,临床表现具有可逆性。

3.医源性疾病和损伤

医源性疾病和损伤是指在医疗活动中,因医疗行为所造成,非原发性疾病或其发展后果的疾病和损伤。医源性损害不是疾病自然发展或医疗必需的损害,而是医疗行为所引起的损伤。从损伤的来源上大致可以分为三种:第一,药源性损伤,是患者在服用药物当时或一定时期内所发生的与药物有关的损伤。药源性损伤当然有可能是医生的用药错误或不合理用药所致,也有可能是药物本身就具有某种临床使用前尚不明确或未可预知的毒、副作用,还有就是基于某些人的特异体质及个体差异,某些药物在作用到其机体时发生于其他用药者所不发生的毒、副作用或不良反应。第二,护理性损伤,是在护理过程中所形成的损伤。例如,具体护理人员的护理不当,医院护理设施和措施不得力,以及特异性的病患所需要的特异性的护理带来的副作用等。第三,预防、保健性的损伤,是在进行公共卫生的预防、保健、免疫接种等过程中,可能出现的损伤。如接种免疫时,双方的关系很特殊,不是传统意义上的医患关系,因为预防免疫的一方实际上多是健康人,是医方与健康的接受预防免疫的对象之间发生的关系。由于人体的特殊性,尽管预防免疫是尽量做到安全,但是仍然有很少比例的人群会出现由于免疫接种而带来感染;而有很多免疫接种还可能在短时期内出现可以自愈的不良反应,等等。

对于医源性疾病和损伤,应视情况而定。医疗实践中有相当部分损伤是由于医务人员违规操作引起的,如药房、药方管理混乱容易导致医源性疾病,此时应作为医疗事故处理;对于不可避免的医源性疾病和损伤,就不能按医疗事故处理。

4.其他不能预见和防范的情况

医疗活动是一种存在高度风险性的活动,诊疗对象和病状千差万别,新型疾病不断出现,无法穷举所有的情况,只要是属于现有医学技术条件下无法避免或不能预料防范,医务人员亦无过失的,就可以认定为不构成医疗事故。

四、无过错输血感染造成不良后果的

输血作为一种有效的治疗方法,救治了大量的患者,但同时,输血容易引起不良反应。而血液又是血源性病毒传播的媒介物,在为患者输血挽救患者生命的同时,有可能发生因输血感染造成不良后果。因此,虽然医疗机构及其医务人员在输血过程中严格按照规章制度和操作规程进行各项操作,采供血机构对于献血人员的体检和对血液的初检、复验等环节均无过错,但输血后患者仍出现不良后果的,只要是医疗机构及其医务人员没有过错,就不能认为是医疗事故。

对于无过错输血,还要注意以下几个问题:

1.国家法定的对某种传染病强制检测的规定出台之前,由于血站没有检测该传染病,而可能导致受血者感染此传染病。比如丙型肝炎在1995年之前没有规定要检测,在1995年以后规定要强制检测,因此在1995年之前感染的丙型肝炎就不属于医疗事故。

2.血液来源要合法，献血、采血、供血、输血都要遵守国家相关法律、法规的规定。作为医疗机构，没有得到批准建立血库的，不准私自采血，只要医疗机构按照法律的规定行使其职权，就不承担因输血导致不良后果的法律责任。

3.在目前临床输血感染疾病的形势非常严峻的情况下，医疗机构是不能随意自行采集血液的，否则会造成血液管理秩序的混乱。但是，医疗机构为了应急用血，需要临时采集血液的，可以依照《中华人民共和国献血法》的规定，可以临时采集血液，但要确保采血用血的安全。

4.医务人员在输血前应当已经履行了申请和告知义务，即申请输血应当由主治医生填写《临床输血申请单》，并核准签字，连同受血者血样在预定的输血日期前送交输血科（血库）备血。在决定输血治疗前，主治医生还应当向患者及其家属说明输血会有一定的不良反应和有可能经过血液传播疾病。在征得患者和家属的同意后，在《输血治疗同意书》上签字，且将《输血治疗同意书》放入病历。

五、因患方原因延误诊疗导致不良后果的

医疗人员对患者诊疗护理，必须得到患者及其家属的配合。在诊疗护理过程中，如果是由于患者对医生的治疗行为不理解，没有按照医生的嘱咐服药或者私自服药，还有个别患者出于害怕或者其他动机，而没有真实反映生病的情况，没有接受医疗人员的合理治疗措施，如过早地进行户外活动，手术后过早进餐，没有获得医生允许私自外出等等，以上这些都是由于患者的原因延误治疗，说明受害的患者在主观上有过错。按照过错责任原则，如果损害后果完全是由于患者及其家属延误治疗而造成的，就证明对患者损害的发生，医疗机构没有过错，医疗机构不承担医疗事故的责任。

六、因不可抗力造成不良后果的

不可抗力是指不能预见、不能避免并不能克服的客观情况。不能预见是在现有的技术条件下，人类不可能预见到的情况；不能避免是即使尽了最大的努力，也不能防止客观情况的发生；不能克服是情况发生后，即使尽了最大的努力也不能克服该客观情况造成的损害后果。这里的客观情况是不以人的意志为转移的情况，如天灾人祸、自然灾害，这些和医疗活动中的诊断治疗本身没有关系。具体来说，比如正在做手术，无影灯掉了下来，将病人砸成重伤，医疗机构承担的是对设施维护不当的民事法律责任，应当承担民事赔偿，但这当然不是医务人员的诊疗活动范畴,不构成医疗事故。再如,在医疗过程中因发生地震、飓风导致手术失败致患者人身损害,这并不是医疗机构过失导致,也不属于医疗事故,医疗机构不承担事故责任。

医护人员对于危重和疑难病症的患者,出于救死扶伤和人道主义精神,利用各种现代化医疗手段,采取各种治疗手段去救治患者,力争把百分之一的希望变成现实,但是由于医学对疾病认识的限制,对于有些疾病也无能为力,尤其是对有些并发症的情况,也应看做是不可抗力的情况之一。但是要认定并发症不属于医疗事故,还应当具备两个条件:其一,必须有充分的医学事实证明某种损害后果的发生往往会伴随某种手术的发生;其二,证明在施治过程中医护人员确无违法行为。当满足这两个条件时,就可以认定该并发症不是医疗事故,医疗机构不承担医疗事故责任。

11 如果是患方原因导致损害的,医方应不应该承担责任?

医疗活动的目的就是为了治病救人,可是医务人员的治疗离不开患者及其家属的配合。医务人员只有获得患者及其家属的积极配合,才能更好地作出准确的判断和采取正确的诊疗措施,收到好的医疗效果。患者对医务人员的配合主要表现为以下几个方面:

第一,如实地向医务人员陈述病情、症状、病史,如实地回答医务人员对有关情况的询问。只有这样,医务人员才能初步判断病情,并开展相应的诊疗工作,以便作出正确的诊断。否则,如果患者或其家属不如实陈述和回答医务人员的询问,特别是隐瞒有关发病的重要情况,就容易误导医务人员,导致误诊误治的情况发生。

第二,遵从医务人员的医嘱,按医务人员的要求去做。当医务人员根据询问及检查的结果作出了病情诊断及相关的治疗方案之后,患者及其家属应按医务人员的要求和嘱咐去做,该吃药的吃药,该打针的打针,该手术的手术,该如何进食、如何运动、如何休息等都应该按医嘱进行,不听从医嘱,服过量药物或者没有经过医务人员允许服用其他药物,或者医生建议手术而患者及其家属出于某些原因而不同意手术治疗,都容易造成不利于患者的损害后果。

第三,按时缴纳医疗费用。医疗活动也是有成本的服务活动,针对疾病的诊治、护理需采取的医疗措施都需要支付相应的费用。患方若不按时缴纳医疗费用,医疗机构的正常运转也会出现问题,将影响更多患者的切实利益。因此,患者不按时缴纳医疗费用，导致医疗活动受到影响，由此导致的不良后果，应当由患者一方自负，但是一定要将紧急抢救的情况除外。

如果是由于患方原因延误诊疗，导致了不良后果，那医方就不应该对此承担诊疗不佳的责任。这里的患方原因主要是指患方存在过错的情况下，若患者不存在过错，而是由于医务人员问诊马虎，患者由于智力或表达上的原因未能正确阐述病情，医务人员未认真细致地向患者询问其病情或由于医方原因导致患者对医疗措施的误解等，出现上述的情况，患方虽从客观上存在不配合医疗的情况，但因其不存在过错而不应以“患方的原因”论处。另外，患方的原因，还应当包括患者及其家属的原因，以及患者的工作单位、患者投保医疗保险的保险部门的原因。若是这些单位无故拖延医疗费用，影响了医疗活动导致不良后果，则也不属于医疗事故。此时，患者及其家属可依据合同法或劳动法的有关规定追究上述单位的责任，而不应追究医方的医疗事故责任。

常见患方的原因，具体情形大致有：

1.患者就诊时隐瞒病情，导致误诊误治，如隐瞒呼吸道吸入异物的情节，导致医生将呼吸道异物误诊为呼吸道炎，从而延误病情。

2.患者不遵医嘱，实行全麻手术前擅自进食以致发生手术时或手术后呕吐引起反流、误食而致患者死亡。

3.患者不遵医嘱，不按医嘱服药或私自服药，造成不良后果的。

4.患者家属不遵医嘱，擅自喂食患者禁忌药物或食物，或术后过早进餐，造成不良后果。

5.患者未经医务人员允许私自外出发生突发性病变，如脑血管病人私自外出发生脑出血致死。

6.患者不遵医嘱做不适当的活动或过早增加运动量而引起原有病情恶化和突变，造成严重后果。

7.患者不接受医方合理的医疗措施，导致不良后果的发生。

8.患者家属不遵守医院探望制度，擅自探望，引起心血管疾病患者因过于激动而猝死。

9.患者或其家属无故不在手术单上签字，以致延误最佳抢救时机，导致不良后果发生。

10.患方拖欠医疗费用，导致医疗措施被迫中止，导致的不良后果(紧急抢救时除外)。

11.事先向患者说明临床试验的药物、试剂、治疗仪器等在患者身上试用的目的及可能会产生的不良后果或副作用，经患者书面同意，签订协议后，按试验性的有关规定进行，后来发生不良后果的，医护人员不承担医疗事故责任。

在实际的医疗活动中，出现上述原因为主造成患者死亡、残废、功能障碍等不良后果的，不构成医疗事故，医疗机构及其医务人员不负责任。

12 如何划分医疗事故等级？

为了正确处理医疗事故争议，保护患者和医疗机构及其医务人员的合法权益，根据对患者人身造成的损害程度，将医疗事故划分为四级：

一、一级医疗事故

一级医疗事故是造成患者死亡、重度残疾的情形，通常有以下几种情况。

1.一级甲等医疗事故：死亡。

2.一级乙等医疗事故：重要器官缺失或功能完全丧失，其他器官不能代偿，存在特殊医疗依赖，生活完全不能自理。

二、二级医疗事故

二级医疗事故是造成患者中度残疾、器官组织损伤导致严重功能障碍的情形。

1.二级甲等医疗事故：器官缺失或功能完全丧失，其他器官不能代偿，可能存在特殊医疗依赖，或生活大部分不能自理。

2.二级乙等医疗事故：存在器官缺失、严重缺损、严重畸形情形之一，有严重功能障碍，可能存在特殊医疗依赖，或生活大部分不能自理。

3.二级丙等医疗事故：存在器官缺失、严重缺损、明显畸形情形之一，有严重功能障碍，可能存在特殊医疗依赖，或生活部分不能自理。

4.二级丁等医疗事故：存在器官缺失、大部分缺损、畸形情形之一，有严重功能障碍，可能存在一般医疗依赖，生活能自理。

三、三级医疗事故

三级医疗事故是造成患者轻度残疾、器官组织损伤导致一般功能障碍的情形。

1.三级甲等医疗事故：存在器官缺失、大部分缺损、畸形情形之一，有较重功能障碍，可能存在一般医疗依赖，生活能自理。

2.三级乙等医疗事故:器官大部分缺损或畸形,有中度功能障碍,可能存在一般医疗依赖,生活能自理。

3.三级丙等医疗事故:器官大部分缺损或畸形,有轻度功能障碍,可能存在一般医疗依赖,生活能自理。

4.三级丁等医疗事故:器官部分缺损或畸形,有轻度功能障碍,无医疗依赖,生活能自理。

5.三级戊等医疗事故:器官部分缺损或畸形,有轻微功能障碍,无医疗依赖,生活能自理。

四、四级医疗事故

四级医疗事故是造成患者明显人身损害的其他后果的情形。

第四章 医疗事故中医患双方的权利与义务26问

1 什么是医疗服务法律关系？

所谓医疗服务法律关系，即医疗法律关系、医患法律关系，是指医务人员受患者的委托或其他原因，对患者实施诊断、治疗等行为所形成的法律关系。比如患者到医院，挂了一个专家号，或者到医院接受了某种手术，则患者和医院以及医务人员之间建立起的这种关系，就是一种医疗服务法律关系。

一般情况下将该法律关系认为是一种民事法律关系，是医患双方人身关系和财产关系与民事法律形式相结合的产物，即医疗法律关系主要体现为患者与医疗机构或医务人员之间的契约关系，它通常要求医方提供患方需求的医疗服务，患方支付相应的费用。从整个社会的角度讲，医方与患方之间的利益是平衡的，双方的权利义务关系是符合等价有偿的服务合同关系。但在实践中，医患双方的主体地位存在事实上的不平等性。一方面，医方在诊治活动过程中由于对患方的疾病情况了解、治疗方案选择等需要具备更多的专业知识，处于主导地位，而患方只能处于从属地位，患方如果不予配合，如陈述病史不真实，或故意隐瞒病史，可造成医疗方在诊断治疗上的差错。医患双方主体地位这种在法律上的平等性和事实上的不平等性在发生医疗纠纷后使医方处于相当被动的地位。因此，医方应尽量改变传统观念，适应现状，使自身的各种医疗行为符合法律规定，并按照双方约定的或法定的义务实施医疗活动，尽可能地避免侵犯患方的权利。医方必须认真实施对患方的问诊、体格检查等步骤，作出初步诊断，实施治疗及转诊等基本义务，同时要保证患方的知情同意权、自主选择权、个人隐私权、人格尊严权等权利不受侵犯，加强对各种医疗文书的规范化管理，以利于发生纠纷时能更好地解决纠纷。另一方面，患方可以自主选择医方,但医方却不可以自主选择患方。患方到医疗机构就医,在没有特殊的情况时,医方不得拒绝患方。从这点来说,对于医方是处于被动接受的位置,难以体现双方自愿的原则。这样,一旦医方没有合理的理由而拒绝治疗患者,造成患者出现损害甚至死亡时,容易引起医患双方的纠纷。

对于医疗服务法律关系,我们通常可以将其分为三类:

1.医疗合同关系。这种关系通常都表现为患者与医疗机构或医务人员之间的合同关系。举个实例来说,张三由于打球把脚部扭伤,来到某医院就诊,挂了一个骨科的专家号,接受了治疗,专家也为他开具了相应的药品,二者之间就已形成了一种医疗合同关系,这种情况是我们平时在社会上见到最多的一种医疗服务法律关系。

2.无因管理关系。在医疗服务法律关系中,也有因医疗机构或医务人员对患者事实上的医疗法律行为而产生的医疗法律关系,这种情形构成医疗机构或医务人员与患者间的无因管理关系。

3.强制医疗关系。该关系是在医疗服务法律关系中最特殊的,主要是国家基于医疗的特殊性和对国民生命和身体健康的维护性质,在法律上赋予医疗机构或医务人员以强制诊疗和患者必须接受强制治疗的义务,针对一些特殊的传染病,如非典型性肺炎、鼠疫、霍乱等就需要强制治疗。因为如果不采取强制治疗,有可能会给更多的人生命健康带来威胁,为了社会大多数人的健康,也必须对其进行强制治疗,而此类患者也有接受治疗的义务。

② 医疗合同是什么合同?医疗合同具体有哪些内容?

医疗合同是一种以医疗行为为内容,医患双方在治疗过程中分别享有一定权利和履行一定义务的合同。从本质上来讲,医疗合同是一种服务合同,即医方向患方提供有偿的诊疗护理服务,患方接受诊疗护理服务并支付一定的医疗费用。虽然医疗合同有一定的特殊性,如以一定手术的完成或痊愈作为给付报酬目的的合同,是以一定工作的完成作为报酬给付的条件,而且医务人员依其独立判断决定其工作方法,完全吻合承揽合同的要件,此时就可以看做是一个承揽合同。再如,住院医疗合同内容极为复杂,包括诊察及治疗的提供,病房及设备的租用,药品、器材、血液及餐饮的供应,护工的雇用等。因此住院医疗合同也可以看做是无名劳务合同、租赁合同、买卖合同及雇佣合同的混合合同。还有很多类似的特殊情形,但是,从医患服务法律关系的基本方面来看,医疗合同仍属于民事上的合同，而没有超出民事的范畴，因此，医疗合同仍可以依照民事的法律规范进行调整。对于医疗合同，我们应该注意以下几点：

首先，医疗合同既然属于民事上的合同，其订立也必须有要约和承诺。一般来说，医院开业并标明挂号费以及自己服务项目的行为应视为要约，而患者挂号的行为是承诺。简单来说，患者到医疗机构就诊，医疗机构的通行做法是先收取挂号费，再进行诊断。收挂号费行为的实质是什么呢？一旦挂号，双方就订立了合同，产生合同的约束力。就诊人不能突然改变主意，不看病了，要求医疗机构退还挂号费；医疗机构也不能拒绝诊治。这说明挂号行为就是双方订立医疗合同的行为。在特殊情况下，患者可能没有经过挂号就直接接受了医护人员实施的医疗行为，如紧急求诊的患者，尚未挂号，医护人员就立刻施以紧急救护；或私人开设的诊所并没有设置挂号制度，医师对于前来求诊的患者直接施以诊疗。对于这些情形，虽无挂号，但其双方的行为足以作为双方医疗合同成立的凭证，医方对患者实施的诊治行为，即为默示的承诺，医疗合同也视为已订立。

其次，订立了医疗合同，那么接下来就是医疗合同的履行。在一般情况下，双方可以正常履行医疗合同。但对重大的治疗方案，必须经患者或者其成年家属的书面同意才能进行，否则，医疗机构无权采取治疗行为。然而在医疗合同中，我们往往不能约定合同履行的结果，为什么呢？这主要是由医疗行为的特殊性和局限性所决定的，每个患者的体质都会存在非常大的差异，即使再好的医生，再好的医院，都不会对患者承诺手术是没有任何风险的，或者说手术之后患者肯定可以完全康复。对于医方来说，其在合同中一般只会承诺为患者提供最好的治疗方案，至于这个治疗方案最后会产生什么样的结果，应该说在医疗合同中是很难约定的，毕竟在医疗诊断中产生的无法预料的情形还太多。目前仍然有许多疾病按人类现有的医学水平是无法治愈或者痊愈的。因此，对于合同最后履行的结果，不能一概而论，患方不能因为没有彻底治好病，就认为是没有履行合同，而拒绝支付医疗费或者大闹医方。

再次，在医疗合同履行中，医方可能会约定一些关于人身免责的条款。比如，患方在签署手术同意书的时候，会在同意书中看到这样一句话，说该手术风险极大，如果发生不测，医院不承担相应的法律责任，或者说该手术风险很大，建议患者不要实施，但患者坚持要接受，所以若发生一切不测，与我院无关。应该说像这样的免责性约定是无效的，按照合同法的规定，关于人身免责性的这种条款,是不能够免责的,也就是说医院单方在手术同意书中写出的这种内容,是不能够免责的。但是,是不是一旦发生了损害结果之后,就完全要医方承担责任呢?当然不是,此时应当把握过错责任原则,也就是说,医方只要有过错,它就要承担责任,如果医院在手术过程中没有过错,它就不承担相应的责任。例如,有一个高龄的产妇,在临产的时候,由于身体体质比较弱,所以在整个生产过程中不是很顺利,胎儿在母体内出现了宫腔内呼吸窘迫的症状。在这种情况下,医院及时地做出了剖宫产的决定,取出胎儿后,发现胎儿已经有明显的过敏反应,与此同时又有呼吸困难的症状,医院及时对胎儿做出正确的抢救,但胎儿仍然死亡。作尸检的时候发现,胎儿的死因是过敏性休克,同时又存在脑缺氧这个现象。在这个案件中,我们应该怎么去看待这个胎儿的死亡?经调查发现胎儿死于过敏反应,这与医院的救治应该说没有关系,医方在整个抢救过程中,完全履行了正常的治疗手段,没有任何过错,此时医方是不承担法律责任的。反之,如果医方在治疗过程中有过错,那即使有这样的免责性的约定,也应当承担责任。

最后,在医疗合同的履行过程中,还往往涉及到医疗合同的变更和提前终止的情况。医疗合同的变更必须经一方请求,才可以对合同内容进行变更,医患双方都可以对医疗合同进行变更。例如,患方因自己的经济条件限制,可以请求医方对治疗方案和措施进行变更,并承担变更后的法律责任;医方也可以对医疗服务的内容进行变更,根据变更的情况承担法律责任。对于变更后的责任承担并不是绝对的,还要根据实际的情况分析责任的承担者。

医疗合同的终止情况主要与双方履行合同的实际情况有关。患方可以提前终止医疗合同,如患方因经济或身体状况提前终止合同,患方通过协商决定提前终止医疗合同,或者患方自己单方作出终止医疗合同的行为等。对患方提前终止合同的行为,应当由患方承担法律责任和由此引起的法律后果,如对治疗还未完全结束,患者就急于出院而出现的病情加重或者后遗症等情况,患者应当自行承担这一后果。医方也可以提前终止合同,主要原因是医方因自身的医师或设备条件不能达到正常完成合同内容的情形,医方对提前终止前的义务产生的法律后果承担法律责任。当然,还有一种情况是出现了医疗服务纠纷后的提前终止,法律责任以实际权利义务为基础进行界定。通常我们遇到的转院,并不是一般意义的医疗合同的变更,实际法律后果是双方提前终止医疗合同。

③ 什么是医患无因管理关系？有哪些表现形式？

无因管理是无法定的或约定的义务为他人利益而管理他人事务的行为。医患无因管理法律关系是医方在没有约定或法定义务的情况下，为避免患者的生命健康受到损害，自愿为患者提供诊疗护理服务的行为，并由此在医患之间产生的法律关系。相对于医疗合同关系与强制医疗法律关系而言，医患无因管理法律关系的存在空间比较小，而且在具备一定的条件时，医患无因管理法律关系还有可能转换为医疗合同关系。比如，在一个列车上，忽然有一个孕妇早产，列车长会在车厢中询问："有没有同车的乘客是医务人员？如果有，希望他能够为这个早产的孕妇分娩。"这时，如果车厢中有一位医生，他为这位孕妇进行了分娩，很显然，这位医生和这位早产孕妇之间的行为并不是一种医疗合同关系，而是无因管理关系。医患无因管理关系的情形主要有：

1.医务人员在医院外发现患者而加以治疗。医务人员在非工作时间、医院之外，遇到急症患者，主动对其予以救治，这种行为因为不是发生在该医务人员的工作时间，故不属于医务人员的职务行为，只能视为医务人员的个人行为。对该医务人员的个人行为后果，医院不承担任何法律责任，而医务人员在非工作时间，对于患者不负有法定救助的义务，因此在医务人员与患者之间，不存在医疗合同，此时的医疗行为就属于无因管理行为。

2.对自杀未遂不愿就医者而予以救治。由于种种原因，有些人会采取自杀的行为来结束自己的生命，如跳河自杀或割腕自杀等。当医务人员发现此种情形时，出于救死扶伤的职业道德，会主动对自杀行为实施干预，如为跳水自杀者做人工呼吸，为割腕自杀者止血输血等，这种诊疗护理行为便在医务人员与患者之间建立起无因管理关系。由于这种救治行为违背被救治人的个人意愿，自杀者在苏醒之后也不愿意追认，因此，通常不会在双方之间形成合同关系，而这种诊疗护理行为也属于医疗事务的无因管理关系。

3.无监护人在场的情况下，医院直接针对无行为能力的"非急危"患者进行的诊疗行为。举例来说，某七岁小孩因遭遇交通事故受伤，肇事者逃逸，一路人将小孩送到医院，医院施加治疗，送诊者并没有表示愿意为男孩支付医疗费用。此种情况下，医院基于救死扶伤的人道主义而对小孩施加救治，此时小孩的监护人并不在场，而小孩本身为无民事行为能力人，故不可能使医方与患者之间建立医疗合同关系，此时就会构成无因管理。

④ 怎样就构成了医患无因管理关系？

要构成医患无因管理关系需要满足三个要件：1. 医方为患者实施了诊疗护理行为，这是设立医患无因管理法律关系的首要条件，即医方为患者提供了诊疗护理服务，患者享受了医方提供的诊疗护理服务。2.主观上必须有无因管理的服务意识，即在无因管理关系中为患者提供诊疗护理服务的医疗机构以及医护人员在主观上具有为患者利益着想，意图减少患者生命健康权利少受疾病侵害的主观目的。3.实施无因管理行为时没有法定和约定义务的约束，即实施无因管理行为时在医患之间既不存在医疗合同关系，医方对患者亦不负有法定强制医疗义务。

医方对患者实施了适当无因管理后，由于医方提供的诊疗护理服务正确，而出现有利于或者无害于患者的结果。如经过医方的诊疗护理，患者完全恢复了健康或生命健康权得到较好的保护，或者经过医方的诊疗护理服务，尽管医方已经尽力而为，但是对患者的诊疗效果却并不显著。对于这种适当的无因管理，医方可以要求患者返还因管理事务所支出的必要费用及其利息，以及清偿管理人为患者负担的必要债务和负责赔偿医方因管理事务而遭受的损失。

当医方提供的诊疗护理服务严重违背患者意愿或者结果不利于患者时，如果仅仅是医方的诊疗护理违反患者意愿，但结果有利于患者，则患者应当在所受利益范围内向医方支付医疗费用；如果医方的诊疗护理既违反患者意愿，结果也不利于患者，在这种情况下，医方应当为此给患者造成的损害承担损害赔偿责任；如果医方实施的诊疗护理服务没有违反患者的意愿，但是结果却不利于患者，在这种情况中，如果医方在实施诊疗护理过程中不存在医疗过失，尽管结果对患者不利，但医方仍不需要承担法律责任。

⑤ 什么是强制医疗法律关系？

强制医疗法律关系是指医疗机构或医务人员基于国家法律的授权或行政机关的委托，对特定人群患者实施强制性治疗而产生的法律关系。强制性治疗的根本目的在于维护社会公众利益，接受强制性治疗不仅是患者的自觉义务，也是国家法律规定应该履行的义务，即法定义务。例如，对于患有甲类法定传染病的患者，因其所患疾病可能会对公共卫生安全构成严重威胁，因此为防止传染病疫情的扩散,法律规定患者必须接受强制治疗。

法律不仅对患有严重传染病的患者规定强制接受治疗的义务，而且为了疾病控制与预防,对于某些可疑患有严重传染病的人或人群,也规定有接受强制检查、诊断与治疗的义务。《中华人民共和国传染病防治法》、《性病防治管理办法》、《结核病防止管理办法》、《中华人民共和国国境卫生检疫法》等法律法规均对强制性治疗作了专门性规定,《强制解毒办法》对药物成瘾者的强制戒毒治疗也进行了规定。因此,强制治疗不仅仅是针对传染病患者而言,而且还包括患有其他特定疾病,如性病、毒瘾等患者。

国家为了使公共利益、患者本人以及他人的权利免受正在发生的危险的侵害,强制医疗机构对某些情况下发生的疾病必须予以救治,而患者也必须接受诊疗。在这种情况下的强制医疗关系主要包括以下情形：

1.因紧急救治所形成的强制医疗关系。对急危患者,医护人员应当采取紧急措施进行诊治,不得拒绝急救处置。医疗机构对危重病人应当立即抢救,对限于设备或者技术条件不能诊治的病人,应当及时转诊。如:某患者处于昏迷状态,由第三人送入医院就诊,此时如不及时医治即有生命危险,医院应该采取紧急措施进行诊治,而强制医疗关系因此成立。

2.对传染病的强制治疗所形成的强制医疗关系。国家基于全民健康利益的要求,对某些传染性疾病的患者赋予强制接受诊疗的义务,对于医疗机构则相应的给予强制提供治疗服务的义务,从而形成强制医疗关系。我国《传染病防治法》及《传染病防治法实施办法》对各类传染病的防治作了明确的规定,同时规定,各级各类医疗保健机构承担责任范围内的传染病防治管理义务。医疗保健机构、卫生防疫机构发现传染病时应当及时采取相应的控制措施。

3.对某些可能危害他人合法权益的人进行强制治疗所形成的强制医疗关系。为了维护社会秩序的稳定和人民的生命健康,国家授权有关行政部门对某些可能危害他人合法权益的公民采取强制诊疗措施,其通常包括吸毒者、有暴力倾向的精神病患者等。吸毒者如果是自愿接受戒毒治疗时,则其与戒毒所之间成立医疗合同,如果是由执法机构送其到戒毒所实施强制戒毒的,则医患之间不能成立医疗合同。对于精神病患者,在亲属不主动送其到精神病医院接受治疗时，当地执法机构为保护广大人民的利益应主动将该精神病患者送到医院接受强制治疗,此时,在医患之间也是一种强制治疗关系。

举例来说,在“非典型肺炎”流行期间,有一个“非典”病人已经被确诊后,由于在治疗过程中,拒绝医院的治疗方案,所以翻窗从该医院逃跑了。而医院必须在公安机关的配合下把该传染病病人强制押解回治疗地点进行救治,所以这时我们会发现,这位“非典”病人和医院之间,既不是一种合同关系,也不是一种无因管理关系,而是一种强制诊疗关系。这种强制诊疗关系,它具有一种特别的强制力,是法定的,即使病人不愿意治疗也必须接受治疗。

⑥ 对患者的生命健康权是如何规定的?

生命是人具有民事权利能力的基础,公民依法享有生命安全和身心健康不受非法侵害的权利,由于生命健康权是公民生存的首要前提,因此,公民生命健康权是最基本的人身权。对于医院来说,保护公民的生命健康权不受侵害是医疗机构服务的重要任务和重要责任。因此,医疗机构设立的最终目的是为了救死扶伤,保护公民的生命健康权。生命健康权又包括生命权和健康权。

第一,生命权。生命权是一项独立的人格权,是自然人的生命安全不受侵犯的权利。生命权是以生命安全为内容的,他人不得非法干涉。侵害生命权也就是不法地剥夺他人生命的侵权行为,其表现为伤害他人身体致人死亡。对患者生命权的损害,往往会使患者的生命丧失,导致患者死亡。因此,生命权是患者生存的最基本权利。比如,医疗机构的急诊病房和门诊的医疗人员应当将抢救患者生命放在第一位,不能为了经济利益不顾患者的死活;实施临床医学实验性医疗行为的医疗人员不得随意对患者实施实验性的诊断、检查、手术、药物治疗、理疗、护理等医疗行为,更不能用隐瞒、欺骗的手段获取患者的合作。在药物、手术治疗中应尽可能将药物的副作用、手术的风险性充分告知患者,将保障患者的生命权利放在首位。

第二,健康权。健康是人体各器官系统发育良好、功能正常、体质健壮、精力充沛、具有良好劳动效能的状态。健康是尽可能长地维持生命的前提,是生命的保障。患者的健康,既包括各器官系统生理机能的健康,也包括精神上的健康;既包括身体外部的完整,也包括身体内部各器官和劳动能力的完整。健康权以人体的生理机能的正常运作和功能的正常发挥为内容。健康权强调的是人的生理运行状况,某些行为虽然未侵害到患者的生命权和身体权,但却对人的正常的生理运行功能带来了不良影响,造成人体生理功能的下降。如果后果较为严重,即构成对患者健康权的侵害。比如,高粉尘工作环境下造成的呼吸系统疾病,有毒气体环境下造成的身体瘫痪,食用有毒食品造成的食物中毒

等,都属于对人体运作机能的损害。侵害健康权的行为主要表现在:

1.身体内部有形组织和各器官的生理机能受到破坏,经治疗其功能可以恢复。例如,腿部被撞骨折、脾脏被人刺伤等,这种伤害通常表现为破坏了他人身体的机体组织,伤害事实明显。

2.损坏身体的生理、心理功能,但不破坏身体组织。有时,这种健康的损害是无形的,或者在短期内并不显露出来,需要一定的积累程度或者隔一定的时间后才会反映出来。例如,长期处在噪音特别大的环境中而致人双耳失聪,长期处在有害气体中而致人滋生疾病。在这种情况下,伤害健康的后果只有经过一段时间或者达到一定强度时,才会明显地显露出来。

3.破坏劳动能力。劳动能力是人从事各种工作的能力,它是以人的身体组织和生理机能的完好为前提的。因此,凡破坏劳动能力,都是损害了公民的健康权利的表现。破坏劳动能力按其破坏程度可分为两种情况:一是劳动能力的减少,即受害人不能进行原来可以从事的劳动,而只能从事对劳动能力的要求更低的劳动。二是劳动能力的丧失,即受害人不能从事任何劳动,无法取得劳动收入。这种区分的意义在于根据受害人劳动能力丧失程度的不同来确定赔偿的范围和额度。

4.侵害他人身体,但没有造成伤害或者死亡的,也构成侵权行为。在侵害健康权中,应当赔偿医药治疗费、误工费、护理费、交通费、住宿费、营养费。对劳动能力丧失的赔偿,包括受害人的生活补助费,受害人支出的残疾用具费,残废者致残前抚养的间接受害人的抚养费。对于致残的伤害治疗的医疗费、误工工资、护理费等费用以及特殊治疗的医疗费等,也应当赔偿。造成精神损害的,应当赔偿精神损害抚慰金。

7 对患者的身体权是如何规定的?

身体权是自然人维护其身体的完整性和对自己身体的组成部分所具有的支配性的权利,通常包括器官的移植,镶装配置人工关节、人工心脏瓣膜等。侵害身体权,主要是损害了身体构成的完整性和完全性,但对身体的正常机能和功能发挥没有明显的影响。医疗事故中侵害身体权的行为主要有以下情形:

第一,对尸体的损害。患者死亡后,其民事权利丧失,死者的近亲属享有对尸体的处分权,其他任何人和单位均无权擅自处理。现实中,有些医生为了搞科研积累资料或进行教学,并未取得死者家属的同意,私自解剖死者尸体或者擅自留取死者的组织或器官,如毛发、牙齿、髌骨、耻骨、胸骨等。这些行为虽然有益于医学及法医学的发展,但由于多数情况下这些行为并未取得死者家属的同意,所以也构成了身体权的侵害。在这种情况下,有人会问,如果是死刑犯的器官,可不可以不经过犯人家属的同意,而直接移植给需要该器官的患者呢?回答是不能。因为即使是死刑犯的尸体,其尸体的处分权仍由其家属享有,如果没有切实征求犯人家属的意见,同样构成了对他人身体权的侵害,要追究其法律责任。

第二,对身体组织的非法保留、占有。患者身体权以身体为客体,最重要的就是保持其身体的完整性、完全性。所以,任何人未得到患者允许,破坏患者身体完整性的行为都构成身体权的侵害。例如,由于有些医生在正常工作的同时还有科研任务,所以经常会需要活体材料做实验,如血液、胃内容、肠内容等,其中以血液最为常见。在多数情况下,医疗人员利用工作之便亲自或通过他人多次取得检验材料,为自己的实验留出足够量的活体材料。再如,在外科的各种手术或者妇科的处置中,有些被切除的组织,如胆结石、胎盘等,大多数情况下没有得到患者的同意,就被泡在福尔马林中制成了标本。虽然其目的是为了教学或科研,但在没有得到患者同意的情况下,无疑都构成了对患者身体权的侵害。

第三,对身体组织非疼痛的侵害。一般认为,对身体组织的破坏,只要不造成痛苦,其行为不认为是对健康权的侵害,而认为是对身体权的侵害。身体权虽然和健康权联系紧密,但内容却不同。身体权通常保护的是肢体、器官和其他组织的完整状态;而健康权所保护的是各个器官和整个身体功能健全。因此,构成身体权侵害的行为,一般是对人体无感觉神经分布组织,如头发、眉毛、体毛、指(趾)甲、牙釉质等实施的行为。例如,在医院的口腔处置中,如果只是牙釉质损伤或没有触及牙神经的其他损伤,就只是构成了对患者身体权的侵害。

第四,实施过度的外科手术。外科手术是常见的一种治疗部分疾病的方法,但是,如果对一些可以手术,也可以不手术的患者,一味地采取实施手术的做法,造成患者损害的,就可以认为是一种对人身权的侵害。比如,有的医生为了减小医疗风险,在产科中不考虑剖宫产的适应证,盲目扩大适用剖宫产的范围,使患者身体完整性的权利受到侵害。

总而言之,对于医务工作者来说,应加强保护患者身体权的意识,无论处于何种目的，留取患者切除后组织、器官，都应征求患者的同意，在必要情况下应给予适当的经济补偿；对于患者来说，也应加强自我保护意识，在检查单及手术单上应该明确地注明对切除后的组织、器官的处理方式，如果患者没有要求，则认为其允许医院处置切除后的组织、器官。

⑧ 什么是侵犯患者的名誉权？

名誉权，是人们依法享有的对自己所获得的客观社会评价、排除他人侵害的权利。对名誉权的侵害，直接关系到名誉受损人在社会上的地位和尊严，关系到他人对其的信任和尊重，同时也关系到名誉受损人的民事权利和其他各种权利的得失。因此，《中华人民共和国民法通则》第 101 条规定："公民、法人享有名誉权，公民的人格尊严受法律保护，禁止用侮辱、诽谤等方式损害公民、法人的名誉。"第 120 条规定："公民的姓名权、肖像权、名誉权、荣誉权受到侵害的，有权要求停止侵害，恢复名誉，消除影响，赔礼道歉，并可以要求赔偿损失。"

侵害名誉权最常见的形式有：1.侮辱。就是用语言或行动，公然损害他人人格和名誉的行为。如使用大字报、小字报、漫画，或极其下流、肮脏的语言等形式辱骂、嘲讽他人，使他人的心灵蒙受耻辱等。2.诽谤。就是捏造并散布某些虚假的事实，破坏他人名誉的行为，如毫无根据或捕风捉影地捏造他人作风不好，并四处张扬、损坏他人名誉，使他人精神受到很大痛苦。3.捏造事实损害他人名誉，造成一定的影响。

在医疗工作中，侵害患者名誉权的事情经常发生，举个例子来说：某医院在给某单位职工体检时，职工张某被医院诊断为丙型肝炎，医院一方面填报了传染病疫情卡，一方面向张某单位作了报告，致使张某患有丙型肝炎的消息在单位传开。张某的女朋友因此与其分手，单位的同事也有意回避他，为此，张某情绪十分低落。之后，张某两次到其他医院复查，两次化验结果均排除了丙型肝炎，但第一家医院对其误诊不能作出合理解释。张某因此要求第一家医院消除对自己的不良影响，赔礼道歉并赔偿损失。该案件中张某的名誉权确实受到损害，医院在诊断张某患有丙型肝炎后，应该为其保守秘密，不能公开其病情，同时还应考虑到是否存在误诊的可能性，应在复查后再作出最后诊断，这都说明医院在主观上具有侵犯张某名誉权的过错。虽然医院没有采取侮辱、诽谤等方式去损害张某的名誉，但医院采取了不适当的方式将张某患有丙型肝炎的消息传播,造成张某精神损害事实。根据最高人民法院《关于审理名誉权案件若干问题的解释》第8条规定:“医疗卫生单位的人员擅自公开患者患有淋病、梅毒、麻风病、艾滋病等病情,致使患者名誉受到损害的,应当认定为侵害患者名誉权。医疗卫生单位向患者或其家属通报病情,不应当认定为侵害患者名誉权。”

9 什么是侵犯患者的隐私权?

隐私是公民个人生活中不愿意公开或不愿意为他人知道的秘密。隐私权是自然人享有的对属于其个人的,与公共利益无关的个人信息、私人活动和私人领域进行支配的权利,是个人保持其私生活中的秘密不为他人知道的权利。我国法律虽然没有明文规定隐私权,但根据最高人民法院的司法解释,在司法实践中已经承认并保护隐私权。

在医疗工作中,患者到医疗机构就诊求医,由于医务人员诊治疾病的需要,患者会向其公开一些不愿让外人知道的个人信息、私人活动或者私人领域,比如患者生理上的缺陷、有损患者个人名誉的疾病、患者本人不愿他人知道的隐情等,这些隐私是患者针对医疗机构公开的,知情的医务人员应为患者保守秘密,没有经患者同意,不得向他人披露。患者向医疗机构公开的隐私,不论是否关系到患者的名誉,医疗机构都负有保密的义务。尊重和保护患者的隐私权,这既是医务人员的职业道德的要求,也是法律规范的要求。例如卫生部制定的《医务人员医德规范及实施办法》中明确规定,为患者保密,不泄露患者隐私和秘密。《艾滋病监测管理的若干问题》第21条也规定了不得将艾滋病患者或感染者的姓名、住址等情况公布或传播。

10 什么是侵犯患者的肖像权?

肖像是通过照相、录像、绘画、雕塑等视觉艺术使公民的外貌特征再现的作品。肖像以图形标记自然人的特征,其反映的形象与该公民的外貌特征存在一致性、同一性,没有头面部而只有躯干或四肢的写照不能称其为肖像。肖像权是公民对已在自己的肖像上所体现的利益为内容的权利。虽然《民法通则》第100条规定:“公民享有肖像权,未经本人同意,不得以营利为目的使用公民的肖像。”但一般认为即使非以营利为目的,也侵犯了公民的肖像权。

侵害肖像权的行为具体表现在:1. 擅自创制他人的肖像。如在医疗实践中，有时为了收集病例经常需要利用摄影、摄像等方式对患者肖像进行记载，这种私自创制他人肖像的行为，属于侵犯肖像权的行为。2.擅自拥有他人的肖像。如有的医生为了收集一些相关病历的治疗，将患者的肖像照片据为己有，以便自己分析研究，这虽然没有营利的性质，也没有给患者造成损害，但仍然侵犯了患者对其肖像的自由处分权，也属于侵犯肖像权的行为。3.擅自处分他人的肖像。如医院为了宣传教育，事先没有经患者的同意，在公开的场合播放或者张贴含有患者肖像的图片，属于典型的擅自处分患者肖像的行为。4.擅自使用他人的肖像。如有的医生为了撰写医学论文或论著，在没有征得患者同意的情况下，将患者的肖像照片在其论著中进行发表，也是侵犯肖像权的行为。

在医疗实践中，由于医疗机构和医疗人员的法律意识较差，往往忽略了对患者肖像权的保护，侵害肖像权的案件常常发生。例如，某医院的皮肤科为了宣传医学科普知识，并向公众介绍本院的治疗效果，将曾在该院治病的李某的头面部正位的彩色照片印在宣传单上四处散发，并将放大的照片张贴于候诊室橱窗内。李某感到自己患病时的面部照片不雅，有损其形象，并且于再次就诊时被其他来看病的人认出而围观、询问，于是多次要求医院停止使用自己的照片。但是，医院认为李某的情况是该医院治愈的典型病例，表现其病情状况的记载用于医学宣传是正当的，不属于侵权，因而拒绝李某的要求。后来李某以侵犯肖像权为由诉至法院，后经法院调解，医院停止使用李某的照片，销毁尚未发出的传单，并向李某赔礼道歉。本案中的医疗机构虽然是为了医学宣传的目的使用了患者的肖像照片，但是在患者不同意的情况下，将患者的照片公之于众，确实属于侵犯患者的肖像权。因此，在医疗活动中，为避免此类侵权情况的发生，医疗机构或医疗人员应尽量不要使用患者的肖像，如果确实需要使用患者的肖像时，应首先征得患者同意。

11 什么是患者的知情同意权？

知情同意权是患者有权知晓自己的病情，并可以对医务人员所采取的防治医疗措施决定取舍，其实质是患者在实施其自主权的基础上，向医疗方进行医疗服务授权委托的行为。简单来说，就是在诊疗活动中，患者不仅有权知道本人的病情、医疗措施及医疗风险等有关的真实情况，而且还有权对主治医生在医疗上的有关决定行使同意权。那么，患者究竟在哪些方面有知情同意权呢？

1.患者有权了解和认识自己所患疾病，包括检查、诊断、治疗、处理及预后等方面的情况,并有权要求医生作出通俗易懂的解释。

2.患者有权知道所有为其提供医疗服务的医疗人员,尤其是负责其治疗的医生的身份和专业地位。

3.患者有权知道处方的内容,出院时有权索要处方副本或影印件。

4.患者有权查阅病历记录,知悉病历中的信息,在出院时有权复印自己的病历记录。

5.患者有权拒绝为了教学科研,而不是为了诊疗而对其进行检查或处理。

6.患者有权在出院前一天接到即将出院的通知,并有权要求由一位主治医师的专业人士就出院后的保养问题提供咨询。

7.语言不通的患者有得到译员的权利。

8.患者有权检查医疗费用,并有权要求医方逐项作出详细的解释。

患者行使知情同意权时还应注意以下问题:

1.患者知情同意的效力。就患者而言,只有具备知情同意的能力,他所作的同意才可能有效,比如患者是个精神病人,不能辨别自己的行为,这时则必须经过患者的家属或其监护人的同意才能有效,此时患者本人的同意不能正确表达其意志,被视为同意无效。关于患者同意的能力即自己决定的能力,它取决于患者理解治疗的性质和目的的能力,包括接受治疗将对身体所作的处置、不治疗可能的后果、理解医生对其说明的各种危险及副作用等。理解的水平必须与所作决定应当是成正比的,理解水平越高,则决策的能力越大,所以必须根据个案的具体情况来具体分析。

2.患者同意的方式。同意的方式有明示方式和默示方式两种,明示方式的同意又包括书面方式和口头方式两种方式。在通常情况下,不论是书面方式、口头方式,还是默示方式的同意都被视为具有相同的法律效力。但是由于书面方式的同意在证明患者是否作出同意时更加清楚,因而在实践中医疗机构多采用书面形式的同意方式,以便于出现纠纷时在司法程序中用来抗辩患者的质疑。

3.患者同意的范围。即使患者同意治疗,仍有一个同意范围的问题。实践中,医生有可能会随意扩大患者同意的范围。例如,在已经取得同意的医疗过程中,发现了新情况、新病情,需作进一步治疗,这时医生应对此新治疗程序取得患者的同意,而医生往往会想当然地认为患者已经同意而进行直接的治疗。但也有例外情况,如果当一个医生在手术过程中为挽救患者的生命或避免其受到更严重的伤害，认为必须毫不迟疑地采取更进一步的措施，否则会给患者造成严重后果，甚至生命危险，在这种情况下，同意的范围便可以被扩大。法院也允许医生运用他正常的理智判断来扩大手术范围，即如果手术中出现了不可预见的情况需增加治疗，而患者又不能作出同意，则医生可以扩大原同意的范围，但这种范围的扩大必须以紧急治疗行为为前提。

12 什么是患者的平等医疗保障权和获得适应的医疗服务权？

医疗保障权简单地说就是病人就医和得到医疗照顾的权利。医疗保障权包括对社会成员的生命与健康得到社会的必要保障，政府为此应当指定相关的政策、法规，通过社会建立基本的医疗保障体制和有效的运行机制，以保证每一个社会成员都能享有平等的医疗保健。具体来说，个人有权在医疗机构进行健康检查，患病时有权得到医疗部门的检查、诊断、治疗等卫生服务。平等的医疗保障权不仅是国家应当创造各种条件实现公民的平等医疗保障，医疗机构和医疗人员也应当切实地保障患者的平等医疗保障权得以实现，但是现实中对患者不平等对待的现象仍常常发生。如某患者病情严重，急需要挂急诊，可是挂号人员在工作时拒绝为其挂急诊，此时，该行为严重违反了《医疗机构管理条例》的规定，侵害了患者平等就医的权利。再如，有些医疗机构对交不起医疗费用的患者停针停药，完全不顾患者的病情，还有的医疗机构对社会地位高的人就用最好的医生和最好的药，并给予特别护理，对一般的患者只给予一般的治疗和护理。这些都是医疗机构对患者平等医疗保障权侵害的表现。

患者享有获得适应的医疗服务的权利，主要包括以下权利：

第一，患者有获得及时救助的权利。当医疗人员对患者的病情作出诊断后，应及时根据诊断结果对患者采取有效的医疗措施。尤其是急诊患者，如果医务人员无故拖延，贻误了治疗的时机，将可能给患者造成不可逆转的损失，由此而必须承担相应的法律责任。

第二，患者有获得费用节省的医疗服务的权利。患者在医疗机构就医，无论是自己付费还是国家或他人付费，都有权利获得费用节省的医疗服务。即病人有权了解其医疗费用实际开支的情况，并有权得到费用节省的医疗，医疗机构及其医务人员也有责任解决病人费用方面的疑问。当前，由于价格改革、先进医疗技术的应用、医疗体制改革等因素，医疗费用猛增，不仅大部分患者及其家庭难以承受，而且我国还处于经济发展相对落后阶段，综合国力有限，国家也没有能力承担如此庞大的医疗费用，加上医疗领域的回扣、提成等不正常现象更是加大了患者的医疗支出。因此，保障患者获得费用节省的医疗服务的权利具有重要的现实意义。

第三，患者有获得为治疗其疾病所必需的基本医疗服务的权利。治疗患者疾病所必需的医疗服务，通常根据患者病情的严重程度不同而有所不同。比如，有的患者患有严重的疾病，而这种疾病暂时还没完全治愈的可能，这时如果患者或其家属提出要求用某种药物、处方或手术去治疗病人，而这些药物或手术是未经验证或评估的，不能证明确实是有效的，此时，医务人员有权利拒绝患者的要求。这样的拒绝，并没有侵犯患者的医疗权利，反而是保障了患者治疗其疾病所必需的医疗权利。因此，患者治疗其疾病所必需的医疗权利会受到医疗发展水平、医疗资源分布水平等等各方面的制约，这种权利不是无限度地实施。

第四，患者有获得医疗机构相关信息的权利。患者有权知道医院病房科室的设置、有关专家及其特长等医疗机构相关信息的权利。患者到医疗机构就医，有权利知道医疗机构的各种服务项目、药品和收费的尺度等各方面的相关信息，而医疗机构也应当主动向患者提供治疗水平、服务、环境等方面的信息，以方便患者及时、便捷地掌握这些信息，可以使患者有更多的选择权，更方便患者的就医。

13 什么是患者合理限度的医疗自由权？其具体内容有哪些？

患者合理限度的医疗自由权是具有行为能力并处于医疗法律关系中的患者，在寻求医疗服务的过程中，经过自主思考，可以就关于自己疾病和健康问题所作出的合乎理性和价值观的决定，并根据决定采取负责的行动，也就是患者有自主决定的权利。其主要内容有：

一、选择权

1.患者有权选择医疗机构、治疗医生。患者在就医时，可以根据自己的需要，选择不同等级(医院等级分为一级、二级、三级，每一级又分为甲、乙、丙三个层次)、不同规模(全国性、地方性以及社区医院)、不同种类(综合性或专科性医院)的医院。即使在实行公费医疗和社保医疗的场合，也有一定范围内自由选择的权利。在选择医生方面，有的医院将各科主治和副主治医生的姓名、专长及出诊时间醒目地张贴在医院的墙壁上，或者印制在病例本上，以供患者了解和选择,患者在选择医生后,如果对所选择的医生不满意,还可以有权要求选择其他医生为其诊疗。

2.在不违反法律法规的前提下,患者有选择出院或者要求转院的权利。如果患者要求出院或转院而医师认为患者病情未痊愈而不宜转院,应告知患者及家属并在医嘱和病历上写明。

3.存在多种诊断、检验、治疗或者用药时,患者有权选择。在存在多种诊断、检验、治疗、用药时,患者有权从中进行选择。医生可以向患者详细解说多样的治疗、检查、用药方法,并分析各自的利弊,患者在了解各种治疗、检查、用药方案后,可以自主地从中选择。例如,在孕检的场合,对于高龄孕妇或有家庭遗传病史的孕妇,可以通过羊膜腔穿刺术来测定胎儿的遗传情形。但是,这种检测方法有一定的漏检率,并不能保证所有胎儿畸形都能被检测出来,而且进行羊膜腔穿刺术,对孕妇及胎儿具有很高的危险性,该方法也可能造成胎儿成为畸形。对于这些情况,医生必须向患者作详细说明,是否接受检测,由患者自己作出选择。再如,在给患者用药时,进口药还是国产药,是用便宜的药还是用贵的药,医生可以向患者作出药品、药效等各方面的详细说明,具体使用哪种药,可以由患者自己作出选择。如果在实施某项检测或手术之前,医方没有完全向患者明确说明检测或手术后风险,导致患者丧失选择检测或手术与否的机会,并造成相应后果的,医方必须承担相应的责任。

二、拒绝权

1.患者行使拒绝权的前提是医方必须适当履行告知的义务。当患者拒绝治疗时,医生仍要履行充分的告知义务,包括告知被拒绝的治疗方法的利弊,以及可供选择的其他措施。如果医生没有做到对患者危险的如实、完整说明,使患者作出拒绝治疗的决定,而给患者造成严重后果的,将会承担相应的法律责任。因为患者只有在对病情、治疗方案、注意事项、可选项目等进行充分的了解后,才有可能作出自己的判断,决定是同意治疗还是拒绝治疗。在患者行使拒绝权后,医生需记录患者的最初检查结果,评估所拒绝的项目在治疗中所起的作用,记录患者是拒绝全部治疗还是拒绝个别治疗项目,对于患者拒绝治疗的内容,医生应作完整的拒绝治疗记录。对所签署的拒绝治疗记录,医生有权要求患者及证人予以签字确认,并应像其他医疗文件一样保存。

2.患者行使拒绝权时应该采取什么样的方式呢?大致有以下三种:(1)患者本人亲自拒绝。患者本人在具有同意能力时,可以对医务人员所做的医疗措施作出拒绝的权利,不过医务人员应该充分履行告知义务。患者的同意能力是说患者意志清醒,具有完全的行为能力,可以清楚、明确地表达自己的意思。(2)生前遗嘱。当患者丧失同意能力之前,有不愿接受某种医疗措施的情况,这时其医疗拒绝权应当如何行使呢?患者可以在具有同意能力时,以书面的形式提前对是否接受某种医疗措施作出明确的表示,通过这种方式,患者可以对自己在面临生死关头无法亲自表达自己的意愿时提前作出安排,像类似这样的状况,医方应当给予尊重。(3)由医疗代理人拒绝。对于患者拒绝权的行使,患者还可以委托代理人代为行使。通常情况下,患者在其意识清醒的时候可以签订一份医疗委托书,指定一名代理人代表患者作出医疗决定。但是,该代理人要想行使代理权,必须是患者丧失了同意能力之后才能行使,如果患者没有丧失同意能力,则代理人作出的拒绝治疗的行为不具有效力。

3.对于患者行使拒绝权,并不是任何情况下都可以行使的,在有些特定的情况下,患者是不能行使其拒绝权的,具体有:(1)为公共利益需要而对患者实施强制性医疗时,患者不能行使拒绝治疗。例如,因传染病或危险性而给社会带来危险的;因严重精神障碍者而可能给患者自己、他人或社会造成危害的;因吸毒而使患者的决定能力受到损害的。但是,如果要对某一精神病人实行强制性入院治疗时,应当遵循严格的程序并向法庭提供证明该患者状况是必须进行强制入院治疗的,如果不强制治疗,会给精神病人本人造成严重损害,或者会给他人或社会造成损害。(2)为保护他人的生命,尤其是保护未出生的胎儿的生命。患者拒绝治疗的行为会严重伤及他人的权利,这时患者就不能行使其拒绝权。例如,为了保护没有出生胎儿的生命健康,孕妇在患有某种疾病时如果拒绝治疗会导致死亡的情况下,不能行使拒绝权。(3)刑法实施的需要。有时为社会利益在刑法实施中收集证据可实施非自愿的医疗程序,如检查疑犯、采血样、冲洗肠胃、取出子弹及其他一些医疗程序。

14 对患者进行诊疗并提供医疗服务是医方的法定义务吗?

医方的法定义务是医方应该做的也是必须做的，是不以有无报酬为条件的。医方的义务来源于社会对医学的需要,决定于人类的健康需要,无论何时,医方都应当把患者的健康需要摆在自己一切工作的首位，抢救患者对每个医生来说都是应该做的,治病救人,解除病痛,挽救生命,是医方不可推卸的责任。对患者进行诊疗并提供医疗服务是医方的法定义务，医方不得随意拒绝为患者治疗和提供医疗服务。

诊疗义务是医生根据患者的要求，运用医学知识和技术，正确地诊断患者所患的疾病，并施以适当的治疗。医生必须承担诊治的义务，以其所掌握的全部医学知识和治疗手段，尽最大努力为患者治病，这是医疗职业特点所决定的。只要选择这一职业，医生就不能以任何政治、社会等非医疗理由来推托为患者治病的义务。实践中，医生在医疗活动中，应当遵守医疗卫生管理法律、行政法规、部门规章和诊疗护理规范及常规，并应使用最简明、迅速以及具有最佳医疗效果的医疗方式进行诊疗，尽最大可能减轻患者的痛苦。

根据相关的规定，医生的诊疗义务可表现为：1.合理检查义务，包括亲自询问病史、查体、开具必要的辅助检查；2.合理地观察注意义务；3.合理地诊断，医务人员有义务根据病史、查体、辅助检查作出合理的诊断，发现已经作出的诊断错误时应该及时修正诊断；4.合理地处置义务，即合理的治疗义务，对诊断不明确、病情不确定而又有一定危险性的病例应该采取留院观察、转诊、会诊的积极措施，不能放任不管或等待。

医方提供医疗服务，也应当按照《执业医师法》和其他有关法律、法规的规定履行义务。医方和患方另有约定的，应当按照约定履行义务，但双方的约定不得违背法律法规的规定，不得损害国家利益和社会公共利益。

15 如何理解医方的忠实义务？

医方的忠实义务包括对患者的忠实和对社会的忠实两方面的内容。此项义务具体包括：

1.医方应当保证其提供的医疗服务符合保障患者的健康和经济利益的要求，不得超过核准登记的诊疗项目开展诊疗活动。医疗机构应按照核准登记的诊疗科目和辅助检查项目开展诊疗活动。诊疗科目名称必须符合卫生部《医疗机构诊疗科目名录》的规定，不得擅自使用不规范的诊疗科目名称。各级医疗机构开展手术，请外院专家会诊时，须在本院执业许可范围内，并应具备相应的条件。

2.提供及时的医疗服务，对于危急患者，应当采取紧急措施进行诊疗，不得拒绝处置危急患者。对于危急的患者，法律要求医疗机构及其医务人员提供适当的医疗服务，采取相应的救治措施，以最快速度到达急救现场，并采用最快的速度对症下药治疗急症患者。一般来讲，实施急救的对象主要是处于生命危机状态，如意识消失、呼吸困难、心绞痛等各种原因所致的休克、急性中毒的患者。医生的这种紧急救助义务一般在接待前来急诊的患者时，或者接到急诊电话时就开始。但是，如果医生在紧急情况下为抢救生命垂危的患者而采取紧急医学措施造成不良后果的不属于医疗事故，医疗机构不承担赔偿责任。

3.医方不得聘用非卫生技术人员从事医疗技术工作。一般情况下，非卫生技术人员即指按照国家有关法律、法规和规章的规定未取得卫生技术人员资格或者职称的人员。但是已取得卫生技术人员资格或者职称的人员，如果从事本专业以外的诊疗活动的行为时，或者已取得医师资格但未经医师注册取得执业证书的人员，也被认为是非卫生技术人员。医方如果使用非卫生技术人员从事医疗卫生技术工作，一方面违反了医方的忠实义务，另一方面对患者的生命健康来说也是极不负责任的做法。

4.未经医生亲自诊查病人，医疗机构不得出具疾病诊断书、健康证明书或者死亡证明书等证明文件；未经医师、助产人员亲自接产，医疗机构不得出具出生证明书或者死亡报告书。此内容主要体现了医方对社会的忠实义务，如有的患者为了其他目的，找医院的医务人员帮忙出具健康证明书或疾病诊断书等，而出具这些证明书的医务人员，有时根本没有见过患者，更别说为患者亲自诊疗了，像这种情况，该医务人员如果出具了相关证明书，就已严重违反了忠实义务，若情节严重的，应承担相应的法律责任。

5.医方应当向患者提供有关医疗服务的真实信息，不得作引人误解的虚假宣传。医方对患者应当提供真实的医疗服务信息，而不能仅仅为了经济利益，而对患者进行虚假的宣传，误导患者到该医疗机构就诊，或者误导患者使用某种药物或者手术，出现这种情况，即使没有给患者造成严重的后果，也将承担相应的责任。

6.医务人员对患者就医方提供的医疗服务的内容、方法、效果、不良反应和副作用等问题提出询问，应当作出真实明确的答复，但应注意避免对患者产生不利后果。在患者进行咨询时，医务人员不应该故意隐瞒患者，应当真实、明确地解答患者的疑问，保障患者的知情权。但是，如果医务人员知道或者应当知道如实回答会给患者造成严重后果，则可以不如实回答。如患者王某家属在王某入院时再三告诉其主治医生，王某曾经因害怕得癌症而一度神经衰弱、精神恍惚，如果真的查出严重的病，希望不要告诉王某。结果在这次入院检查时，确诊王某的确患有癌症，此时王某在向主治医生询问病情时，主治医生就不应当真实明确地告知王某病情，以免给王某造成巨大的心理压力而带来不利后果，这里医生的隐瞒行为并没有违反医生的忠实义务。

7.对因限于设备或技术条件不能诊疗的患者，应当及时转诊。医疗机构及其医务人员应本着实事求是，治病救人的态度对待患者。如果发现患者的病情复杂，而由于本医疗机构的医疗设备、医疗条件、医疗专业人才等的局限不能诊治患者，就应当及时转诊，而不应故意隐瞒实际情况，而贻误患者的治疗。但是，在特别危急的情况下，如患者有生命危险，此时应以抢救患者生命为第一原则，不应提出转诊，待患者病情稳定之后才可以实施转诊。

8.医方提供服务，应当按照有关规定或医疗惯例出具服务单据、病历资料；患者或者家属索要服务单据、资料的，医疗机构必须出具。患者有权复印或者复制其门诊病历、住院志、体温单、医嘱单、化验单(检验报告)、医学影像检查资料、特殊检查同意书、手术同意书、手术及麻醉记录单、病理资料、护理记录以及国务院卫生行政部门规定的其他病历资料。患者要求复印或者复制病历资料的，医疗机构应当提供复印或者复制服务，并在复印或者复制的病历资料上加盖证明印记。复印或者复制病历资料时，应当有患者在场。医疗机构应患者的要求，为其复印或者复制病历资料，可以按照规定收取工本费。

9.提供诊疗场所、舒适的就诊环境、良好的医德、热情的服务态度义务。医疗机构不仅是治病救人的场所，也是一个服务于患者的服务机构，为患者提供一个良好的诊疗场所、舒适的就诊环境、热情的服务态度也是医院履行其忠实义务的具体表现之一。

10.除法律、法规另有规定外，医疗机构以及医务人员应当保护患者的隐私权。

16 医方在出现哪些情况时有注意报告义务?

《医疗事故处理条例》第 14 条规定：发生医疗事故的，医疗机构应当按照规定向所在地卫生行政部门报告。发生下列重大医疗过失行为的，医疗机构应当在 12 小时内向所在地卫生行政部门报告。这里的重大医疗过失行为包括：导致患者死亡或者可能为二级以上的医疗事故；导致 3 人以上人身损害后果；国务院卫生行政部门和省、自治区、直辖市人民政府卫生行政部门规定的其他情形。

一、医疗事故

发生医疗事故时，医方应向卫生行政部门报告。具体报告的内容有：报告单位，报告时间，事故发生的时间、地点、经过、后果（死亡、残废、器官损伤、功能障碍以及其他人身损害后果等）；医患双方当事人的情况；死亡患者是否尸检、尸检结果；初步处理意见等。发生医疗事故医疗机构向卫生行政部门报告的时间一般应当在医疗事故发生后及时报告，也可以按年度报告，但是，《医疗事故处理条例》第14条规定的情形除外。

二、传染病疫情

医方发现传染病疫情时，应及时向当地疾病预防控制机构报告。传染病疫情是患者所患的疾病，如黄热病、霍乱、鼠疫、脑膜炎球菌病、埃博拉出血热、立夫特山谷热、登革热、流行性感冒、日本脑炎、西尼罗热等疾病，会在一定范围内爆发流行，严重威胁其他人的生命安全。医方在为患者检查时若发现传染病病人、疑似病人、病原携带者，即使涉及患者的隐私、秘密等，也必须依法向当地县（区）疾病预防控制机构报告。其医方报告制度的内容大致有：(1)凡属法定传染病中的甲、乙类传染病，疾病监测点内的丙类传染病必须按《传染病防治法》规定及时准确地做好疫情报告。(2)发现甲类传染病和乙类传染病中的艾滋病、肺炭疽、SARS病人，病原携带者和疑似病人时，应立即电话报告防保科，同时填写传染病报卡，由防保科报告市疾控中心，报告时限不得超过6小时。发现乙类传染病病人，病原携带者和疑似病人时于12小时内填写传染病报卡，由防保科每日收集、登记，邮寄致疾控中心。在丙类传染病监测区内发现丙类传染病病人时，应于24小时内报告疫情。遇有传染病爆发流行时，责任报告人应以最快的通讯方式向防保科、疾控中心报告疫情。(3)疫情报告卡必须逐项填写，要求内容确切、字迹清楚、地址详细（城市至室，农村至村），14岁以下儿童需填写患儿的家长姓名，肺结核报卡必须填写“始治方案”。出院时填写“转诊卡”至结核病防治所。(4)疫情上报的同时，要有门诊日志登记，地址详细，病员去向要明了，不得缺项，登记簿必须保留三年。(5)门诊诊断后，由门诊医生填写报卡，并在病历上记上“传卡已报”字样。住院病人由经管医生报告疫情，在临时医嘱栏内写上“传卡已报”，以备查考。(6)医院防保科每月检查疫情报告情况，凡查实漏报病例或漏填肺结核转诊卡，每例扣除相关医生50元奖金，逾期报告者，每例扣除25元奖金。疫情报告纳入医疗质量考核范畴内，并列入科主任年度目标管理考核项目。(7)新参加工作的医生和实习医生必须接受传染病报告培训,学习《传染病防治法》及其实施办法中有关疫情报告的条款,依法落实传染病疫情报告的程序和时限,提高疫情报告的及时性和敏感性,降低漏报率和误报率,杜绝瞒报。

三、涉嫌伤害事件或非正常死亡

发现涉嫌伤害事件或者非正常死亡时,应当按照有关规定向有关部门报告。例如,医方在为患者治疗过程中,如果发现患者所受伤是枪伤,而枪支在我国有严格的管理,一旦医生在治疗时发现,应该在积极治疗的同时向公安机关进行报案。再如,在治疗时本来已经几乎痊愈的患者,突然因窒息或其他原因死亡,而死因蹊跷,医方在无法确认死亡原因的情况下,可以向公安机关报案。

17 医方的不作为义务通常表现为哪些情形?

在实践中,医方的不作为义务主要表现在以下几个方面:

一、医方不得出具各种虚假证明材料

医方应该如实填写出具病历和证明文件,不得随意给患者出具虚假的诊断证明、处方、发票等。如患者本来只是普通的感冒,患者为了在单位请长假,让医生帮忙在诊断证明上出具得了肺炎,此时医生不应出具虚假的诊断证明。

二、发生医疗纠纷后,医方不得涂改、隐匿、销毁医疗资料

医疗纠纷一旦发生,患者的病历、手术同意书、各种检验单据等都是作为解决医患关系的重要证据之一,如果医方随意涂改、隐匿、销毁这些医疗资料,必然使患者维护其权利带来很大阻碍。因此,医方涂改、伪造、隐匿、销毁病历资料的应由卫生行政部门责令改正,给予警告;对负有责任的主管人员和其他直接责任人员依法给予行政处分或者纪律处分;情节严重的,由原发证部门吊销其执业证书或者资格证书。

三、医方不得以医谋私

医务人员为了自己的利益,在患者治疗期间私自接受患者或其家属赠送的物品、钱财等行为,属于典型的以医谋私的行为。情节严重的,要追究该医务人员的刑事责任。

四、医方不得以文书、通知、声明等方式逃避责任,损害患者利益

医方不得以文书、通知、声明等方式,做出对患者不公平、不合理的规定,或者减轻、免除对患者应负的责任,如果实际已损害了患者合法权益的,也应当承担民事责任。

五、不得侵犯患者的身体或限制其人身自由(精神病患者发作期除外)

患者的身体和人身自由是患者本人专属的权利,任何人都不得随意侵犯。医方虽然可以对患者进行诊疗,但是也不能侵犯患者的身体和限制患者人身自由。如医务人员在为患者抽血化验时,本来只需要抽取5毫升的血液,但医务人员为了其他需要,私自多抽取患者10毫升的血液;还有的医务人员在还没有确诊患者疾病的情况下,就强行将患者隔离,限制患者的人身自由,这些都是违反医方不作为义务的。但是,如果患者是精神病,在其病情发作期间,医务人员为防止其病情恶化而采取的限制其行为的方式,则不认为是限制患者的人身自由。

18 什么是取得患者有效承诺的说明义务?

取得患者有效承诺的说明义务,是医务人员为取得患者的有效同意,而对将要给患者实施的医疗行为的有关事项进行说明的义务。基于对患者的生命权和健康权的保护,一切医疗手段只有取得患者的同意,才能使医疗行为合法化。医生有告知医疗的范围、性质、危险等义务,这也是民法中自治及诚信原则的要求,我国《医疗事故处理条例》第11条规定,在医疗活动中,医疗机构及其医务人员应当将患者的病情、医疗措施、医疗风险等如实告知患者,及时解答患者的疑问。

一、诊疗、治疗过程中的说明义务

在诊疗过程中,医生的诊疗主要就是对患者进行检查,对于很多疾病医生无法通过肉眼识别,只能借助医疗仪器对患者进行检查,从而判断患者的身体状况,再针对患者的疾病进行诊疗。医生在确定需要检查的项目后,应向患者及其家属说清检查的目的和意义,使患者理解并同意检查。特别对一些具有一定危险性、过敏可能性较大或者痛苦较大的检查,医生需要作更为详细和清楚的说明,使患者了解检查的程度,消除对检查的恐惧,同意接受检查并能够很好地配合。在获得检查结果后,医方可初步确定患者的病因、病名,以及疾病的轻重,医方应将病情充分告知患者,以达到积极治疗的目的。如果需要再作进一步鉴定诊断,则需向患者说明施行精密检查的必要。

在治疗过程中,当患者的病症被明确后,医生就需要考虑如何为患者治疗疾病,从而需拟定一个具体的治疗方案。医方应尽量用患者能够充分理解的言辞，将治疗方案的性质、理由、内容、预计治疗的效果及治疗的难易程度，以及对患者的侵害范围、危险程度等向患者说明，患者在医生的说明之下，决定是否接受医生的治疗方案。对于治疗方案的说明必须是具体的，如果仅是表面形式的说明，即使患者同意也是无效的，尤其是在手术治疗时，说明义务显得更加重要。患者由于缺乏医学知识，在得知需要手术治疗时大多会表现得紧张、焦虑，甚至恐惧。这时就更需要医生对手术损伤的必然性、治疗的风险性，以及与手术相关的问题等，耐心地对患者作解释，并详细介绍手术的过程和分析有关的情况，从而获得患者及其家属对手术治疗的真正理解和同意。在治疗过程中，使用药物对疾病进行治疗也需要医生的说明。医生针对患者的疾病开处方，要求患者服用一些药物时，应当将药物的适应证，可能带来的副作用及服用药物的剂量等向患者说明，尽可能地避免药物对患者的损害。

二、医生说明义务的免除情形

1.患者对自己的病症非常清楚，即患者对治疗的内容在医学知识方面有充分的认识，对自己的病情非常了解，这种情况下医生可以不用说明。2.患者明确表示放弃医生的说明义务。患者明确表示无需医生说明其病症，为了尊重患者的意愿，医生可以不进行说明。3.病症的危险性极其轻微，并且发生的可能性几乎没有。由于病情轻微，确实没有说明的必要，例如一些常规的医疗，一般人通常知道的。因此对身体的损伤比较轻微的医疗行为，医生也可以不予说明。4.依照法律规定，对于某些疾病，医方享有强制治疗权利，患者负有接受强制治疗义务。例如，法律规定了对结核病防治、性病防治、预防接种等进行强制性治疗，以及对传染病暂时封锁消息等等，医生都可以不履行说明义务。5.由于事态紧急而无法取得患者的承诺，如果医生加以说明则可能对患者疾病治愈带来不利影响。在出现紧急情况时，医生可以出于对患者救助的紧迫性，在没有患者或其家属同意的情况下，对患者进行医疗救助，而不是机械地履行说明义务。6.说明会给患者产生不利后果。医方虽然有将患者的真实情况告知患者的义务，但是如果一味地要求取得患者的有效同意，而据实告知患者病症的具体情况以及痊愈的可能性，而导致患者的身心和精神无法承受重大打击，并使患者陷于不安和悲观的情绪中，甚至自暴自弃阻碍医生的治疗，使病症不断恶化。这样的说明不仅没有达到应有的效果，而且促使治疗向不利的方向发展。所以，为了避免这样的不利结果出现，医生可在这种情形下免除说明义务。

19 对医方的转诊义务是如何规定的?

对于医方的转诊义务,我国《医疗机构管理条例》第 31 条只规定了对危重病人的转诊义务。医疗机构在履行转诊义务时应注意以下几点:

一、转诊只限在设备或技术条件不能诊治的情况

这里的设备和技术条件应理解为:患者在诊疗过程中不可或缺的,无法替代的医学设备和医学诊疗技能。通常有以下具体情形:1.医生不具备或者不完全具备对患者的诊疗能力;2.医疗机构不具备治疗患者的设备、条件;3.不能确诊的疑难复杂病例,如传染性疾病、精神疾病等。

医疗机构认为患者应当转诊的,应当向患者告知以下内容:1.患者的病情与特点;2.转诊的理由和转诊的必要性,医方应当明确告知患者转诊会比不转诊有助于明显改善病情;3.转诊所需要准备的相关材料。

二、医方必须做到及时转诊

有的医院确实没有能力医治患者的疾病,却有意拖延,耽误了患者的病情,这样如果导致不良后果,则应以违反转诊义务为由追究医院的责任。

三、医方只能建议转诊,而不能强迫患者转诊,患者具有自主决定权

患者有权决定转诊治疗,但在病情极不稳定或随时有生命危险的情况下,无论是否转诊,均应签署一份书面文件,说明在临床医师的充分说明和理解基础上作出的最终决定。

四、对危急病人必须进行急救处置

急诊患者必须立即抢救,病情未稳定不得转院。如果限于医院条件,必须转院的,应与对方医院联系,对病史进行记录,途中注意事项、护理等都要作交待和妥善安排,应患者要求或征得患者同意,医院应派救护车及医务人员护送。《医疗机构管理条例》第 31 条虽然没有对此作出明确的规定,但是,在为急危患者进行转诊时,医疗机构还是必须进行相应的急救处置。

五、转诊程序要合法

首先,医疗机构因限于设备和技术条件,对不能诊治的病员,应由科内讨论或由科主任提出,经医务科报请院长或主管业务的副院长批准,提前与转入医院联系,征得同意方可转院。《医院工作制度》也规定:“凡决定转诊、转科或转院的病员,经治医师必须书写较为详细的转诊、转科或转院记录,主治医师审查签字。转院记录最后由科主任审查签字。”其次,如估计途中可能加重病情或死亡者，医疗机构应留院处置，待病情稳定或危险过后再行转院。较重患者急需转院时，应在急救的处置后，派医护人员护送。最后，患者转诊时，应将先前的治疗状况、病历、检查化验单等随病员转院一并转移给转入后的医院。

六、医方违反转诊义务或者未尽转诊义务有可能不追究民事责任

违反转诊义务在以下情况时医生不承担民事责任。其一，医生已经向患者尽到说明义务的前提下，患者不同意转院。不同意转院的原因是多种的，如医疗机构是单位定点医院，患者转院会产生相应的报销等问题。现实生活中，这是患者不同意转院的最常见原因。对于这种患者知道医院没有治疗能力仍不同意转院的，由此产生的责任应由患者自行承担。其二，患者的病情已不具备转院条件，如路途遥远，而患者病情危急，转院将产生危险时，可不转院，而应当在条件许可的情况下请有关专家来院会诊、治疗。医方未尽转诊义务而追究其民事责任时，不能一概而论地由医方对患者承担全部赔偿责任，而应该实事求是地分析医方违反该义务的行为与造成损害后果之间是否有因果关系，从而准确确定医疗机构是否应承担责任。

20 医方的附随义务有哪些?

医患合同中医方的附随义务是医方为促进实现诊疗义务，使患者的合法权益获得最大满足和保护而应履行的职责。一般情况下，医方的附随义务没有明文约定，而主要体现在相关法律和规章中。概括起来主要有：注意义务、疗养指导的说明义务、保密义务。

一、医疗注意义务

在医患关系当中，医生借助专业优势，处于主动地位，医生的注意义务就是对行医行为的一种约束和限制。医生的注意义务是一种建立在长期专业训练基础上的高标准的职业注意义务，它不仅要求医生在诊疗过程中保持小心和谨慎，对疾病的发展和诊疗措施的后果要有明确的预见能力，并能采取相应的措施予以避免，而且作为一种关乎患者的生命和健康的特殊职业，在客观条件允许的情况下，还有追求最佳的治疗效果的义务。具体来说，在整个诊疗过程中，是否遵守了相关法律法规的规定，是否按照诊疗常规进行操作，是否恰当履行了结果预见义务和结果回避义务，是否存在责任豁免的理由等等情况都是医疗中医生应注意的义务。

这里我们将医疗注意义务分为：1.一般注意义务，也称善意注意义务或保护义务，是在医疗过程中，医生必须履行依医疗规章所规定的操作规程。它包括诊断、治疗、手术、注射、麻醉、输血、用药、护理过程，在医院内的感染等方面的结果预见义务。对这些义务的违反就是对一般注意义务的违反。2.特殊注意义务，是指在具体的医疗服务过程中，医务人员对每一环节的医疗行为所具有的危险性加以注意的具体要求。医务人员对患者具有提供医疗服务的义务，并且对于患者所发生的疾病以及疾病、治疗所引起生命健康上的危险性，具有预见和防止的义务，也即高度危险注意的义务。

在医疗实际中，医疗注意义务主要表现为：1. 不得任意终止诊疗护理服务。一般情况下，患者对自己的病情了解只是通过自我的感觉来判断，很多时候病情并未治愈而患者自我感觉良好，就认为自己已经好了，或者患者出于经济等方面的原因，希望尽快结束治疗。医方应尽可能地从保护患者身体健康的角度出发，客观全面地分析患者的病情，实事求是地决定是否终止诊疗护理服务。除非患者不听劝阻强行出院，医方不得随意终止诊疗护理服务。2.保护患者安全。除了必须提供安全的诊疗措施之外，患者在医院的安全问题，根据不同的情况医方负有不同的义务，这些义务是诊疗义务之外的。例如，走廊洒水时容易造成患者摔倒，医方则有义务在打扫时采取必要的措施，防止患者摔倒。再如，发现恶性传染患者入院，医方则有义务采取必要的措施，防止其他患者受到传染，尤其是在安排病房时，应注意防止患者交叉感染等，以免患者安全遭受新的威胁。3.遗体保护义务。患者死亡，诊疗便失去意义，医方的诊疗义务遂告终止，但是医方由此有了新的附随义务，即有保护患者遗体的义务。例如，停尸房应安全，防止他人或者动物损害患者遗体；再如，没有患者遗嘱或者亲属的同意，不能对患者的遗体进行解剖、摘取器官等。

二、疗养指导的说明义务

病人基本病情治愈后，医生有义务以口头或者书面的形式告知患者今后应当如何调理疗养，以及生活和饮食的宜忌等。由于每种疾病的治疗方式各异，对于服用药品的方法、饮食上禁忌、病情等也各不相同，一旦患者出院后，医生如果没有明确告知患者，患者由于不知道这些相关常识，很容易旧病复发，影响治疗的预期效果。例如，轻度神经衰弱的患者，在出院后应尽量防止外界的刺激和过度疲劳，以减少疾病发作的可能性。

三、保密义务

在治疗过程中，病人必须对医生真实告知各种情形，从而医生对病人负有保密义务。一般来说,具有保密性质的信息应当具备两个条件:其一,这些信息只能为一定范围内的人所知晓;其二,依照客观理由该信息对病人具有保密利益。在医疗上可以称之为患者“秘密”的信息包括:患者的私生活事项、私生活的内容;患者身体上的特殊性;对患者本人不利的某种性格上的特征、精神上的异常现象等等;需要注意的是,与疾病相关的信息之外的有关患者职业上和财产方面的信息也应该属于保密的范围。但是,只有一种情况下是例外的,即当患者的秘密涉及公共利益时,医生非但不能给予保密,还应当及时向有关部门报告。例如,病人患有非典型性肺炎,医生应及时向疾病预防控制机构报告。

21 如何理解医生在治疗中的主导权?

在治疗过程中,医生享有诊断权、处方权、处置权等,医师有权询问患者的家庭病史、患者个人生活状况,医师有权要求患者做各项检查,有权决定治疗、处置方案。因此,在整个治疗过程中,医生都处于主导的位置。因此,医生在治疗中的主导权就主要包括以下几种权利:

一、诊断权

诊断权是医生在执业活动中,可以根据患者的生理、心理、社会因素所引起的疾病表面特征,下达为了明确诊断而必须实施的各种医学检查、操作的医嘱。简单来说,就是医生对患者要进行各种医学检查,通过各种检查来明确诊断患者具体得了什么病,然后再制定如何具体治疗的方案。医生在行使诊断权时,应当按照实事求是的原则要求或者建议患者进行必要的医学检查,不能要求患者进行一些非必要项目的、费用昂贵的医学检查,否则,有可能构成权利滥用。患者对医生的诊断权,应当尽可能地予以配合,不然很难获得满意的医疗效果。但是,这并不表示患者对医生的诊断、治疗必须绝对地服从,对于医生下达的医学检查医嘱,患者也有予以拒绝的权利。对于患者拒绝按照医师要求进行医学检查的,医师应当要求患者以书面形式签字确认,存入患者的病历。如果因患者拒绝进行执业医师要求或建议的医学检查而导致医疗行为无法继续进行,那么,因此发生的不测,责任由患者承担。但在一些特殊情况下,医生必须征得患者或其家属的意见,如手术、特殊检查时等等。

二、处方权

所谓处方权，就是医师可以根据患者的病情来具体选用哪种处方类或者非处方类药物。医生在取得了执业医师资格后,必须要在所执业的医疗机构进行处方权登记,个体开业者要在卫生行政管理部门登记,登记后方能取得处方权。但这种处方权仍然是有一定限制的,医生只能在其执业的范围内行使其处方权,除非是为了抢救危重病人或科室轮转学习等特殊情况下,可以超出范围开处方,否则就是滥用处方权。滥用或超越处方权而造成不良后果的,医生对自己的过失行为要承担相应的法律责任。

三、处置权

这里的处置权是医学上的处置权,是指医生通过疾病诊断和疾病调查确定患者病情后,有权根据患者确诊的病情,对患者采取各种必要的治疗措施。这些治疗措施包括:服药、注射、输液、封闭、牵引、按摩、针灸、推拿、化学治疗、放射治疗、介入治疗、手术、内镜治疗、理疗、中医中药治疗、中西医结合治疗、基因治疗、低温治疗、微波治疗、透析治疗、射频治疗、高压氧治疗、移植技术等等。医生的处置权具有独立性,医生在行使医学处置权时,任何人不得非法干预,患者应尽可能地对医生的处置权予以尊重和服从。因此,医生行使该项权利时应尽量做到小心谨慎,不能随意行使。具体来说,医生在行使处置权时,应尽可能地做到以下几个方面:

1.医生应尽可能减少医学侵害、缩短治疗时间,而取得最好的治疗效果。具体体现为:(1)在确诊患者病情后,能够采用常规治疗措施的,一般不采用特殊治疗措施。常规治疗措施主要是服药、注射、输液等。对于采用特殊治疗措施的,应当经过患者申请,且医生在接到患者申请后应当向患者解释常规性治疗和特殊性治疗的具体过程及后果。(2)能够采用无创性治疗措施的,不采用有创性治疗措施,能够采用微创技术治疗的,不采用创伤较大的技术。(3)用药的顺序应当按照一、二、三级逐步升级的方式进行,尤其是用抗生素。医生应尽可能地少用药物,能够单一用药的,不联合用药,能联合使用两种抗生素的,就不使用三种。(4)绝对不能通过开具大处方,加重患者的额外经济负担。在此需要明确的是,这并不包括让患者支出最少的医疗费。在实践中,很多人把这个注意事项理解为“让患者花最少的钱,取得最好的疗效”这样的认识,这种认识是一种不正确的理解。相反,医生有时为了确保对患者的医学侵害程度最轻,缩短治疗时间,常常要用疗效显著的药物,而疗效显著的药物,往往价格不菲。

2.尽可能地不加重患者病情。患者就医的目的是治疗疾病,而医生也希望能尽快治好患者,但是如果医生治疗后病情越严重,则必然引起患者不满,容易导致纠纷的发生。因此,不加重患者病情就要求医生行使处置权时要本着以下原则:第一,任何诊疗措施的使用都必须以患者的安全为首要原则。第二,除自然转归或者不可避免的手术并发症等自然因素和不可抗力等法定因素外,医生不得因为自己对患者诊疗行为的实施而加重患者的病情。如果诊疗行为不仅没有缓解患者的病情,反而加重了患者的病情,则有可能酿成医疗事故。

尽管医生在行使处置权的时候尽可能做到不加重患者病情,但在现实中,行使处置权仍然存在一定的风险,通常表现在两个方面:一方面表现在患者的个体体质差异和对医疗方案的不同反应性上。对于同一种疾病,按照医疗操作常规,可以有相同的、常规的诊疗方案,但不同的患者却有不同的体质,不同的体质对于同样的诊疗方案会有不同的反应,有的会出现正反应,表现为疗效明显,有的则会出现负反应,表现为疗效不明显甚至出现病情加重症状。另一方面,每一个治疗方案在发挥正面作用的同时,也可能会引起负面作用,也就是出现明显的医学侵害的问题。拿百姓的话来说,就是会出现一定的副作用。例如,青霉素可以解热、镇痛,防止血液处于高凝状态,改善循环,但青霉素却可能引起消化道出血。

总的来说,医生行使医学处置权时应尽可能做到不加重患者病情,但在现实中行使处置权时会产生一些风险,而这些风险常常引起医患纠纷。所以,要求医生在行使医学处置权时必须严格遵循医疗操作规程,在用药及手术前一定要将有关风险如实、全面地告知患者,并将这种告知以书面形式体现出来,以避免纠纷的发生。

四、疾病调查权

为取得患者病情的最客观结论,并为患者制定正确的诊疗方案创造条件,医生有权询问就诊患者的病史。患者的病史包括:患者的现病史、以往病史、个人史、家族史等等。由于有的患者的疾病和其病史有紧密的关联,所以,有些疾病必须通过病史,医师才能有准确地判断。此时,为了医生能更好地诊断疾病,患者有义务如实陈述自己的病史。实践表明,患者对病史的陈述越客观、越具体,医生对于患者的疾病判断得就越准确。患者对病史的陈述,很多时候会不可避免地涉及到患者的隐私,对此,医生对患者病史的陈述要给予充分的保密。

需要注意的是,医生对于患者的疾病判断和诊治不能仅仅依赖于患者的病史陈述,对于有疑问的病史陈述,有条件的情况下,医生甚至还应当进行实地调查,以便更准确地诊断患者病情。其原因有:第一,患者毕竟不是医生,对医学专业相关信息认识和掌握是非常有限的,患者对自己病史描述的信息,并不一定能清楚、具体地反映与疾病相关性；第二，患者出于不好意思或对个人隐私保密的考虑，其关于病史的陈述并非一定能反映客观情况。在实际情况中，如果医生仅仅依赖于患者的病史陈述而从事医疗行为，那么一旦出现不良后果，则医院不能免除其责任。

五、医学证明文件出具权

医生有权根据需要，出具有关患者在医疗机构诊治的全部或者部分医学证明文件的权利。医学的证明文件通常包括：病历摘要、病休证明、诊断证明、评残证明等。医生出具医学证明文件，必须注意以下问题：

1.证明文件必须实事求是，也就是说，医生出具的医学证明文件必须有依据，这些依据包括对患者的身体检查情况、病史等。由于医生开具的医学证明文件可能涉及到患者的切身利益，例如，医学证明文件可能涉及到患者的就业、评残、工伤认定，甚至涉及患者的刑事责任、保外就医、监外执行等，因此，医生必须保证开具的医学证明文件内容真实、客观。否则，有可能因涉嫌伪证而承担法律责任。具体来说，医疗机构不得为没有经过医生诊疗的病人出具疾病诊断书、健康证明或者死亡证明书等医疗文书，也不得为没有经过助产人员、医生、护士亲自接产的婴儿出具出生医学证明或者死产报告书等。

2.证明文件的语言应当准确，文件的内容只能和患者的病情及医疗行为有关，与病情及医疗行为无关的内容不能出现在证明上。《医疗机构管理条例实施细则》的第60条明确规定：“医疗机构为死因不明者出具的《死亡医学证明书》，只作是否死亡的诊断，不作死亡原因的诊断。如有关方面要求进行死亡原因诊断的，医疗机构必须指派医生对尸体进行解剖和有关死因检查后方能作出死因诊断。”

3.证明文件的出具医生，必须是对证明文件涉及的患者实施医疗行为的医生。《执业医师法》第23条对此也作出规定：“医师实施医疗、预防、保健措施，签署有关医学证明文件，必须亲自诊查、调查，并按照规定及时填写医学文书，不得隐匿、伪造或者销毁医学文书及有关资料。医师不得出具与自己执业范围无关或者与执业类别不相符的医学证明文件。”

22 在什么情况下，医方可以对患者行使特殊干涉权？

特殊干涉权通常是说医疗机构为完成法律、行政法规明确的义务，而对患者采取的强制治疗或者强制控制的权利。也就是说，医方为了最大限度地保障患者身体健康或者大多数人的生命健康，而有可能违背患者的自身意愿，进行强行控制、治疗的一种权利。在以下情况，医方可以对患者行使特殊干涉权。

一、出现强制治疗的情形

1.强制隔离治疗权。其主要法律依据有《传染病防治法》第4条规定："对乙类传染病中传染性非典型肺炎、炭疽中的肺炭疽和人感染高致病性禽流感，采取本法所称甲类传染病的预防、控制措施。其他乙类传染病和突发原因不明的传染病需要采取本法所称甲类传染病的预防、控制措施的，由国务院卫生行政部门及时报经国务院批准后予以公布、实施。省、自治区、直辖市人民政府对本行政区域内常见、多发的其他地方性传染病，可以根据情况决定按照乙类或者丙类传染病管理并予以公布，报国务院卫生行政部门备案。"第39条规定："医疗机构发现甲类传染病时，应当及时采取下列措施：1.对病人、病原携带者，予以隔离治疗，隔离期限根据医学检查结果确定；2.对疑似病人，确诊前在指定场所单独隔离治疗；3.对医疗机构内的病人、病原携带者、疑似病人的密切接触者，在指定场所进行医学观察和采取其他必要的预防措施。拒绝隔离治疗或者隔离期未满擅自脱离隔离治疗的，可以由公安机关协助医疗机构采取强制隔离治疗措施。医疗机构发现乙类或者丙类传染病病人，应当根据病情采取必要的治疗和控制传播措施。医疗机构对本单位内被传染病病原体污染的场所、物品以及医疗废物，必须依照法律、法规的规定实施消毒和无害化处置。"《执业医师法》第28条规定："遇有自然灾害、传染病流行、突发重大伤亡事故及其他严重威胁人民生命健康的紧急情况时，医师应当服从县级以上人民政府卫生行政部门的调遣。"

2.强制性戒毒权。强制戒毒是对吸食、注射毒品成瘾人员，在一定时期内通过行政措施对其强制进行药物治疗、心理治疗，以及法制教育、道德教育，使其戒除毒瘾。《强制戒毒办法》第5条明确规定："对需要送入强制戒毒所的吸食、注射毒品成瘾人员（以下简称戒毒人员）实施强制戒毒，由县级人民政府公安机关决定。强制戒毒决定书应当于戒毒人员入所前交给本人。强制戒毒决定应当自作出决定之日起3日内通知戒毒人员的家属、所在单位和户口所在地公安派出所。"强制戒毒期限一般为3~6个月，对强制戒毒期满，仍没有戒除毒瘾的戒毒人员，强制戒毒所可以提出意见，报原作出决定的公安机关批准，延长强制戒毒期限，但是，强制戒毒期限连续计算最长不能超过1年。

3.强制推行计划免疫接种权。《传染病防治法》第15条规定:"国家实行有计划的预防接种制度。国务院卫生行政部门和省、自治区、直辖市人民政府卫生行政部门,根据传染病预防、控制的需要,制定传染病预防接种规划并组织实施。用于预防接种的疫苗必须符合国家质量标准。国家对儿童实行预防接种证制度。国家免疫规划项目的预防接种实行免费。医疗机构、疾病预防控制机构与儿童的监护人应当相互配合,保证儿童及时接受预防接种。具体办法由国务院制定。"

4.强制进行体格检查权。《食品卫生法》第26条规定:"食品生产经营人员每年必须进行健康检查;新参加工作和临时参加工作的食品生产经营人员必须进行健康检查,取得健康证明后方可参加工作。"《母婴保健法》第7条规定:"医疗保健机构应当为公民提供婚前保健服务。"《婚姻法》第7条规定:"患有医学上认为不应当结婚的疾病,禁止结婚。"

二、出现必须治疗的情形

由于医患关系的建立以患者接受医疗机构诊疗为前提,因此,是否接受医疗机构的治疗,在一般情况下取决于患者的自由意愿。也就是说,作为一名患者是有权利拒绝医疗机构的治疗。但是,如果患者的拒绝治疗对患者明显不利并且将会给患者带来无法挽救的严重后果,或者患者拒绝治疗的意思表示并不明确,或者患者拒绝治疗时的情绪处于极其不稳定的状态,或者患者系无民事行为能力人或限制民事行为能力人,或者患者在药物作用下认识能力已经受到严重影响,医疗机构为完成医疗行为,有权对患者实施特殊干涉。例如,精神病患者、自杀未遂等患者拒绝治疗时,甚至患者想要或正在自杀时可强迫治疗或采取约束措施控制其行为;对需要进行隔离的传染病患者的隔离。具体来说又有以下几个方面:

1.紧急处置权。这是基于法律的授权,在《执业医师法》第24条规定:"对急危患者,医师应当采取紧急措施及时进行诊治;不得拒绝急救处置。"这是医方对急危患者的一种处置权。如警方或好心人从马路上将一个昏倒的病人送入医院,情况危急处于昏迷状态,必须做手术,这时谁都不知道病人姓啥名谁,也没有监护人在场,此时医生有紧急处置权。

2.对精神病人及其他无行为能力人及限制行为能力的人的处置权。这主要是基于监护人的授权。监护人有两种:一是病人的亲属;二是国家,如民政局以及社会福利院对其所收养的未成年孤儿的监护权。由于患者为精神病人、其他无行为能力人或限制行为能力的人，无法准确表达其意志，所以只要是其监护人对医方进行授权，医方就享有对此类患者的处置权。

3.强制推行新法接生及产妇必须到医院（保健院）生产的强制性规定。《母婴保健法》第 4 条规定："国务院卫生行政部门主管全国母婴保健工作，根据不同地区情况提出分级分类指导原则，并对全国母婴保健工作实施监督管理。"第 14 条规定："医疗保健机构应当为育龄妇女和孕产妇提供孕产期保健服务。"之所以这样规定，主要是为了保障生产妇女和婴儿的人身安全。

4.强制处置尸体权和对尸体的强制解剖权。《传染病防治法》第 46 条规定："患甲类传染病、炭疽死亡的，应当将尸体立即进行卫生处理，就近火化。患其他传染病死亡的，必要时，应当将尸体进行卫生处理后火化或者按照规定深埋。""为了查找传染病病因，医疗机构在必要时可以按照国务院卫生行政部门的规定，对传染病病人尸体或者疑似传染病病人尸体进行解剖查验，并应当告知死者家属。"此类规定主要是出于对社会整体利益的考虑，之所以对尸体进行处置，主要是防止疾病再次扩散和蔓延，给更多人的生命健康造成威胁。但需要注意的是，医疗机构在对患者实施特殊医学干预时，医疗人员事前应当对患者或者患者亲属予以解释并尽量说服患者或其家属，满足患者或其家属的知情同意权中的知情权。由于医疗机构在此种情形下行使特殊干涉权，在客观上限制了患者的知情同意权中属于同意权的部分，因此，特殊干涉权行使的全部风险责任将由医疗机构承担。为避免风险，医疗机构对于该项权利的行使必须谨慎，如果决定行使该项权利，则事前必须要对诊疗效果有明确的评估，同时，应当将患者拒绝接受治疗的事实在客观性病历上记载清楚，将必须予以治疗的理由在主观性病历上详细予以记录。

三、出现必须向患者善意隐瞒病情的情形

在有些情形下，由于患者的承受能力、自我控制能力等各方面的原因，会造成患者在知道自己的病情现状或者病情后期发展情况后，容易情绪失控，例如拒绝治疗、情绪消极不配合治疗，或者出现自杀等极端的行为，这样会严重阻碍医疗机构正常的医疗行为，医疗的效果也可能会受到重大的影响。此时，医疗机构可以行使特殊干涉权，一般表现为善意地向患者隐瞒病情和病情以后的发展情况，但对于患者亲属，医疗机构应当实事求是地通报相关信息。对此，《医疗机构管理条例实施细则》第 62 条作出相关规定："医疗机构应当尊重患者对自己的病情、诊断、治疗的知情权利。在实施手术、特殊检查、特殊治疗时，应当向患者作必要的解释。因实施保护性医疗措施不宜向患者说明情况的,应当将有关情况通知患者家属。”

23 什么是医疗行为豁免权？具体哪些医方行为可以获得豁免？

医疗行为豁免权是医疗机构和医务人员在对患者实施合法诊疗行为时所造成的难以预防的不良后果和不受追究的权利。享有该项权利的行为人必须合法,应当是依照法律许可从事诊疗活动的医疗机构和医务人员。未取得医疗机构执业许可证、执业医师证书、护士执业证书的单位和个人从事诊疗活动,属于非法行医。该项权利只适用于从事诊疗活动的医疗机构和医务人员所进行的合法诊疗活动,如果医务人员实施了非法的诊疗活动,造成人身损害的,仍然要承担相应的责任。现实中,医疗机构和医务人员在以下情况时具有医疗行为豁免权：

第一,医务人员正当地行使医疗行为,如医生为保全患者生命为其截除病肢等行为。对于这里的“正当”,我们从以下几方面理解:1.从事法律所允许或者社会所认可的合法职务;2.具有一定的专业知识和业务能力,一般都持有有效的专业资格证书;3.履行职务的行为,应当遵守职业操作规范和规章制度,不逾越业务范围等。医务人员正当地行使其职权,即使造成患者重伤或死亡的情形,医务人员也具有医疗行为豁免的权利。例如,医院为某一连体的婴儿做手术,由于这种手术本身就具有很大的风险性,只要医务人员在手术中没有重大过失或者故意行为,而是正当地行使了医疗行为,即使最终手术失败,两个连体的婴儿都死亡,对医务人员也不应当追究责任。

第二,只有相关法律条例有规定的情形,才应当负法律责任,对于一般的医疗过失,医方享有豁免权。例如,某医院护士将6床患者的药物误注到8床患者身上,但没有造成不良后果。6床患者要求医院赔偿,医院批评了该护士,但以未造成不良后果为由,不同意赔偿。后来6床的患者起诉到法院,法院亦以未造成不良后果为由,裁定不予受理。规定医方的该项权利,并不是部门保护主义,而是基于对医疗行为的职务性、高风险性等特征和服务成本与诉讼成本问题的充分考虑,体现了对医患双方都有利的原则。

第三,医务人员为了使公共利益、本人或者他人的人身和其他权利免受正在发生的危险,不得已采取损害另一种合法利益的紧急避险行为,即使医务人员采取的紧急救治失败，没有挽救到患者的生命也不应追究医务人员的责任。

例如,某男青年心脏部位受刀伤导致心包填塞,并且呼吸心跳已停止,于是被送到某大型医院急救。在不知道患者来历也联络不到家人的情形下,值班主任果断决定为其立即行开胸修补心脏手术,后来手术成功,挽救了患者的生命。对于这种紧急情况下该医院没有手术同意而进行手术的行为,医方享有豁免权。

第四,医务人员在为患者实行有重大伤害、较大危险性的医疗措施,以及进行试验性治疗时,必须取得患者的同意才行。医务人员在完全履行了告知义务后,享有豁免权,不会对造成的危害结果承担责任。但是,如果患者是无行为能力人、限制行为能力人,且又无监护人在场时,医务人员可以不告知。例如,赵某妻子在医院难产,医生建议应当及时手术,不然产妇和孩子都有危险,赵某坚决不同意,拒绝为妻子签字做手术,妻子最终心肺衰竭而死,导致一尸两命,此种情况下,患者应对自己的选择承担责任,医生不应对患者的死亡承担责任。

第五,医务人员基于对患者的信赖而享有一定的医疗行为豁免权。这里的信赖是医务人员根据共同的准则或规则行使医疗行为时,只要不存在特殊的情况,就应当信赖患者也会根据共同的准则或规则行事。举个例子来说,张某要求进行整形手术,将长脸改短,医生对其进行检查后,认为患者确实属于长脸综合征,可以进行手术。手术前,主刀医生及麻醉科主任向张某详细交待了手术前不能进食等注意事项及在术后可能出现的各种并发症,张某明确表示自己手术前没有吃任何东西,并在《麻醉同意书》上签字。手术后不久,张某因胃内容物反流到呼吸道而窒息死亡。主刀医生这一行为被公安机关刑事侦查,最终,法院根据信赖原则认为,医方不应对本事件负责,并作了撤案处理。

24 医生能不能拒绝治疗?在什么情形下医生可以拒绝治疗患者?

患者在医疗过程中有一定的自主选择权,那么医生是否有拒绝治疗的权利呢?答案是有。因为我国法律关于医务人员不得拒绝治疗的唯一规定仅见于《医师执业法》第24条及第28条关于"对急危患者,医师应当采取紧急措施及时进行诊治;不得拒绝急救处置"和"遇有自然灾害、传染病流行、突发重大伤亡事故及其他严重威胁人民生命健康的紧急情况时,医师应当服从县级以上人民政府卫生行政部门的调遣"的规定。可见,现行法律规定的医务人员"不得拒绝治疗",仅限于"急危患者"和"突发事件"这两种情形。除了这两种特别情形,并无医务人员不得拒绝治疗的规定。因此,在以下情形下,医务人员有拒绝治疗患者的权利。

一、医务人员人身权利遭受威胁或不法侵害

我国宪法第37条规定:“中华人民共和国公民的人身自由不受侵犯。”人身权是宪法赋予每一个公民的最基本权利,对医务人员当然也不例外。所以,当医务人员人身权利遭受威胁或不法侵害时,当然有权拒绝治疗。尤其当今医患关系紧张,医务人员的人身权利屡遭不法侵害,甚至杀害医务人员的情形也时有发生,这一权利的规定也显得尤为重要。例如,在某医院就发生过一起一个自称是“检察官”的人,用手枪逼着医务人员先为其儿子治病(包扎伤口)的恶性事件。当类似情况发生时,医务人员有拒绝治疗的权利。

二、医务人员的人格尊严遭受侮辱

我国宪法第38条规定:“中华人民共和国公民的人格尊严不受侵犯。禁止用任何方法对公民进行侮辱、诽谤和诬告陷害。”民法通则第101条规定:“公民、法人享有名誉权,公民的人格尊严受法律保护,禁止用侮辱、诽谤等方式损害公民、法人的名誉。”医患双方的人格尊严都应当受到同等的法律保护,因此,当医务人员的人格尊严遭受侮辱时,也享有拒绝治疗的权利。在某医院曾经发生过这样一起事件:一位年轻护士在为一男子作静脉穿刺时,第一针未能打中,当这位护士准备为其作第二次穿刺时,这位男子竟当众大声叫喊:“你再不打中,我就强奸你!”这位护士遭此羞辱,竟流着眼泪为其做完了第二次穿刺。该案说明,现实中对医务人员进行任意羞辱的情况也是时常发生的,如果医务人员的人格尊严遭受侮辱时,而不能拒绝治疗,则意味着对医务人员的人格尊严侵犯而不予保护,是有悖于法律规定的。因此,当医务人员的人格尊严遭受侮辱时,有拒绝治疗的权利。

三、病人不配合治疗

患者到医院就医的目的是治病,而医务人员也希望将患者治好,因此,医患之间必须有行为上的互动。然而,在整个医疗过程中,医患之间由于在医学知识上的差异,医务人员必须处于主导地位,而患者只能处于配合地位,若患者不配合医务人员的治疗,再高明的医务人员也不可能将患者的病治好。所以,当患者不配合治疗时,医务人员往往也无能为力,只能行使拒绝治疗权,请患者另请高明。

四、患者及其家属违反院纪院规,又不听劝阻

患者服从治疗、遵守医嘱、遵守医院的纪律和规章,是医患关系中的一种基本规则。医院的纪律和规章的制定，如在医院不得大声喧哗、必须爱护公共财物、遵守作息时间、限定患者亲友的探视时间等等，都是为了维护整体患者的利益，保证患者能获得有效的治疗。因此，医方有权对患者违反医院纪律规章的行为加以劝阻或制止，当劝阻或制止无效时，为了不影响其他患者的休息和治疗，医方有权拒绝治疗，甚至责令其出院。

五、当患方向医方提出不切实际的过分要求，又不听劝阻

由于现代医学的飞速发展，使人们对医学的期望过高，有的患者或家属往往会对医院提出许多不切实际的过分要求。例如，南京有一患者在做手术前要求医院必须保证不会产生任何手术并发症才肯在手术同意书上签字。尽管做这个手术成功率非常高，但是任何手术都不可能是万无一失的，由于个体的差异性，任何医院都不可能保证手术后不会产生任何手术并发症。由于患方的要求不切实际，超出了医学科学所能达到的期望值，理所当然地被医院拒绝。对于一些疑难杂症患者，基于急于治病或者其他目的，在医疗行为进程中会主动要求医疗机构对其进行实验性临床医疗。对于该种要求，基于对医学创新的鼓励，一般情况下，医疗机构常常会接受。但是，有些患者的个体体质并不一定适合实验性临床诊疗，此种情形出现后，医疗机构处于对患者保护和诊疗结果风险的考虑，应当拒绝患者及其亲属的要求。

虽然在医患关系中，患者对医疗机构的医疗行为处于配合的法律地位，但在实务中，常常有患者提出一些不合理甚至是危险的诊疗要求。此种情形下，医疗机构的工作人员应当给患者讲清有关的诊疗知识，同时拒绝患者的不合理要求。如果对患者不合理的诊疗要求医疗机构不予拒绝，那么一旦患者出现不良后果，则医疗机构要承担法律责任。医疗机构之所以在此种情形下要承担责任，原因是，在医患关系进程中，医疗机构不仅是医疗行为的实施主体，而且还是医疗行为的责任主体，医疗机构在医疗行为中有审慎保护患者的义务。

六、病人欠费或拒付费用

由于我国尚未实行全民免费医疗，所以“按章交费”就成了患者守法和道德的底线。若患者只享受医疗服务而拒付医疗费用，医院将很难继续维持下去。因此，2002 年 8 月 3 日，卫生部和公安部公告都对此作出规定：“患者就诊、治疗要按章交费，不得以任何理由拒付诊疗费用；医疗机构出具有效的出院通知后，住院患者不得以任何理由长期占据病床拒不出院。”

七、当医务人员成为该病人的被告

正常的医患关系必须建立在相互信赖的基础之上，但当医方成为该病人的被告时，医患双方的关系则成为诉讼中的原告和被告的关系，二者的立场发生了变化，此时若仍然保持医患关系，必将给医方带来非常不利的影响。因此，在这种情况下，医方就有权拒绝治疗。

医方行使拒绝治疗权，是医方当事人的一种法律权利，而不是法律义务。即医方可以行使其拒绝治疗权，也可以不行使。作为医方，应尽可能本着“救死扶伤、治病救人”的宗旨，若非万不得已，不要轻易行使拒绝治疗权。例如，患者出于一时的误解而出言不逊时，医方可以给予最大限度的忍让并予以耐心说服解释，以得到患者的理解与配合。但是，如果像上面谈到的用枪支武器强迫医生必须先替其治疗的行为，医务人员不仅有权拒绝治疗，而且还可以通过司法途径依法追究其刑事责任。再如，有时医务人员面对的可能是急危病人，按理医方是不得拒绝救治的，但这时如果病人或家属拒绝在手术协议书上签字，或者因为患方的误解而对医务人员产生过激行为，甚至威胁到医务人员的人身安全时，医方仍可以拒绝治疗。

25 对于特殊患者的欠费问题，医疗机构怎么办？

医方提供医疗服务后，有权要求患者支付相应的医疗费用。医方为患者提供医疗服务，根据我国《民法通则》规定的等价有偿原则和公平原则，有权就其服务向患者收取医疗费用。在患者发生欠费的情况下，医疗机构有权向其追偿。根据一般服务交易规则，服务接受方拒绝按照服务方要求先行缴纳服务费或者所交费用已经消费完毕却拒绝继续缴纳服务费的前提下，服务方有权拒绝提供服务。但在特定情况下，对于危重病人和正在治疗中的患者，医疗机构不得拒绝提供医疗救治。原因在于，虽然医疗机构非慈善组织，但救死扶伤是医疗机构的执业宗旨和医疗人员的执业使命，也是法律赋予医疗机构的基本义务。危重病人、正在治疗中的患者常常因为病情或者活动自由的局限而丧失筹措医疗费的能力，因此，医疗机构不能因这些特殊患者未缴纳医疗费而拒绝对其救治。如果医疗机构因未收到医疗费而对该类特殊患者拒绝救治或者放弃救治，造成严重后果，那么医疗机构势必要承担相应的法律责任。例如，2005 年冬天，某市医院因为一患者无医疗费继续治疗而被该医院遂以患者拒绝缴纳医疗费为由，深夜用车将患者从医院拉出弃于路边，结果导致该患者被冻死。事件发生并被新闻媒体披露后，该医院负责人和相关人员先后被追究行政责任和刑事责任。

对于特殊患者的欠费问题，医疗机构可以采取以下措施，主张其权利：

1.医疗机构可以在对患者诊治期间，向患者的近亲属或者对患者具有抚养义务、赡养义务的义务人(包括患者的工作单位)追索患者所欠的医疗费。

2.对于欠费数额较大的患者，医疗机构可以在征得患者同意的基础上通过向社会募捐的方式解决所欠医疗费。

3.可以让患者对所欠的医疗费予以书面确认并出具书面还款承诺，在患者治愈出院后，按照患者的书面承诺向患者追索。

4.如果患者有医疗保险，则可通过与社会保险管理机构协商的方式，争取社会保险管理机构的帮助支持。

5.如果患者对所求诊病症事前办理有商业保险且是商业保险的受益人，则可通过由患者转让保险索赔权或者帮助患者向保险机构行使保险索赔权的方式解决欠费。

6.如果患者就诊涉及的伤害是第三人所致，则可通过协助患者向第三人主张权利的方式解决欠费。

7.对于"五保户"患者，可以通过与民政机关协商的方式解决医疗费问题。

8.对于属于慈善救助对象的患者，可以通过寻求慈善救助组织帮助的方法，解决部分医疗费用。

9.可以通过由患者或其亲属、朋友提供医疗费用担保的方式，解决医疗费用。

10.向当地政府申请，由当地政府给予一定的补偿。

以上列举的是一些通常的做法，对于特殊患者的欠费问题，仍然是令医患关系紧张的一个话题，要想彻底解决这一问题，还是要从各个方面综合衡量，以利于该问题的解决。

26 患者的义务有哪些？

一、配合医生诊疗的义务

配合医生诊疗的目的是让患者恢复健康，更好地诊断治疗疾病，如果患者不予配合，再高明的医术也无法治愈患者。因此，患者应积极配合医生诊治的需要，在治疗过程中应如实陈述病史、病情，按医嘱进行各项检查，并按医生指示接受治疗，力求达到最佳的治疗效果。如果患者在诊疗中不配合而导致患者健康、人身方面出现不利后果，医方将不对此承担责任。该义务具体的表现有：

1.患者及其家属应尽可能地向医生提供详细和真实的病史、病情、家族史、个人史以及就医情况，不说谎、不隐瞒，如实告诉医生治疗后的情况，包括药物的副作用等。通常情况下，医生只有根据患者的如实反映，才能针对病情进行有效的诊断治疗。患者诚实地反映各种病况，既有利于患者恢复自身健康，又有利于医务人员履行职责。举例来说，某一未婚在校女大学生，因突然腹痛到医院就诊，医生怀疑是宫外孕。可当询问患者性接触史时，患者却矢口否认。随着病情逐渐加重，患者血压迅速下降，面色苍白。经腹腔穿刺发现，其腹腔内有大量不凝的鲜血，如不及时手术，很快会因失血性休克死亡。后来的剖腹探查证实了医生的判断，女患者险些因隐瞒病史而丧命。

2.在疾病的性质明确以后，患者有义务在医生的指导下对自己的治疗作出决定。患者一旦决定治疗，就有义务积极关心自己的病况，以及自己的病是否会对自己以及其他人产生影响。例如，患传染病的患者有特殊的义务了解该传染病的传播途径和传播可能，应采取行动防止进一步的传播。

3.患者接受治疗，就应当接受与自身疾病相关的医学检查。医学检查是医务人员了解患者病情的必要手段，在进行检查的过程中，患者应当依照医务人员的指令，以利于医务人员更好地对患者所患疾病作出明确的诊断。

4.患者同意治疗后，有义务遵循医嘱。例如，患者如果同意医务人员的意见，需要改变饮食，才能有利于控制患者的高血压，那么患者就有义务以适当的方式改变他的饮食，患者不能因为嫌麻烦就不遵守医嘱。这样的积极配合，对患者的康复都是有利的。反之，如果患者不遵循医嘱，造成自身损害的，医方不承担责任。有这样一个例子，李某在住院期间，医生给开了一种药，告诉李某一日服用两次，并告诉李某因为是中成药，最好不要喝酒，而这位患者偏偏有嗜酒的习惯，竟然偷偷喝酒，又怕喝酒会抵消一部分药效，于是自行改变为一日服用四次，一个月后，导致肾功能衰竭，医院在这种情况下不用承担责任。

二、服从医方管理的义务

医疗机构是救死扶伤、治病救人的特殊的公共场所。为保障医疗工作的正常进行，每个医疗机构按照国家的规定都有相应的管理措施和规章制度。因此，任何患者都有服从医方管理的义务。在医疗过程中因患方不服从管理而造成的一切严重后果医方是不承担法律责任的。

1.患者在治疗过程中,应自觉遵守医方制定的与患者有关的规章制度。例如,患者应遵守医院的伤病员就诊规定、住院制度、探视制度、陪床制度、签字制度、作息制度等住院规章。医院的各项规章制度是在国家法律政策的基础上制定的,它与国家法律、政策,与患者的利益是一致的,是国家法律、政策在医院的具体体现。因此,患者及其家属遵守医院的规章制度是维护患者利益的可靠保障。但是,如果医院的规定与法律规定相抵触,则医院的这种规定是无效的,比如患者住院期间不允许离开医院的规定,就是一种无效的规定。虽然医院不能以规章制度限制病人的人身自由,但患者如果不遵从医嘱擅自离开医院而引起病情突然恶化,此时所引起的医疗伤害,就必须自己承担责任。

2.患者应当自觉维护医院的秩序。《关于维护医院秩序的联合通告》中规定:(1)禁止任何人利用任何手段扰乱医院的医疗秩序。患者及其家属有保持医院安静、清洁的义务,有不干扰医务人员正常医疗活动的义务,有不损坏医院财产的义务。(2)对寻衅滋事、打砸医院、殴打和侮辱医务人员的人,情节轻微的由公安机关按照治安条例有关规定予以治安处罚;情节严重、触犯刑律的,依法追究刑事责任。(3)不准以任何借口长期占据病床拒不出院。为使更多需要住院治疗的患者得到及时检查和治疗,患者有正常出院的义务。《执业医师法》第40条规定:“阻碍医师依法执业,侮辱、诽谤、威胁、殴打医师或者侵犯医师人身自由、干扰医师正常工作和生活的,依照治安管理处罚条例的规定处罚;构成犯罪的,依法追究刑事责任。”《医疗事故处理条例》第59条规定:“以医疗事故为由,寻衅滋事,抢夺病历资料,扰乱医疗机构正常医疗秩序和医疗事故技术鉴定工作,依照刑法关于扰乱社会秩序罪的规定,依法追究刑事责任;尚不够刑事处罚的,依法给予治安管理处罚。”

三、接受强制治疗的义务

医疗权是患者的一项基本权利,但是,如果患者患有严重精神病或法定传染病时,有可能对他人造成危害或传染,为了保护大多数人的利益,医疗法律法规规定必须对其人身自由加以限制,进行专门隔离治疗,患者有义务接受强制性治疗。为了疾病的控制与预防,医疗法律法规还规定了对于疑似患有严重传染病的人或人群,也有接受强制检查、诊断与治疗的义务。

1.关于患者接受强制治疗义务的法律规定,通常有:(1)《中华人民共和国传染病防治法》中明确规定:“在中华人民共和国领域内的一切单位和个人必须接受医疗保健机构、卫生防疫机构有关传染病的查询、检验、调查取证以及预防、控制措施。”(2)国务院颁布的《突发性公共卫生事件应急条例》第44条规定:“在突发性事件中需要接受隔离治疗、医学观察措施的病人、疑似病人和传染病人密切接触者，在卫生行政主管部门或者有关机构采取医疗措施时应予以配合;拒绝配合的,由公安机关协助强制执行。”

2.患者接受强制治疗义务的具体表现:(1)对于已经被确诊的恶性传染病患者,在明知自己已患病并确知此种疾病可能造成严重的传染后果时,当事人必须及时到专业医疗机构就医,对于拒不就医的,依照刑法第114条、第115条第1款的规定,按照以危险方法危害公共安全罪定罪处罚。(2)对于已经采取隔离措施的患者,患者和易感人群应在被限定的特定空间生活和接受治疗,其行动自由受到限制。即使是其亲友,在未经采取特别措施的情况下,也不能探视或与之接触,如果患者或其家属拒绝配合,违背这种义务,将会引起公安机关协助强制执行,后果严重的将承担一定的法律责任。(3)患者对于强制治疗行为是没有拒绝权和选择权的,患者接受治疗是患者的法定义务,如果拒绝治疗即构成对法定义务的违反,情节严重的还可以根据刑法规定,以过失危险方法危害公共安全罪定罪处罚,承担一定的刑事责任。

四、尊重医务人员及其劳动的义务

在医患关系中,患者和医务人员的共同目的都是为了治愈疾病。医务人员利用其专业的知识、辛勤的劳动,为患者解除痛苦,挽救患者的生命。然而,患者对于医务人员以及其劳动不尊重的情况也屡有发生,例如,患者及其患者家属殴打、杀害医务人员;侮辱、恐吓医务人员;非法限制医务人员人身自由等等。这些严重影响了医务人员的正常工作和工作积极性。因此,患者及其家属有义务尊重医务人员的人格,尊重医务人员的执业行为,尊重医务人员的劳动成果。具体表现为:(1)患者及其家属不得随意侮辱、诽谤、恐吓、殴打医务人员,不得非法限制医务人员的人身自由,如果发生以上情况,可以依据《治安管理处罚条例》予以处罚,如果情节严重,构成犯罪的,还应当依法追究刑事责任。(2)患者应当积极配合医务人员的治疗方案,尊重医务人员的劳动。医务人员在为患者诊疗后,需要花费大量的时间和精力对患者的病情作进一步分析,从而制定出一系列的治疗方案。患者在接受治疗后,应尽可能地配合治疗,尊重医务人员的劳动,才容易获得最佳的治疗效果。因此,患者对医务人员的劳动给予应有的尊重,是完全应该的。(3)患者应当尊重医务人员的职业道德,不得向医务人员送钱、送物(包括食品、饮料等),不以各种名义宴请医务人员等。

五、签署同意书的义务

同意书是医患服务合同中的一个组成部分，是医方履行告知义务的重要体现。签署同意书实际上是患者授权医方对其进行医疗诊断的民事行为,即同意医方对其进行"可允许范围内"的医疗伤害行为。例如,手术前需要患者或家属签署的知情同意书,向患者告知临床诊断结果、为什么要实施手术(手术的必要性)、拟实施的治疗方案、治疗中可能出现的风险和拒绝手术治疗可能的后果等。签署同意书实际上是对患者的一种保护形式,医患双方通过签署同意书,更加明确约定了医患双方之间的权利义务,更利于患者权利的实现。患者签署同意书必须出于患者完全自愿的一种行为,如果患者坚决不同意签署,医务人员也不能强行治疗,除了法律另有规定的除外。既然签署同意书作为患者的一项义务,如果患者不签署同意书,导致医务人员无法继续为其治疗而造成身体损害或不利于患者的后果,其医务人员不应对此承担责任。

六、给付医疗费用的义务

医疗费用包括诊疗、处方、检验、药品、手术、处置、住院等各种费用的总和。医疗服务作为一种特殊的商品，它并不以治疗是否有效或是否成功作为收取费用的前提,哪怕是治疗失败,只要医务人员付出了劳动,并且尽职尽责、尽心尽力,就应当得到报酬,患者不能以失败为理由拒付医疗费用。对于医疗费用的支付时间,如有特别约定的按照约定支付,如果无特别约定的按照习惯支付,既没有按约定支付,也没有按习惯支付,则在医疗行为完成时进行支付。患者如果没有正当理由而拒绝医方正常收费的行为是违反法律规定的，会被追究其民事法律责任。如果患者为了拒绝交费而采取暴力、威胁等方式,造成严重后果的,还有可能承担刑事责任。患者在通常情况下都是先支付费用,后接受治疗,但是在患者的生命处于危急情况时,可以先接受抢救后交纳费用。因为救死扶伤是构建和谐社会的要求,也是由医疗行业的性质所决定的,医务人员若有强制诊疗义务时(如对未交纳医疗费用的急危重症患者),不得因患者没有交纳费用而拒绝治疗。虽然法律对此有相关规定,但这绝不应成为患者拒绝交费和逃避医疗费用的理由,无故不交纳费用也是应当承担法律责任的。

第五章 医疗事故的鉴定21问

1 什么是医疗事故鉴定?

医疗事故鉴定又称为医疗事故技术鉴定,是法定鉴定组织(医学会)按照法定程序受理、调查、组织专家鉴定组进行分析讨论和表决,得出专门性结论,并出具医疗事故鉴定书的活动。医疗事故鉴定不仅可作为医患双方协商解决医疗纠纷的依据,而且是卫生行政部门处理医疗纠纷案件,作出行政处罚的法定依据。在医疗诉讼中,医疗事故鉴定虽然不是定案的必然依据,但还是可以作为证据使用。因此,医患纠纷一旦产生,作医疗事故鉴定主要是为卫生行政部门在处理医疗事故时遇到的专门性问题提供一种技术服务。具体来说,主要是通过邀请掌握医学原理的专业人士,运用科学的方法、专门的知识对医疗事故作技术审定,分析医方的医疗行为是否属于医疗事故。如果属于医疗事故,则通过进一步调查研究,对事故产生的原因、事故原因和后果之间的因果关系、事故的性质、事故责任的主要承担者和非主要承担者等作出鉴定结论;如果不属于医疗事故,也要对不属于医疗事故的原因等作出鉴定结论。

那么要对医疗事故进行鉴定,通常的法律依据有哪些呢?

首先,医疗卫生管理法律。该类法律主要由全国人民代表大会及其常务委员会制定的涉及医疗卫生管理,且符合《中华人民共和国立法法》第二章的法律规定。如《中华人民共和国执业医师法》、《中华人民共和国药品管理法》、《中华人民共和国传染病防治法》、《中华人民共和国母婴保健法》、《中华人民共和国献血法》等。

其次,医疗卫生管理行政法规。该类法规主要由国务院制定的涉及医疗卫生管理,且符合《中华人民共和国立法法》第三章规定的规范性文件。如《医疗事故处理条例》、《医疗机构管理条例》、《麻醉药品管理办法》、《医疗用毒性药品管理办法》、《精神药品管理办法》、《放射药品管理办法》、《血液制品管理条例》等。

再次,医疗卫生管理部门规章。该类规章主要由卫生部等国务院部、委和具有行政管理职能的直属机构制定的涉及医疗卫生管理,且符合《中华人民共和国立法法》第四章第二节规定的规范性文件。如《中华人民共和国护士管理办法》、《外国医师来华短期行医暂行管理办法》、《大型医用设备配置与应用管理暂行办法》、《进口药品管理办法》、《生物制品管理规定》、《医药卫生档案管理暂行办法》等。

最后,诊疗护理技术操作规范、常规。该类规范通常是根据医学科学原理和长期医学实践而制定的,是医疗机构及其医务人员在从事疾病诊断、治疗、护理活动时,应当遵守的行为准则和技术标准。如门诊、急诊及入院出院常规、护理记录、病案排列次序与管理、病案管理常规、医疗统计工作常规、一般诊疗护理技术操作常规、特种诊疗常规、危重患者营养支持、中医诊断常规、内科疾病诊疗护理常规、传染病的诊疗护理常规、各个科室的诊疗护理常规等。

实践中, 很多人把医疗事故鉴定和医疗过错鉴定混淆, 认为两个是一回事,其实不然,二者是不同的。医疗过错鉴定是人民法院在受理医疗损害赔偿民事诉讼案件中,依职权或应医患任何一方当事人的请求,委托具有专门知识的人对患方所诉医疗损害结果与医方过错有无因果关系等专门性问题进行分析、判断并提供鉴定结论的活动。由此可见,医疗过错鉴定是为医疗损害赔偿民事诉讼中遇到的专门性问题提供的一项技术服务, 它与医疗事故鉴定虽同属于技术鉴定,但两者是不相同的,这里需要作进一步的区分:

第一,性质不同。医疗事故技术鉴定属于行政鉴定;医疗过错鉴定属于司法鉴定。

第二,目的不同。医疗事故技术鉴定是为医疗卫生行政部门处理医疗纠纷与事故提供技术服务;医疗过错鉴定是为医疗损害赔偿民事诉讼、医疗纠纷与事故行政处理引发的行政诉讼以及涉嫌“医疗事故罪”的刑事诉讼提供技术服务。

第三,提起方式不同。医疗事故技术鉴定是由医疗卫生行政部门根据《医疗事故条例》的规定提起,或者医疗纠纷双方当事人共同提请鉴定;医疗过错鉴定是由司法机关提起。

第四,鉴定的委托方式不同。医疗事故技术鉴定的委托方式有两种:一是卫生行政部门转交; 二是当事人双方共同委托。而医疗过错鉴定包括两种方式:一是法院决定鉴定,由法院内的技术部门统一对外委托;二是申请鉴定,即由当事人向法院提出鉴定申请,法院同意后,双方当事人协商确定鉴定机构与鉴定人员,达不成一致的,由法院指定。

第五,受理鉴定的权限不同。医疗事故鉴定只有卫生行政部门移交和当事人共同委托医学会来受理鉴定;而医疗过错鉴定的权限却十分广泛,只要诉讼过程中需要鉴定,都可以采取司法鉴定的方式对专门性问题进行鉴定。

第六,鉴定主体的范围不同。医疗事故技术鉴定只能由医学会组织医疗事故技术鉴定专家组进行; 医疗过错鉴定则可由司法机关交由法定的鉴定机构进行。

第七, 鉴定主体的责任方式不同。医疗事故技术鉴定由医学会出具鉴定书,专家组成员无需在鉴定书上签名盖章;医疗过错鉴定的鉴定人需在鉴定书上签字或盖章,实行个人负责制。

② 如何启动医疗事故鉴定?

医疗纠纷案件涉及医疗技术的专业问题, 如果在医疗技术上不能够判断医疗行为是否存在过错,是很难在法律上对案件作出判决的。因此,对大多数医疗事故纠纷案件都需要作医疗事故鉴定。对于医疗事故鉴定的启动,我国的《医疗事故处理条例》第20条作出规定:“卫生行政部门接到医疗机构关于重大医疗过失行为的报告或者医疗事故争议当事人要求处理医疗事故争议的申请后,对需要进行医疗事故技术鉴定的,应当交由负责医疗事故技术鉴定工作的医学会组织鉴定;医患双方协商解决医疗事故争议,需要进行医疗事故技术鉴定的, 由双方当事人共同委托负责医疗事故技术鉴定工作的医学会组织鉴定。”从此规定我们可以看出,要想启动医疗事故鉴定,一般通过三种方式:

一、医患双方共同委托鉴定

如果医患双方在医疗过程中发生纠纷, 并希望通过协商解决医疗事故争议,此时,如果需要进行医疗事故鉴定的,可以由医疗纠纷双方当事人共同委托负责医疗事故鉴定工作的当地医学会组织鉴定,来确定是否构成医疗事故。医患双方共同委托医疗事故鉴定,对于委托鉴定提出的时间,可以是在医疗诉讼前的协商过程中,也可以是在医疗诉讼的庭审过程中。但是,必须以双方当事人协商一致、共同委托为前提。如果是一方当事人单独要求作医疗事故鉴定的,当地的医学会就会以“不符合鉴定申请条件”为由,拒绝单独申请的要求。

例如,患者及其家属在没有和医方协商一致的基础上,单独要求当地医学会作医疗事故鉴定的,当地的医学会是不会受理的。因此,这种启动方式的适用需要具备以下条件:

1.对医疗事故争议,医患双方不提请卫生行政部门处理,而是自行协商解决。这里的协商必须是处于双方当事人的平等、自愿基础上的,如果一方当事人被迫、不情愿或者在被威胁的情况下而进行的协商,则该协商不具有法律上的效力。再者,该协商的双方当事人都应该具有完全民事行为能力,如果当事人是限制民事行为能力人和无民事行为能力人,如未成年人或者间歇性精神病患者等,则在此基础上的协商也是不被认可的。因此,只有医患双方当事人在具有行为能力基础上的自主协商,才是被法律所认可的。

2.由医患双方共同提出医疗事故的技术鉴定申请。医患双方提出医疗事故的技术鉴定申请,必须是基于共同的意思表示。双方应当共同书写委托申请书一份,双方签字或盖章,若一方单独提交医疗事故的技术鉴定申请,医学会是不予受理的。如果医学会在受理鉴定后,专家鉴定组在作出鉴定结论前,医患双方中任何一方当事人以书面形式要求停止鉴定时,医疗事故的技术鉴定将予以终止。因为此方式启动的鉴定必须以双方的一致表示为前提,一方如果不想鉴定,则双方的共同意思被打断,那么鉴定也必然终止。

3.医患双方按照鉴定机构的要求提供鉴定所需要的病案资料、实物等。医患双方对鉴定机构具体要提交哪些材料,我们将在后面给大家作具体说明。

4.接受鉴定机构的调查,如实提供相关情况。鉴定机构在鉴定过程中,必然对双方的各种具体情况进行调查,如医患双方的基本情况、医患双方医疗事故争议的焦点等。医患双方在接受调查时,应当如实提供相关情况,不得随意捏造、隐瞒,如果一方实用捏造、隐瞒等方式提供了虚假的信息,造成了医疗事故鉴定的错误,将承担相应的责任。

二、卫生行政部门移交鉴定

这种启动方式往往需要医疗机构的报告或者患者本人、死亡患者的近亲属提出请求,在卫生部门认为有进行医疗事故技术鉴定的必要时,才可以启动。如果卫生主管部门认为没有必要鉴定或者拒绝移交鉴定的,则无法进行医疗事故技术鉴定。因此,该启动方式的申请权在患方或医疗机构,而审查同意权在卫生行政部门。但是,如果卫生行政部门移交鉴定在医疗诉讼程序开始后移交的,一般是会被医学会拒绝受理的。当医疗诉讼程序开始后,只有等待法院的委托或者当事人的协商一致后共同在诉讼中请求才能启动医疗事故鉴定。卫生行政部门移交鉴定的启动方式,通常适用于以下两种情况:

1.卫生行政部门在医疗机构发生重大医疗过失行为后的移交鉴定。医疗机构应当在重大医疗过失行为发生后12小时内向所在地卫生行政部门报告,卫生行政部门在接到报告后应当立即组织人员进行调查。在调查核实的基础上,对无法判定是否属于医疗事故,或者无法认定重大医疗过失行为与患者人身损害之间是否存在因果关系,以及损害程度和医方责任程度的,卫生行政部门应当交由负责组织医疗事故鉴定工作的医学会组织鉴定。在这种情况下,卫生行政部门的移交鉴定是履行监督管理职权的主动行为。对于这种启动方式,我们还应当注意以下几点:(1)卫生行政部门移交鉴定的前提不仅仅是指发生了"重大医疗过失行为",而且还应当有《医疗事故处理条例》第14条第2款规定的任何一项人身损害事实,二者必须同时具备才行。这里的"重大医疗过失行为"主要是指医疗机构及其医务人员实施了严重违反医疗卫生管理法律、行政法规、部门规章,以及诊疗护理规范、常规的行为。(2)卫生行政部门移交鉴定的时间应当是接到医疗机构关于重大医疗过失行为的报告之后,医患双方均未要求卫生行政部门处理或者没有共同委托医学会组织医疗事故的技术鉴定或向人民法院起诉以前。(3)只有在卫生行政部门认为需要进行医疗事故技术鉴定时,才进行移交,如果认为不需要鉴定,则不需要移交。这种启动方式,可以有效地解决两个问题:其一,可以防止或者减少出现规避医疗事故技术鉴定、掩盖医疗事故发生、逃避承担法律责任的情形。其二,可以促使医患双方尽早启动鉴定程序,缩短处理医疗事故争议的时间。

2.医患双方当事人要求卫生行政部门处理的移交鉴定。当医患双方发生医疗事故争议后,医方或患方中的任何一方均可以向卫生行政部门提出处理申请,要求卫生行政部门处理。卫生行政部门依照规定进行审查,予以受理并认为需要进行医疗事故技术鉴定的,在规定时间内,将有关材料移交负责医疗事故技术鉴定工作的医学会。这里之所以规定医方或者患方单独提起申请必须先向卫生行政部门提起,而不能直接向医学会提起,主要是为了更容易启动医疗事故鉴定。因为,医学会是属于学术性的社会团体,不具有行政管理职能,如果医疗事故争议的一方当事人向医学会申请医疗事故技术鉴定,另一方当事人拒绝提供与鉴定有关的病案资料、实物等,或者以其他方式不配合鉴定,则该医学会将无法进行鉴定工作。

三、人民法院要求鉴定

人民法院在民事审判中，根据当事人的申请或者法院依职权决定而进行的医疗事故鉴定，不存在当地医学会是否受理的问题，只要法院认为必要，就可以启动医疗事故鉴定程序。具体来说，在医疗纠纷诉讼中，医疗机构和患者及其家属都有权提出医疗事故鉴定申请，法官依据申请认为有必要作医疗事故鉴定的，就可以启动医疗事故鉴定程序。如果在医疗纠纷诉讼中，医疗机构和患者及其家属都没有提出医疗事故鉴定申请的，而主审法官认为有必要作医疗事故鉴定的，那么法官自己也可以提出医疗事故鉴定的要求，启动医疗事故鉴定程序。因此，在医疗纠纷诉讼程序中赋予法官医疗事故鉴定的决定权，可以使法官能更好地驾驭庭审程序，为正确地裁判提供法律依据。

③ 医疗事故技术鉴定是不是医疗事故处理的必经程序？

医疗事故鉴定不是医疗事故处理的必经程序。根据《医疗事故处理条例》第46条规定：“发生医疗事故的赔偿等民事责任争议，医患双方可以协商解决；不愿意协商或者协商不成的，当事人可以向卫生行政部门提出调解申请，也可以直接向人民法院提起民事诉讼。”从该规定可以看出，三种处理方式在法律上是平行的，医患双方可以任意选择一种方式进行医疗事故处理。所以，在医疗事故处理中，并不以医疗事故是否确定为前提，也就是说，没有作出医疗事故鉴定时，也可以进行医疗事故处理。

首先，医患双方协商处理医疗事故时，可以协商是否构成医疗事故、构成哪一级医疗事故、赔偿的具体数额等，如果协商一致，则不需要进行医疗事故鉴定，也可以按照协商内容处理医疗事故，不过，医疗机构应当自协商解决之日起7日内向所在地卫生行政部门作出书面报告，并附具协议书。

其次，在医患双方不同意协商或者协商达不成一致意见的基础上，双方当事人可以选择向卫生行政部门提出调解申请，卫生行政部门进行调解处理医疗事故，也不一定非要进行医疗事故鉴定。除非当事人申请或者有重大医疗过失行为，经审查后认为有必要作医疗事故鉴定的，才作鉴定，一般情况下是不需要作医疗事故鉴定的。

最后，医患双方任何一方向法院提起诉讼的，显然是不需要必须经过医疗事故鉴定才可以提起的。医患双方向法院提起民事诉讼可以在进行医疗事故技术鉴定之前，也可以在作出医疗事故技术鉴定之后。在法院的审判实践中，对一些事实清楚、过错明显的案件，还可以不经过鉴定而直接援引相关的医疗规范作为证据。因此，医疗鉴定不仅不是诉讼的前置程序，也不是诉讼的必经程序。当患者及其家属提起诉讼的，法院会根据不同的情况予以处理，通常有以下情形：

1.未经医疗事故鉴定而直接起诉医疗机构要求民事赔偿的，无论是否为非法行医，也无论卫生行政部门是否处理，法院都应受理。

2.患者及其亲属对不是医疗事故的鉴定结论虽有异议，但不申请再次鉴定，而以要求医疗机构赔偿损失为由起诉的，法院应予以受理。

3.患者及其亲属以医疗事故或医疗过错为由一直在医疗机构寻衅滋事，也不起诉，医疗机构提起民事诉讼要求确认赔偿数额或确认不予赔偿的，法院应予以受理。

4.如果患者及其亲属对医学鉴定结论不服起诉医学会的，法院不应当受理。

5.患者及其亲属以卫生行政部门对医疗纠纷拒绝作出处理或对卫生行政部门的处理不满意而起诉卫生行政部门赔偿的，应告知患者及其亲属提起行政诉讼。

4 申请医疗事故鉴定需要提交哪些材料？

医疗事故技术鉴定需要医患双方的配合，在医患双方提交相关材料后，医学会才能组织专家鉴定组进行鉴定。《医疗事故处理条例》第28条规定：“负责组织医疗事故技术鉴定工作的医学会应当自受理医疗事故技术鉴定之日起5日内通知医疗事故争议双方当事人提交进行医疗事故技术鉴定所需的材料。当事人应当自收到医学会的通知之日起10日内提交有关医疗事故技术鉴定的材料、书面陈述及答辩。在医疗机构建有病历档案的门诊、急诊患者，其病历资料由医疗机构提供；没有在医疗机构建立病历档案的，由患者提供。医患双方应当依照本条例的规定提交相关材料。医疗机构无正当理由未依照本条例的规定如实提供相关材料，导致医疗事故技术鉴定不能进行的，应当承担责任。”具体来说，医患双方需要提交以下材料：

一、鉴定申请书

鉴定申请书由申请方提交，申请方可为患方亦可为医疗机构，内容主要包括申请方及被申请方的一般情况、申请鉴定的事实与理由、申请方的签字（或盖章)、申请日期等。申请鉴定的事实与理由是申请书的重要部分,要清楚写明争议的事实、焦点问题、申请方的观点以及支持其观点的依据等。

二、病历资料

病历资料是医疗事故技术鉴定中最重要的材料，是专家鉴定组判断医疗机构的诊疗行为是否存在过失，是否造成损害后果并构成医疗事故最主要依据。

对于患方来说,需要提供的病例资料有:(1)门诊、急诊患者的病历资料,如果患者没有在医疗机构建立病历档案,则由患方提供病历资料。(2)住院患者的病历资料,如果是患者自己掌握的部分门诊病历资料、死亡患者的尸解报告、各项检验报告、就诊证明、出院证明等,这由患方提供与鉴定有关的病历资料。

对于医方来说,需要提供的病历资料有:(1)住院患者的病程记录、死亡病例讨论记录、疑难病例讨论记录、会诊意见、上级医师查房记录等病历资料原件;(2)住院患者的住院志、体温单、医嘱单、化验单(检验报告)、医学影像检查资料、特殊检查同意书、手术同意书、手术及麻醉记录单、病理资料、护理记录等病历资料原件;(3)抢救急危患者,在规定时间内补记的病历资料原件;(4)封存保留的输液、注射用物品和血液、药物等实物,或者依法具有检验资格的检验机构对这些物品、实物作出的检验报告;(5)与医疗事故技术鉴定有关的其他材料。医疗机构提交的病历资料必须是完整、真实的原始资料,只要是与医疗事故技术鉴定有关的,都应当提交。

三、书面的陈述或答辩材料

1.书面陈述意见。当事人的书面陈述意见是鉴定专家在鉴定前了解当事人申请鉴定意图的唯一重要书面材料,是鉴定专家对医疗事件的初步了解,从而对鉴定结论具有一定的影响,故书面陈述意见是一份非常重要的鉴定文书。该书面陈述意见书应当包含医疗和法律两方面的内容分析，要求抓住主要问题,作专业阐述,应当简明扼要,既充分表达当事人的意思,又要达到影响专家的效果。

(1)鉴定申请人向医学会提交的书面陈述意见。鉴定申请人提交鉴定申请书后,如果发现新的事实证据或者认为有新的理由需要补充,或者应医学会要求就某一问题作补充说明时,可以提交书面陈述意见。该书面陈述意见主要包括以下内容:当事人的身份、联系方式等;对医疗事件争议的焦点;争议焦点的事实依据;阐明医疗机构的过失构成医疗事故或医疗过错,且该医疗过失与损害结果具有因果关系等理由。

(2)鉴定被申请人向医学会提交的书面陈述意见。鉴定被申请人在提交书面陈述或答辩后,如有必要,也可提交补充陈述及答辩。主要有以下情况:被申请人认为无须就鉴定申请书的内容进行答辩的,可以作书面陈述;被申请人的书面陈述可以包括在答辩书中,不需要另外提交书面陈述;如果医疗事故争议涉及多个医疗机构,其医疗机构作为当事人或者第三者,无论是否承担连带责任,只要医学会要求且卫生行政部门同意,应当在提交有关医疗事故技术鉴定材料的同时,提交书面陈述及答辩。

2.答辩书。通常是医疗事故争议技术鉴定的被申请人收到医学会受理医疗事故技术鉴定的通知及申请人的申请书副本的,在法定期限内,就申请书中提出的事实、理由及鉴定请求,进行辩驳的书状。

提交有关医疗事故技术鉴定答辩书的要求有:(1) 必须是被申请人提交的;(2)必须在法定期限内提交,即应当自收到医学会的通知之日起10日内提交,"通知之日"按被申请人签收通知书之日计算;(3)必须就鉴定申请书的内容进行答辩。

在实践中,我们经常会遇到医方或者患方拒不提交相应材料,导致鉴定无法进行的情况。在这种情况下,会导致什么样的后果呢?事实上,后果是严重的。在医疗事故技术鉴定中,如果不配合医学会的鉴定,无正当理由拒不提交材料,或者提供的材料不真实,医学会将中止鉴定,由不配合方承担相应责任,而法院也会判不配合一方败诉。即使任何一方当事人对所提交的材料的真实性有异议,也不宜采取不按规定提交相应材料等不配合医疗事故技术鉴定的过激方式,否则将使自己在诉讼中陷于被动,而可能承担败诉的后果。

5 申请和受理医疗事故鉴定的时间有哪些规定?

一、医疗事故鉴定的申请时间规定

对于医疗事故鉴定申请的时间在《医疗事故技术鉴定暂行办法》中没有明确作出规定,只是在《医疗事故处理条例》第37条第2款对医疗事故争议处理的申请时间作出规定,即当事人自知道或者应当知道其身体健康受到损害之日起1年内,可以向卫生行政部门提出医疗事故争议处理申请。为了使医疗事故鉴定与医疗纠纷诉讼在时间上相衔接,不至于使鉴定时间与诉讼时间脱节,同时使卫生行政部门与法院都可以更有效率地处理医疗纠纷案件,通常规定医疗事故鉴定申请的时间为患者及其家属自知道或者应当知道其身体健康受到损害起1年内。因此，患者及其家属在明确自己的人身权利受到侵害时起，就应当及时作出决定，以免因为时间的延迟，错过了申请鉴定的时间。

二、医疗事故鉴定的受理时间规定

1.医学会应当自受理医疗事故技术鉴定之日起5日内，通知医疗事故争议双方当事人按照《医疗事故处理条例》第28条规定提交医疗事故技术鉴定所需的材料。当事人应当自收到医学会的通知之日起10日内提交有关医疗事故技术鉴定的材料、书面陈述及答辩。对不符合受理条件的，医学会不予受理，不予受理的，医学会应说明理由。

2. 医学会应当自接到双方当事人提交的有关医疗事故技术鉴定的材料、书面陈述及答辩之日起45日内组织并出具医疗事故技术鉴定书。

3.医学会应当在医疗事故技术鉴定7日前，将鉴定时间、地点、要求等书面通知双方当事人和参加鉴定的专家。

从上述的规定可以看出，作出一个医疗纠纷案件的医疗事故鉴定结论，至少需要60天的时间，这还不包括文件和通知送达的时间、医患双方提交的时间、在途的时间等等。所以，通常情况下，一个医疗事故鉴定从申请到出结论大约需要更长的时间。再加上各地的鉴定时间差异很大，如果患者及其家属要进行医疗事故鉴定，则需要足够的耐心，切不可因焦急而做出过激的行为，这对于解决问题是不会有帮助的。

⑥ 哪些部门是受理医疗事故鉴定的部门？

在已准备好相关材料要申请医疗事故技术鉴定时，还要明确受理医疗事故鉴定的部门有哪些？

一、首次鉴定的部门

设区的市级和省、自治区、直辖市直接管辖的县(市)级地方医学会负责组织专家鉴定组进行首次医疗事故技术鉴定。具体来说：

1.双方当事人协商解决的医疗事故争议，需进行医疗事故技术鉴定的，由医疗机构所在地的医学会进行鉴定。

2.县级以上地方卫生行政部门接到医疗机构关于重大医疗过失行为的报告或者医疗事故争议当事人要求处理医疗事故争议的申请后，对需要进行医疗事故技术鉴定的，应当书面移交县(市)级地方医学会组织鉴定。

3.当双方协商解决医疗事故争议涉及多个医疗机构时,可共同委托其中任何一所医疗机构所在地的医学会进行鉴定。医疗事故争议涉及多个医疗机构,当事人申请卫生行政部门处理的,只可以向其中一所医疗机构所在地卫生行政部门提出处理申请。

二、再次鉴定的部门

省、自治区、直辖市地方医学会负责组织医疗事故争议的再次鉴定工作。

三、其他部门

必要时,对疑难、复杂并在全国有重大影响的医疗事故争议,省级卫生行政部门可以请中华医学会组织医疗事故技术鉴定。

由此可以看出, 医疗纠纷发生地的卫生行政部门的下属部门医学会是医疗事故鉴定的受理部门,医学会专门设立的医疗事故技术鉴定工作办公室,具体负责有关医疗事故技术鉴定的组织和日常工作。

7 哪些情形医疗事故鉴定部门不予受理?

医学会对于收到的医疗事故鉴定的申请进行审查后, 认为符合受理条件的,决定给予鉴定,对于不符合受理条件的,医学会不予受理。不予受理的,医学会应说明理由。那么什么情况下,医学会对医疗事故鉴定申请不予受理呢?按照我国《医疗事故技术鉴定暂行办法》第 13 条的规定,有下列情形之一的,医学会不予受理医疗事故技术鉴定:

第一,当事人一方直接向医学会提出鉴定申请的。

由于医疗事故鉴定是个十分复杂的程序,要想真正地查清事实,需要医患双方共同参与才行,如果患者及其家属单方向医学会提出医疗事故鉴定申请,要求对医疗事故进行鉴定的,很多时候医方对鉴定不予配合,如不让查阅病历资料、不提供与鉴定相关的医疗单据、主治医生不到会陈述事实等,在这样的情况下鉴定,是很难得出正确的鉴定结论的。因此,医学会为了避免这样的情况出现,会要求医患纠纷双方共同参与到鉴定会中,使鉴定能够得到双方的配合和参与,做出更为准确、公正的医疗事故鉴定书。实践中,如果患方或医方希望通过医疗事故鉴定来确定是否有医疗事故、医疗事故的等级,最好应共同委托鉴定,否则,会遭到医学会的不予受理。

第二,医疗事故争议涉及多个医疗机构,其中一所医疗机构所在地的医学会已经受理的医疗事故鉴定。

在医患纠纷处理的法律实践中，如果允许多家医疗事故鉴定机构对同一医疗纠纷进行鉴定，那么很多时候会出现同一鉴定案件不同鉴定结论的情况。医患双方都希望采纳对自己有利的医疗事故鉴定结论，这样必然会造成医疗事故处理中的混乱局面，是非常不利于纠纷处理的。为避免这种情况的发生，法规作出了对“同一鉴定不再受理”的规定，即只要是其中一所医疗机构所在地的医学会已经受理的医疗事故鉴定，其他有权受理的医学会也将不再受理。

第三，如果医疗事故争议已经经过了法院调解达成协议，或者法院已经作出判决，那么该医疗事故争议案件已经处理完毕，如果在这个时候再作医疗事故鉴定，是没有任何法律意义的，而且还会对法院的调解和判决结果带来负面影响。因此，在这种情况下，医学会是不会再受理医疗事故鉴定申请的。

第四，当事人已向人民法院提起民事诉讼的(司法机关委托的除外)。

按照我国《民事诉讼法》的规定，在庭审过程中，法官处于支配的地位，是否需要作医疗事故鉴定，则由法官决定的，在诉讼中的医患双方是不能够自行委托医疗事故鉴定的，即便任何一方当事人或双方当事人向医学会委托鉴定，医学会也会不予受理的。不过法规同时也规定，在诉讼中的司法机关认为需要作医疗事故鉴定的，有权提出医疗事故鉴定的申请，此时医学会必须受理。因此，在诉讼过程中，是否同意作医疗事故鉴定的决定权在于法官。

第五，非法行医造成患者身体健康损害的，不属于医疗事故，既然这种损害不是医疗事故，当然就没有作医疗事故鉴定的必要了，因此，对于此类的损害，医学会是不予受理的。再者，如果医疗机构是非法行医造成患者身体健康损害的，其损害的性质已经不再是民事纠纷的范畴，就有可能涉及刑事犯罪，如非法行医罪、过失致人死亡、过失致人伤害等，这样案件应由公安机关、检察院来处理，在这样的情况下，医学会当然不需要接受医疗事故鉴定申请。

⑧ 在什么情况下，医疗事故鉴定部门可以中止鉴定或者终止鉴定？

医学会已经受理了医疗事故鉴定申请，很多患者及其家属就认为是只要坐在家里等鉴定结果就可以了，其实这是一种不正确的观点。虽然医学会已经受理了申请，但是这并不意味着医疗事故鉴定必然会进行下去，如果有下列情形之一的，医学会是会单方面中止医疗事故技术鉴定的。具体情况如下：

一、当事人未按规定提交有关医疗事故技术鉴定材料

在医疗事故鉴定中，相关病历资料、封存的实物、药品、证人证言是进行医疗事故鉴定的证据基础,没有这些材料鉴定专家根本无法进行医疗事故鉴定。如果出现这样的情况,医学会只能中止医疗事故鉴定程序,等待当事人补齐相关的材料。

二、医患双方提供的材料不真实

在医疗事故鉴定过程中,如果发现医患双方提供的病历、资料、物品等相关材料是虚假的,医学会可以作出中止医疗事故鉴定程序的决定。在中止鉴定的期间,应当要求医方或者患方再次补充鉴定材料,材料补充后可以作鉴定的,恢复鉴定程序。如果提供虚假材料的任何一方在要求的时间内不能够补充材料,或者再次提供不真实的材料,那么医学会将退回材料,作出不予受理的决定。但是,如果发现材料不真实是在接受医疗事故鉴定申请的过程中,则可以当即作出不受理的决定,此时就不牵扯医疗事故鉴定中止的问题。

三、拒绝缴纳鉴定费

医学会受理鉴定申请后,就应当预先缴纳鉴定费。如果是双方当事人共同委托医疗事故技术鉴定的,由双方当事人协商预先缴纳鉴定费;如果是卫生行政部门移交进行医疗事故技术鉴定的,由提出医疗事故争议处理的当事人预先缴纳鉴定费。经鉴定,属于医疗事故的,鉴定费用由医疗机构支付;不属于医疗事故的,鉴定费用由提出医疗事故处理申请的一方支付。如果应当预缴鉴定费的一方当事人拒绝缴纳鉴定费的,医学会将中止医疗事故鉴定程序。但是,如果患者及其家属确属经济困难而不能够按时缴纳鉴定费用的,应当及时提出,并且申请鉴定费的减免。

在出现下列情形时,医疗机构也可以终止医疗事故鉴定:

1.当事人拒绝配合,无法进行医疗事故技术鉴定的,应当终止本次鉴定,由医学会告知移交鉴定的卫生行政部门或共同委托鉴定的双方当事人,说明不能鉴定的原因。

2.在受理医患双方共同委托医疗事故技术鉴定后至专家鉴定组作出鉴定结论前,双方当事人或者一方当事人提出停止鉴定的,医疗事故技术鉴定终止。

3.当事人既向卫生行政部门提出医疗事故争议处理申请,又向人民法院提出诉讼的,卫生行政部门不予受理;卫生行政部门已经受理的,应当终止处理。

⑨ 负责医疗事故技术鉴定工作的机构有哪些?

对于具体负责医疗事故技术鉴定工作的机构,《医疗事故处理条例》第21条规定:“设区的市级地方医学会和省、自治区、直辖市直接管辖的县(市)地方医学会负责组织首次医疗事故技术鉴定工作。省、自治区、直辖市地方医学会负责组织再次鉴定工作。必要时,中华医学会可以组织疑难、复杂并在全国有重大影响的医疗事故争议的技术鉴定工作。”所以说,医学会是负责医疗事故技术鉴定工作的机构。

一、医学会

医学会作为负责医疗事故技术鉴定工作的机构,是经县级以上人民政府民政部门审查同意、成立登记的医学社会团体;是由医学科学工作人员、医疗技术人员等中国公民自愿组成,为实现会员共同意愿、按照其章程开展活动的非营利性医学社会组织。医学会既然是社团组织,也应当同其他的社会团体一样,应当具备法人条件,有规范的名称和相应的组织机构,有固定的住所,有与其业务活动相适应的专职工作人员,有合法的资产和经费来源,有独立承担民事责任的能力,不得从事营利性经营活动等。下面我们具体看一下医学会相关的问题:

1.负责医疗事故技术鉴定工作的医学会需要具备一定的条件。

(1)不是依法成立登记的医学社会团体,不具备医疗事故技术鉴定的主体资格,如机关、团体、企业事业单位内部经本单位批准成立、在本单位内部活动的医学团体等,不能进行医疗事故技术鉴定工作。

(2)县或者县级市地方医学会,虽然是经县级以上地方人民政府民政部门审查同意、依法成立登记的医学社会团体,但如果其所在的县或县级市不属于省、自治区、直辖市直接管辖的,该地方医学会也不具备医疗事故技术鉴定的资格。

2.可以从事医疗事故技术鉴定工作的医学会大致有四种。

(1)设区的市级地方医学会,负责组织本地区内医疗事故争议的首次技术鉴定。主要指全国各地的直辖市和地区级城市,如北京、武汉、重庆、大连、深圳等城市。

(2)省、自治区、直辖市直接管辖的县或者县级市地方医学会,负责组织本地区内医疗事故争议的首次技术鉴定。

(3)省、自治区、直辖市医学会,负责本行政区域内当事人因对医疗事故争议首次技术鉴定不服而提起的再鉴定。

(4)中华医学会不负责一般意义上的重大医疗过失行为、医疗事故争议的技术鉴定,它组织疑难、复杂并在全国有重大影响的医疗事故争议的技术鉴定工作。

二、中华医学会

中华医学会是中国医学科学技术工作者自愿组成并依法登记成立的学术性、公益性、非营利性法人社团。中华医学会可以组织医疗事故争议技术鉴定,但应当符合下列条件:

1.必须是疑难的医疗事故争议。所谓"疑难",不仅表现在病例本身罕见,现有医学知识与医疗技术手段难以诊治,患者体质特异等,还表现在首次鉴定结论与再次鉴定结论的明显分歧,甚至鉴定机构依据现行的医疗卫生管理法律、行政法规、部门规章,以及诊疗护理技术规范、常规难以作出科学、准确结论的情形等等。

2.必须是复杂的医疗事故争议。例如,医疗事故争议的事项涉及的时间久远,牵扯的医疗机构多;或者涉及其他中央国家机关的职责;或者与争议相关的医疗机构地域分散,不在一个地区;医疗事故争议具有涉外因素;或者争议关系到特殊身份人员等情形。

3.在全国具有重大影响的医疗事故争议。这主要是对全国的医疗事故技术鉴定工作、医疗事故争议处理、社会道德风尚等方面已经造成或者可能造成重大影响,群众反响强烈,新闻媒体在一定时间内比较集中报道,引起社会普遍关注的医疗事故争议。

4.必要时由中华医学会组织技术鉴定的医疗事故争议。

中华医学会要组织医疗事故技术鉴定,除了具备以上三个条件外,还必须受国务院卫生行政部门,或者省、自治区、直辖市人民政府卫生行政部门,或者省、自治区、直辖市高级人民法院中的任何一个机关的委托,才可以由中华医学会鉴定。由于全国各地区社会经济发展的水平不同,卫生资源分布不均衡,医疗事故技术鉴定能力有差异,地方医学会难免对个别疑难、复杂和在全国有重大影响的医疗事故争议作出有失科学、公正的鉴定。在此情况下,中华医学会可以组织鉴定,因为中华医学会建立的专家库就其专业水平而言,在国内最具有权威性。所以说,中华医学会组织的医疗事故技术鉴定,更具有说服力。

10 医疗事故鉴定机构有几个级别？具体如何选择医疗事故鉴定机构呢？

一、医疗事故鉴定机构的级别

1.第一级医疗事故鉴定机构

我国的《医疗事故处理条例》规定：设区的市级地方医学会和省、自治区、直辖市直接管辖的县(市)地方医学会负责组织首次医疗事故技术鉴定工作。也就是说，如果发生医疗纠纷的地点是一个市辖区的，那么就是在该区的医学会负责医疗事故鉴定工作；如果发生医疗事故的地点是不设区的市或者县的，医疗事故鉴定机构应当就是当地的市、县的卫生局的医学会。由于是分级鉴定的，鉴定后出具的医疗事故鉴定书分别是××市××区医疗事故鉴定书，或者是××市××县医疗事故鉴定书。

2.第二级医疗事故鉴定机构

如果对初次的医疗事故鉴定结论不服的，往往都在鉴定文书的最后一页规定，当事人可以在15日内向省、自治区、直辖市医学会提出再次鉴定的申请，由省级医学会负责再次组织鉴定工作，这就是第二级医疗事故鉴定机构。省级医疗事故鉴定的程序与市县级医疗事故鉴定的程序相同，鉴定机构往往设定在各地省会、直辖市卫生局或者医学会，出具的医疗事故鉴定报告为:××省(自治区)医疗事故鉴定书。

3.第三级医疗事故鉴定机构

中华医学会可以组织疑难、复杂并在全国有重大影响的医疗事故争议的技术鉴定工作，这也就是我国的第三级医疗事故鉴定机构。与前两级医疗事故鉴定程序不同的是，中华医学会可接受的医疗事故鉴定，不仅要具备前面所说的条件以外，还必须是对市县级医疗事故鉴定和省级医疗事故鉴定的鉴定结论不服，申请再次鉴定或者重新鉴定的。也就是说，前两级鉴定机构的医疗事故鉴定都已经做过，才可以由中华医学会作鉴定，中华医学会不可以直接作为第一、第二级医疗事故鉴定机构，直接接受医疗事故鉴定。因此，中华医学会受理的医疗事故鉴定的案件的数量是极少的。

二、如何选择医疗事故鉴定机构

医疗纠纷发生后，选择医疗技术鉴定机构需要高度重视，与案件处理的最终结果息息相关。那到底如何选择医疗事故鉴定机构呢？由于医疗事故鉴定机构一般是不接受患者及其家属的单方委托，而在司法实践中很少有医疗机构与患者协商一致，共同委托医疗事故鉴定机构进行鉴定。所以，在通常情况下，更多看到的是由法院委托司法鉴定的情况。在这种情况下，要想使医疗事故鉴定的申请获得准许，最好采用就近原则。具体来说，如果在一个省、自治区、直辖市的范围内，有相应的鉴定机构，也具备一般医疗纠纷的司法鉴定能力，则应当委托当地的医疗事故鉴定机构，如果当地没有鉴定机构或者没有司法鉴定能力的，需要委托外地鉴定机构鉴定的，经法官同意，才可以委托外地鉴定机构鉴定。所以，如果你在诉讼之初就提出到大城市作司法鉴定，不仅费用很高，而且在大多数情况下是不会被法院同意的。还有就是普通的医疗纠纷案件很少能够进入到中华医学会的鉴定范围内。因此，从医疗纠纷法律实践来看，中华医学会基本上不可能接受地方的案件，如果想作医疗事故鉴定就要把鉴定的精力放在市县、省级两级医疗事故鉴定上。

11 什么是医疗事故技术鉴定的专家库？

负责组织医疗事故技术鉴定工作的医学会应当建立专家库。专家库由高级的医学专家及相关学科的专家聚集而成，鉴定组成员也采取随机抽取的方式确定，这样就能够更好地保证医疗事故的技术鉴定在程序上做到公正与公开。那么什么人才可以进入专家库呢？

一、进入鉴定专家库的人员应具备的条件

1.必须具有良好的业务素质。进入专家库的人员必须熟悉医疗卫生管理法律、行政法规、部门规章、诊疗护理技术规范和常规等；应当具备比较深厚、扎实的专业理论知识，娴熟的临床技术技能；在理论与实践上均有较深造诣、较强的分析能力和判断能力；在学术界或者本专业范围内具有一定的知名度、影响力和权威性。良好的业务素质是可以承担医疗事故鉴定工作的基础条件，是鉴定人本身具有的无可替代的内在功底，不具备良好的业务素质就无法保证鉴定结论的科学性，因而无法胜任鉴定工作。

2.必须具有良好的执业品德。医务人员出于职业上的要求，必须树立全心全意为患者着想的理念，坚持和发扬救死扶伤的人道主义精神，把为患者解除病痛、维护人民健康当做自己毕生为之奉献的崇高事业，这也是专家库成员的最基本的执业品质。医疗事故技术鉴定工作的最终目的，就是要实现鉴定结论的科学性与公平性，而公平性的前提，则取决于参加医疗事故技术鉴定工作的专家能够办事公道，秉公鉴定，在感情上对争议双方当事人不偏不倚，不被任何一方的权势与利益所诱惑，尊重事实，尊重科学，认真负责地提出自己的鉴定意见。因此，进入鉴定专家库的人员必须具有良好的执业记录与社会评价。

3.必须具有一定的资历和工作经验。即该人员必须受聘于医疗卫生机构或者医学教学、科研机构并担任相应专业高级技术职务3年以上。之所以作出这样的规定，主要由于科技的发展，知识的更新，需要给专业技术人员不断的学习与实践时间，否则，难以知道和掌握新的信息与技术，无法对医疗事故争议提出正确的鉴定意见，而不能胜任鉴定工作。

4.健康状况能够胜任医疗事故技术鉴定工作。人们常说“身体是革命的本钱”，没有良好的健康状况，就无法进行日常的鉴定工作。所以，对进入鉴定专家库的人员的健康要求，是保证医疗事故技术鉴定工作正常开展的基本要求。这里要注意的是，并不是说只要有病的人就不能进专家库，只要是不影响鉴定工作，可以开展日常鉴定工作的人，满足以上的条件，就可以进专家库。

二、法医进入专家库的条件

法医是司法机关中运用医学技术对与案件有关的人身、尸体、物品或物质进行鉴别并作出鉴定的专门人员。法医进入专家库应满足以下条件：

1.具有良好的业务素质，能够胜任医疗事故技术鉴定的有关工作；

2.具有良好的执业品德，能够秉公鉴定；

3.健康状况能够胜任医疗事故技术鉴定工作；

4.具有高级技术职务任职资格。

与一般进入专家库的鉴定人员不同的是，没有对法医的工作年限作出规定。

三、聘请进入专家库的人员可以不受行政区域限制

根据《医疗事故技术鉴定暂行办法》的规定：负责首次医疗事故技术鉴定工作的医学会原则上聘请本行政区域内的专家建立专家库；当本行政区域内的专家不能满足建立专家库需要时，可以聘请本省、自治区、直辖市范围内的专家进入本专家库。负责再次医疗事故技术鉴定工作的医学会原则上聘请本省、自治区、直辖市范围内的专家建立专家库；当本省、自治区、直辖市范围内的专家不能满足建立专家库需要时，可以聘请其他省、自治区、直辖市的专家进入本专家库。专家库成员聘用期为4年，聘用期满需继续聘用的，由医学会重新审核、聘用。该规定从医疗事故技术鉴定工作的实际出发,充分考虑到医疗事故技术鉴定工作医学技术特点和各个地区可能存在的技术能力的局限性,为了保证鉴定的科学和公正性,对医疗事故鉴定专家库的组成作出了不受行政区域限制的规定。这一规定保证了不同地区医疗事故技术鉴定专家库的实际鉴定能力和权威性,提高了社会对医疗事故技术鉴定结论的信任程度。地方医学会在组建医疗事故技术鉴定专家库时,可以根据实际需要,针对本地区技术专业比较薄弱或者技术专业仅集中在某一两个医疗机构的情况,在本地和本区域的范围外,聘请符合前述条件的专家进入专家库。

12 如何产生专家鉴定组?

医疗事故技术鉴定由负责组织医疗事故技术鉴定工作的医学会组织专家鉴定组进行。参加医疗事故技术鉴定的相关专业的专家,由医患双方在医学会主持下从专家库中随机抽取。在特殊情况下,医学会根据医疗事故技术鉴定工作的需要,可以组织医患双方在其他医学会建立的专家库中随机抽取相关专业的专家参加鉴定或者函件咨询。

首先,医学会根据医疗事故争议所涉及的学科专业,确定专家鉴定组的构成和人数。医疗事故争议涉及多学科专业的,其中主要学科专业的专家不得少于专家鉴定组成员的二分之一,专家鉴定组组成人数应为3人以上单数,实践中最多见5人组成的专家鉴定组。涉及死因、伤残等级鉴定的,还应当由法医参加鉴定组。死因判断、伤残等级鉴定需要运用法医病理、法医临床等专业知识和技能,法医有相应的专业优势,法医参与有利于保证鉴定结论的准确性。

其次,医学会组织医患双方在鉴定专家库中以随机抽取的方式组成专家鉴定组。这种随机抽取的方式避免了在安排鉴定专家时的人为干扰,体现了专家鉴定工作在程序上的公正性、客观性,有利于提高医患双方对鉴定工作的信任度和医疗事故争议的处理。具体来说,医患双方如何抽取专家鉴定组成员呢?医患双方主要按照下列步骤抽取专家鉴定组成员:

1.医患双方当事人到场后,医学会主持从专家库中随机抽取专家。

2.医学会出示相关专家名册,通常情况是从电脑中调出相关专家名册,请双方当事人提出应回避的专家。

3.医学会将回避的专家名单撤出,并经当事人签字确认后记录在案。

4.按规定回避后,对当事人准备抽取的专家随机编号,并封存备查。

5.让双方当事人随机抽取相同数量的专家编号,最后一个编号由医学会随机抽取。

6.按照上款规定的方法,双方当事人对相关专业的专家各自随机抽取一至两个专家作为候补。

7.如果是涉及死因、伤残等级鉴定的,双方当事人各抽取一名法医。

8.随机抽取结束后,医学会当场向医患双方公布所抽取的专家鉴定组正式和候补成员的编号并记录在案。

抽取专家时应当注意的问题:

1.抽取专家时,必须由医学会主持。如果从专家库抽取专家时,不是医学会主持,则可以以违反鉴定程序来质疑最终的鉴定结果。在医学会主持下随机抽取专家,是医患双方当事人的权利,其中任何一方都可以放弃此项权利,凡放弃此项权利的,应当予以明示。双方当事人均放弃抽取权利的,负责组织医疗事故鉴定的医学会也应以随机抽取的方式聘请专家。

2.必须是随机抽取,而不是任意抽取。任何一方当事人在没有正当理由的情况下,都没有权利不让另一方当事人从专家库中抽取专家。对已经随机选中的专家,除非由于回避因素或者专家本人原因不能参加鉴定的,双方当事人都不得拒绝该专家参加鉴定组。但随机抽取并不代表是任意抽取,而是必须按照一定的程序进行。医学会应当按医学专业将专家库中的专家分成若干专业组,医患双方应当根据鉴定案件的医学专业需要,在相关的专业学科组中分别抽取专家,不能抽取与本例鉴定无关专业的专家参加鉴定,否则视为该抽取的行为无效。

3.医患双方随机抽取的专家人数一般情况下应当多于实际需要参加鉴定组的专家人数,其中超出的部分可以作为候选人,以免有的专家因故不能参加鉴定,影响鉴定工作顺利进行。如果已抽取的专家不参加鉴定组,影响鉴定组法定人数时,医患双方应当在医学会主持下再次抽取。

最后,在特殊情况下,还可以请本地区以外的专家参加本地区医疗事故技术鉴定或者函件咨询。以下为特殊情况可以聘请外地专家的情形。

1.重大疑难的医疗事故案件,本地区的医学技术力量不足以完成技术鉴定,或者还有专门技术性问题需要外地专家提供咨询意见。

2.涉及特殊医学专业类别、新兴的医疗方法;本地医疗机构极少设置的医学专科等发生的医疗事故案件;在对有关专家实施回避制度后,本地区难以抽取符合法定人数的相关专家组成鉴定专家组,需要外地区予以帮助。

3.医疗事故案件,涉及了特殊医疗事故争议当事人,本地区专家无法独力进行鉴定或鉴定后难以取得双方当事人的认可等。

4.在本地区影响较大的医疗事故案件,卫生行政部门或者有关部门要求负责组织医疗事故技术鉴定的医学会邀请本地区以外的专家参加鉴定。

在聘请外地专家时,还应当注意的问题:

1.聘请外地专家也应采取随机抽取的方式进行,不能由医学会指定某专家,也不能根据任何一方当事人的要求聘请本地区以外的某专家参加鉴定。负责组织医疗事故鉴定工作的医学会,应当向双方当事人介绍有关规定,征得双方当事人的同意并在医学会的组织下,在相应的专家库中随机抽取专家。聘请本地区以外专家参加鉴定所增加的鉴定费用,由当事人承担。

2.聘请的外地专家,也应当符合医疗事故技术鉴定的专业类别,不能聘请与鉴定工作无关的医学专家参加鉴定;聘请外地专家提供书面咨询,应当取得双方当事人的同意后进行。医学会一般在遇到上述特殊情况时,聘请的外地专家到本地区鉴定有困难或者经随机抽取的专家因故不能参加鉴定时,可以将有关资料送给本地区以外的专家,请他们提供咨询意见,咨询意见应当以书面形式表达。如果双方当事人同意,医学会也可以采取委托外地有关医学会协助抽取专家提供咨询。这里需要注意的是,本地区以外专家提供的咨询意见,不能作为鉴定意见独立存在,也不能提供给医患双方当事人。咨询意见只提供给负责具体医疗事故技术鉴定的专家鉴定组,作为鉴定过程中的参考意见。专家鉴定组进行综合分析后作出鉴定结论,鉴定结果仍以最终的鉴定结论书为准。

13 什么是医疗事故技术鉴定合议制?

医疗事故技术鉴定合议制是鉴定时先进行充分的讨论,以达成对鉴定结论的共识,无法达成共识的,再通过表决以超半数以上专家的意见作为鉴定结论。根据《医疗事故处理条例》规定:专家鉴定组进行医疗事故鉴定,实行合议制。合议制不仅是医疗事故技术鉴定工作的基本制度,而且是医疗事故技术鉴定工作的重要程序。

首先,合议制是鉴定的基本方式。在鉴定过程中,参加鉴定工作的专家的鉴定能力是有差别的,专家们对医患双方争议的事实,该事实形成原因,医疗机构及其医务人员施行的医疗行为是否违反了医疗卫生管理法律、行政法规、部门规章、诊疗护理规范和常规,医疗过失行为与患者人身损害后果之间是否存在因果关系,医疗过失行为在损害后果中的责任程序、医疗事故的等级等事项,在认识上难免会出现不一致。在这样的情况下,专家鉴定组绝不能以某个专家的意见作为对医疗事故争议的鉴定结论。应当在充分讨论的基础上,通过表决,以专家鉴定组过半数成员的意见作为鉴定结论。

其次,合议制是鉴定的重要程序。专家鉴定组成员在履行医疗事故技术鉴定义务的时候,地位平等、权利相同,不因年龄、专业技术职称、学位、学术地位、行政职务等不同而有所区别。他们享有同等的参加鉴定权、了解被鉴定的医疗事故争议权、向医患双方当事人询问权、听取医患双方当事人陈述与辩解权、提出建议权、表决权、署名权等。任何单位和个人均不得妨碍专家鉴定组成员行使这些权利,否则,就会影响鉴定结论的客观性与准确性。专家鉴定组成员在行使这些权利的同时,也要履行自己的义务,合议制的采用,更好地避免了专家鉴定组成员权利的不适当行使和滥用。

再次,医学科学是一门研究人体生命现象、疾病状态,以及医疗、预防、保健、康复等防治措施的科学,具有很高的技术性、专业性、复杂性。同时,人类对疾病的认识又有一定的局限性,医学家对疾病的认识也可能存在着思维方式的不同,看问题的角度不同,关注的重点不同,面对复杂的疾病状态,每一个人都可能存在一定的盲点和误区,从而不能全面反映出医疗过程的本质和全貌。因此,在进行医疗事故鉴定时不是以鉴定个人的方式进行鉴定,而是集思广益,采用合议制的形式。

最后,由于医学科学技术的不断发展,学科的划分越来越细,专业性也越来越强。有的医疗事故争议可能只限于一个学科或者专业,有的要涉及多个学科或者专业。为了保证医疗事故技术鉴定结论的科学性与正确性,不同的医疗事故技术鉴定只能由与之相关专业的专家进行鉴定,并采用专家鉴定组合议制的方式进行,更利于保证并提高鉴定结论的正确性。

为了防止发生持不同鉴定意见的专家数量相等,无法以其中的一种意见作为鉴定结论的情形,将专家鉴定组人数规定为单数,主要是便于表决出多数专家的意见,使合议制度落到实处。

14 对医疗事故技术鉴定的专家组成员回避情形的规定有哪些?

回避是参加医疗事故技术鉴定的专家鉴定组成员与医患双方当事人有利

害关系或者其他关系，可能影响鉴定的公正性时，应当自行退出或者依照医患双方中任何一方的申请退出该争议鉴定的制度。确立回避制度，对于消除医患双方当事人的疑虑，提高医疗事故技术鉴定的公正性和可信度，防止专家鉴定组成员利用权力徇私舞弊等有重要意义。

第一，申请回避的方式，主要有两种：一是专家鉴定组成员自行回避，当专家鉴定组成员认为自己有规定的回避情形之一的，应当主动要求回避，也就是说自行回避是专家鉴定组成员应有的一项重要义务；二是当事人申请回避，医患双方当事人认为专家鉴定组成员有规定回避的情形之一的，可以向负责组织医疗事故技术鉴定工作的医学会提出申请，要求有关人员回避，也就是说申请回避是医疗事故争议双方当事人享有的一项重要权利。当事人申请回避时，既可以采取口头形式提出申请，也可以采取书面形式提出申请，这样灵活的方式有利于当事人行使权利。

第二，具体回避的情形有：

1.专家鉴定组成员是医疗事故争议的当事人或者当事人的近亲属。如专家鉴定组成员是医疗机构的员工，则该成员需要回避；再如，专家鉴定组成员是患方的配偶、父母、子女、兄弟姐妹、祖父母、外祖父母、孙子女、外孙子女，则该成员也需要回避。

2.专家鉴定组成员与医疗事故争议有利害关系。这里的利害关系，一般是医疗事故技术鉴定的结论可能直接或者间接地损害专家鉴定组成员的经济利益、学术地位、名誉声望等，如参加过引发医疗事故争议的医疗行为的会诊、医疗事故争议初级鉴定等。

3.专家鉴定组成员与医疗事故争议当事人有其他关系，可能影响公正鉴定的。除了上述两种关系以外，还有其他比较亲近或者密切的关系，如上述近亲属以外的其他亲属、邻居、师生、同学、战友、过去的同事和上下级关系等。需要指出的是，并不是所有这种关系都应当回避，只有那些能够影响案件公正处理的其他关系，才应当回避。至于是否能够影响到鉴定的公正进行，不能仅凭主观判断和推测，而是应当以事实为根据来分析、认定这些关系是否能够影响到鉴定的公正进行。

15 医疗事故技术鉴定会的程序是什么？

整个医疗事故技术鉴定大致需要经过受理、书面通知医患双方、当事人提交所需材料、抽取专家组成专家鉴定组、鉴定、作出鉴定结论、送达七个阶段，而这里我们要了解的是在组成专家鉴定组以后，如何进行鉴定的过程，即鉴定会到底是怎样开的？具体来讲，是按照以下的程序进行的：

一、确定鉴定专家组组长

由于医疗事故鉴定由专家鉴定组组长主持，并按照鉴定会程序进行。因此，在每次召开医疗事故鉴定会时，应当首先确定专家鉴定组组长。按照我国关于医疗事故鉴定的法定程序要求，专家鉴定组组长由专家鉴定组成员推选产生，也可以由医疗事故争议所涉及的主要学科专家中具有最高专业技术职务任职资格的专家担任。鉴定会由鉴定组长主持进行。

二、鉴定会的召开程序

在鉴定会开始前，先要有医学会的工作人员，核实双方人员身份，宣读纠纷原由、抽签、收取材料等情况；然后介绍本次鉴定会的专家组成员；最后，鉴定由专家鉴定组组长主持，并按照以下程序进行：

1.双方当事人在规定的时间内分别陈述意见和理由。陈述顺序先患方，后医疗机构。通常情况下，医患双方陈述都是单方的叙述，即患方先陈述，患方陈述完后医方开始陈述，在陈述过程中，不允许任何一方发言和反驳对方的叙述。一般规定陈述的时间为20~30分钟，所以医患双方都应该将自己的陈述意见尽可能写得简单明了，将最主要的部分尽量放在前面陈述，以便使专家更清晰地了解事实情况。双方当事人在陈述意见和理由时，不能有类似法庭辩论的情况，即使对方叙述的经过与事实出入很大，甚至对方作虚假陈述的，另一方也不要有过激的行为，要等待专家组组长许可后，再行发言。

2.专家鉴定组成员根据需要可以提问，当事人应当如实回答。必要时，可以对患者进行现场医学检查。当双方当事人各自叙述完毕，补充说明后，专家组的成员就可以根据各自专业的情况，向医方或者患方，针对具体情况提出问题。通常，问及医方的问题，主要集中在诊断、治疗、处置方式、用药的选择和适应证、禁忌证等方面，而问及患方的问题，多数集中在既往病史、现病史、发病前情况、核实医疗机构救治的经过等方面。一般来说，除非医疗纠纷事实十分明显，或者患者已经完全康复、患者已经死亡等情况外，医疗鉴定的专家往往都会在现场做体检。如果现场检查不能够得出结论的，会告知患者在近期内到相关的医疗机构作仪器辅助检查，并出具报告书。这些辅助检查也是“现场检查”的一部分，会归入到鉴定报告书中，作为鉴定依据。

3.双方当事人退场。在双方当事人完成上述程序后,专家鉴定组组长会告知双方当事人退场,医学会在约定的时间内,出具鉴定报告,并告知领取的时间。这时,笔者需要建议患者及其家属在退场时不要再向鉴定专家喋喋不休地叙述情况,因为具体的情况已经在前面的陈述阶段以叙述的方式陈述过了,如果一直追着专家说,很容易让专家对事实陈述有混乱的认识。同时,患者及其家属更不要与医疗机构发生口角和冲突,因为既然大家想通过法律的途径解决问题,就不要通过非理性的方式再激化双方的矛盾,而不利于纠纷的解决。

4.专家鉴定组对双方当事人提供的书面材料、陈述及答辩等进行讨论。在这个过程中,是各个鉴定专家“闭门磋商”的过程,双方当事人都不能介入。各个鉴定专家在鉴定时要确定医疗行为是否违反法律、行政法规、部门规章,是否违反诊疗操作常规、教科书的规定,是否违反医学常识、常规。仔细分析后,如果确实存在医疗过失行为,那么再分析该行为与患者人身损害后果之间是否存在因果关系,如分析结果是一个医疗过失造成一个损害后果,而且,还是两个以上的医务人员同时具有过失,共同导致患者不良后果等因果关系。通过以上分析讨论,确定患者不良后果的程度,再判断医疗事故等级。专家鉴定组应本着对病员及其家属负责、对医务人员负责的态度,对双方当事人提供的书面材料、陈述及答辩等进行全面的分析、讨论,实事求是地对医疗事件作出科学、公正的鉴定结论。

5.经过合议,根据半数以上专家鉴定组成员的一致意见形成鉴定结论,专家鉴定组成员在鉴定结论上签名。专家鉴定组成员对鉴定结论的不同意见,应当予以注明。医学会参加医疗事故技术鉴定会的工作人员,应记录鉴定会过程和专家的意见。因此,在医疗事故鉴定书上,我们能够看到的是最终的鉴定结论和分析意见,各个专家的意见不会直接写到鉴定书上。医疗事故鉴定书仍然由医学会出具,加盖医学会医疗事故鉴定会公章。各个专家的鉴定意见和签字记载在医疗事故鉴定的相关文件中,患者及其家属看不到直接的文件。同时,这项制度的设立也是为了避免由于个别专家的意见与医疗纠纷各方存在利益冲突,预防纠纷再次发生,为依法保障专家们畅所欲言、客观公正地进行事故鉴定。

三、医疗事故鉴定书的形成

在专家形成鉴定结论后,医疗事故技术鉴定书应当根据鉴定结论制定,并由专家鉴定组组长签发。医疗事故技术鉴定书盖医学会医疗事故技术鉴定专用印章。医学会应当及时将医疗事故技术鉴定书移交鉴定的卫生行政部门。经卫生行政部门审核，对符合规定而做出的医疗事故技术鉴定结论，应当及时送达双方当事人。由双方当事人共同委托的，应直接送达双方当事人。

16 医疗事故鉴定书应当包括哪些内容？

医疗事故技术鉴定书是具有法律效力的文书，内容要合法，格式要规范，语言要准确、严谨、条理清楚。鉴定书除应载明裁定的时间、地点、鉴定组成员外，还包括以下几个方面的内容：

1.双方当事人的基本情况及要求。包括当事人姓名、性别、年龄、住址、身份证号码、简要的治疗经过、陈述的主要意见和理由、申请鉴定时间等；医疗机构要载明医疗机构名称、地址、《医疗机构许可证》代码等；医务人员要载明专业、专业技术任职资格、合法执业资格证书代码等。

2.当事人提交的材料和医学会的调查材料。由于医患双方均有举证的义务，因此，医患双方提供的病案（可以是复印件或复制件）和其他有关材料，都应载入医疗事故鉴定书中。至于当事人提交的材料具体有哪些，在前面已经具体说过了，这里就不再重复。医学会在组织本次医疗事故技术鉴定前进行调查的有关材料，也应一并载入鉴定书中。

3.鉴定过程的说明。主要是对鉴定程序的合法性进行说明，包括鉴定专家的资格是否合法，鉴定专家是否由医患双方当事人在医学会主持下随机从专家库中抽取，鉴定专家的人数和专业是否符合规定，是否实行回避原则，双方当事人是否到场陈述等。

4.医疗行为是否违反医疗卫生管理法律、行政法规、部门规章，以及诊疗护理规范、常规。这一部分应当记载医疗行为如果违反了有关规定，那么违反的是哪部法律、法规规章、常规、规范，要指明违反了哪一条哪一款，由此可公示鉴定过程中适用法律、法规是否适当和正确，以提高鉴定书的质量和法律效力。

5.医疗过失行为与人身损害后果之间是否存在因果关系。在医疗纠纷案件中，因果关系往往是错综复杂的，某一原因可能产生多种损害后果，某一损害后果的发生又可能缘于各种原因。损害后果的发生可能是一个人的过失行为直接造成的，也可能是多个人的过失行为造成的，还可能是医疗过失行为和疾病发展的共同结果。因此，这一部分应当载明医务人员在诊疗过程中的医疗行为是否存在医疗过失，如果存在医疗过失，要以医学科学原理分析这一过失行为与损害后果之间是否存在直接的因果关系，即损害后果是否由医疗过失行为直接引起；如果不存在过失，则说明不存在过失的理由。

6.医疗过失行为在医疗事故损害后果中的责任程度。根据《医疗事故技术鉴定暂行办法》规定，这一部分应当载明患者在接受发生医疗事故争议的治疗之前的疾病状况，医方的医疗过失行为在造成本次损害后果中所起的作用、所占比重如何，从而科学、客观地判定医疗过失行为在造成损害后果中的责任程度。医疗事故中医疗过失行为责任程度分为：完全责任，是医疗事故损害后果完全由医疗过失行为造成；主要责任，是医疗事故损害后果主要由医疗过失行为造成，其他因素起次要作用；次要责任，是医疗事故损害后果主要由其他因素造成，医疗过失行为起次要作用；轻微责任，是医疗事故损害后果绝大部分由其他因素造成，医疗过失行为起轻微作用。

7.医疗事故等级。这一部分应当记载在确认为医疗事故后，应根据《医疗事故分级标准》明确医疗事故的等级。医疗事故分为四个等级，如果医疗事故技术鉴定只作出属于医疗事故的结论而不明确医疗事故等级的，应视为无效鉴定，应当重新组织鉴定，明确事故等级和责任程度。

8.对医疗事故患者的诊疗护理医学建议。医疗事故中的医疗过失行为给患者造成的损害后果，有的仍需要进行持续的医疗和护理。为了降低医疗事故的损害程度，最大限度地保障患者的基本利益，医疗事故技术鉴定书应当向患者提出合理适宜的、常规有效的、经济实用的诊疗护理医学建议，以便患者今后有正确的康复目标。

经鉴定为医疗事故的，鉴定结论应当包括上款后五项内容；经鉴定不属于医疗事故的，应当在鉴定结论中说明理由。医疗事故技术鉴定书格式由中华医学会统一制定。

17 医疗事故技术鉴定结论与医疗损害司法鉴定结论有什么区别？

由于医疗事故技术鉴定涉及专门的医学知识，受到各种技术性规范的制约，医学会又是医疗机构所在地医疗事故技术鉴定的唯一指定组织，只有它的鉴定结论才能作为卫生行政部门认定和处理医疗事故的依据；并且，在医疗事故民事诉讼中，医疗事故技术鉴定结论虽然只是证据的一种，当然地并不具有法律意义上的证据效力，但在诉讼中却具有举足轻重的作用。因此，在医疗事故纠纷的处理中，无论是医患双方协商解决、行政处理，还是采用诉讼方式，医疗事故技术鉴定结论都起着重要的作用。对医疗事故技术鉴定结论进行剖析，认清其属性,对于解决医患纠纷、最大地保障双方的利益都非常必要。

医疗事故技术鉴定结论不同于医疗损害司法鉴定结论。医疗鉴定包括医疗事故技术鉴定和医疗损害司法鉴定，所以医疗鉴定的结论也包括医疗事故技术鉴定结论和医疗损害司法鉴定结论，虽然这两种鉴定结论都属于民事诉讼中的证据,甚至直接被人民法院采纳作为认定案件的依据,但二者在内容和形式上都有明显的区别。

一、二者内容不同

医疗事故技术鉴定结论的内容应当包括:双方当事人的基本情况及要求;当事人提交的材料和医学会的调查材料;对鉴定过程的说明;医疗行为是否违反医疗卫生管理法律、行政法规、部门规章和诊疗护理规范、常规;医疗过失行为与人身损害后果之间是否存在因果关系；医疗过失行为在医疗事故损害后果中的责任程度;医疗事故等级;对医疗事故患者的医疗护理医学建议。而医疗损害司法鉴定结论内容包括受理日期、委托人、委托事由、鉴定要求、送鉴材料情况、检验或者检查过程、鉴定(检验)结论或者审查(咨询)意见、鉴定(检验、审查、咨询)人以及其他应当包括的内容。

二、作出结论的方式不同

医疗事故技术鉴定结论是在专家集体讨论后,共同作出鉴定结论,其文稿由专家鉴定组组长以鉴定结论书的方式签发。医疗事故技术鉴定书盖医学会医疗事故技术鉴定专用印章,专家鉴定组成员不签字。而医疗损害司法鉴定结论上必须有鉴定(检验、审查、咨询)人的签名,并且需要注明专业技术职称,对鉴定结论进行复核的司法鉴定人应当在司法鉴定文书上签名。司法鉴定文书经签发人签发后加盖司法鉴定机构司法鉴定专用章。

三、法庭质证不同

医疗事故技术鉴定结论作为证据在法庭质证时，双方当事人可以自由表达赞成或反对意见,但不能申请人民法院传唤鉴定专家到庭接受质询。而质证医疗损害司法鉴定结论时，不服结论一方可以申请人民法院传唤司法鉴定人到庭接受质询,司法鉴定人应当按照司法机关或者仲裁机构的要求按时出庭。司法鉴定人出庭时,应当出示《司法鉴定人执业证书》,并应依法客观、公正、实事求是地回答司法鉴定相关问题。

由于医疗鉴定结论在处理医疗纠纷民事案件中的重要作用，医患双方无论选择什么途径解决纠纷,都要了解两种鉴定的主要区别,根据实际案情选择医疗事故技术鉴定或医疗损害司法鉴定,以达到趋利避害的效果。

18 对医疗事故技术鉴定结论效力有哪些规定?

医疗事故技术鉴定结论主要用于卫生行政部门处理医疗事故以及人民法院在诉讼中作为证据使用,其效力也主要体现在这两个方面:

一、医疗事故技术鉴定结论在卫生行政部门医疗事故处理中的效力

医疗事故技术鉴定结论做出后,卫生部门需要审核,审核认为符合规定的医疗事故技术鉴定结论,应当作为认定和处理医疗事故的依据,而审核认为不符合规定的,应当要求重新鉴定。所以,医患双方在处理医疗事故纠纷时,如果不是双方协商解决,而是交由卫生行政部门处理,则此时的医疗事故鉴定结论就显得尤为重要。实践中,卫生行政部门对医疗事故技术鉴定结论实施有限审核的原则,也就是卫生行政部门需要对医疗事故鉴定结论进行审核,但只对条例规定的应当审核的内容进行审核, 不对医疗事故技术鉴定结论进行全面的审查。具体审核的内容有:

1.审核鉴定结论时间。卫生行政部门在收到医学会出具的医疗事故技术鉴定书后,还没有进行行政处理或行政调解前,应该对医疗事故技术鉴定结论进行审核。之所以界定审核鉴定结论的时间,主要是为了保障鉴定的独立性和医疗事故处理的效率性。卫生行政部门不参与医疗事故技术鉴定的过程,也不在鉴定的过程中对鉴定程序进行监督审核,不干涉鉴定的过程,这样更有利于鉴定的独立进行; 卫生行政部门对不准备作为卫生行政部门处理或调解依据的不进行审核,更有利于节省处理纠纷的时间。

2.审核鉴定结论内容。对于鉴定结论内容的审查,通常仅限于对程序的审查,具体如下:(1)参加鉴定的人员是否具备条例规定的资格,如果参加鉴定的人员不符合鉴定成员的法定资格条件, 做出的鉴定结论, 无论是否科学和客观,均不能采纳。(2)参加鉴定的人员的专业类别是否与被鉴定的医疗事实相吻合,是否符合鉴定程序规定;对专业鉴定人员技术特性的规定,不符合现定要求的专业人员参加鉴定作出的结论不能采信。(3)参加鉴定的专业人员的人数是否符合条例和国务院卫生行政部门的规定要求, 鉴定人员的比例是否符合条例和国务院卫生行政部门的规定。(4)医疗事故技术鉴定的程序是否符合条例和国务院卫生行政部门的有关规定, 包括鉴定时双方所提供的资料是否符合要求;是否有应当回避的人员参加鉴定,是否听取了医患双方的陈述;鉴定结论的表决是否符合少数服从多数的原则;其他需要审核的内容。

3.审核鉴定结论的方式。一般情况下卫生行政部门只根据负责组织鉴定的医学会出具的鉴定结论书和鉴定过程的有关材料进行审核，只有在书面审核不能反映鉴定过程有关情况，可能影响审核结果的时候才采取其他方式进行审核。例如,卫生行政部门可以通过组织调查,听取医疗事故争议双方当事人的意见等对医疗事故技术鉴定结论进行审核。需要注意的是,卫生行政部门组织调查和听取医疗事故争议双方当事人的意见，并不针对医疗事故争议的事实和医疗行为是否有过失,是否构成医疗事故等方面进行调查和听取意见。而是调查和听取意见的范围仅限于需要对医疗事故技术鉴定程序等方面进行审查的内容,如回避制度的执行,资料的全面与否,是否听取双方陈述,参加鉴定的有关人数专业类别等内容。现实中,是否采取组织调查,听取双方当事人意见的方式,应当由负责处理该医疗事故争议的卫生行政部门,根据实际情况灵活掌握,而法律没有对此作出强制性的规定。

4.根据实际需要进行审核。如果当事人在作出医疗事故技术鉴定结论后,不要求卫生行政部门进行赔偿调解,要求通过诉讼程序解决争议,那么卫生行政部门就没有必要审核,应当由人民法院在诉讼中进行审核,卫生行政部门无须就鉴定情况作出确认或者裁决行为。如果鉴定结论是首次进行的医疗事故技术鉴定,当事人已经对鉴定结论提出异议,向卫生行政部门提出再次鉴定的申请,卫生行政部门不能依据首次鉴定结论进行处理或调解,卫生行政部门无需对当事人提出的申请进行审核,也无需对首次医疗事故技术鉴定进行审查。

总的来说,卫生行政部门对鉴定结论进行审核的目的,在于通过审核,验证鉴定过程合法的要素是否存在，以确定该鉴定结论在法律意义上的证明效力,而不是审核医疗事故鉴定结论的医学技术要素和医患纠纷的事实情况。因此，卫生行政部门审核的最终目的在于确定该鉴定结论能否作为进行医疗事故处理和调解的合法证据。实践中,只要鉴定结论是依据条例规定做出,即鉴定结论的做出过程和表述形式符合法定要求,卫生行政部门就必须采信,必须作为行政处理和行政调解的依据，其处理行为和调解行为在实体上必须与鉴定结论相吻合。

二、医疗事故技术鉴定结论在诉讼中的证据效力

当医患纠纷发生后,如果当事人向人民法院提起民事诉讼,在诉讼中,不论是诉讼中移交医学会进行鉴定作出的鉴定结论，还是诉讼前已经作出的医疗事故技术鉴定结论，都具有同等的效力，通常都当做诉讼的证据来看，人民法院对其具有法定的审查权，既可以采信它，也可以否定其效力。由于任何一种证据都必须依法定程序经司法人员审查或者当事人提供经法庭质证后，才可以作为判案的依据，因此，医疗事故技术鉴定结论也不例外，也同样需要法庭的审查和质证，只有该鉴定结论的真实性、合法性、关联性被充分证实后才能被法官采信。再加上医疗事故技术鉴定结论具有主观性、失真倾向性、客观真实性、严格条件性等特点，更要求对鉴定结论做好审查和质证。

1.法院对医疗事故技术鉴定结论的审查。根据《最高人民法院关于民事诉讼证据的若干规定》的相关规定，人民法院委托鉴定部门作出的鉴定结论，当事人没有足以反驳的相反证据和理由的，可以认定其证明力。可见，法院对法院委托的鉴定得出的医疗事故技术鉴定书的结论持绝对肯定态度，法院只对鉴定书的格式进行审查，无须对鉴定结论进行实质性的审查。对于鉴定结论的证明力，规定了鉴定结论的证明力要大于一般书证。为公正公平地处理医患纠纷，必然要求法官正确对待鉴定结论，应该有义务查明鉴定结论，认定其证据能力。法官可以根据自己的审判经验，对医疗事故鉴定人员、医疗事故鉴定组织、医疗事故鉴定程序、医疗事故鉴定依据、医疗事故鉴定结论、医疗事故鉴定书的格式等进行合法性审查，作出自己的判断，以准确认定案件事实。对于不合法的鉴定结论应当不予采信，要求医学会另行组织专家组进行重新鉴定。

2.双方当事人对医疗事故技术鉴定结论的质证。证据应当在法庭上出示由当事人质证。未经质证的证据，不能作为认定案件事实的依据。即双方当事人应该对案件的证据进行质证，排除合理疑点，才能说明其证据效力，才能被法院采信。双方在质证过程中可以借助专家辅助人对鉴定结论提出有抗辩力的质疑，有助于法官理性判断鉴定结论，确保诉讼的公平公正。这里的“专家辅助人”是那些在科学、技术以及其他专业知识方面具有特殊的专门知识或经验的人员，根据当事人的委托并经法院准许，出庭辅助当事人对讼争的案件事实所涉及的专门性问题进行说明或发表专业意见和评论的人。专家辅助人在诉讼中只有辅助的地位和作用，它只对专门性问题辅助当事人进行诉讼，其所陈述的专家意见，仅是替补一方当事人对案件涉及的专业问题的说明意见。专家辅助人发表的意见具有专门性、独立性、中立性，并不是当事人意志的体现，所以绝对不是诉讼代理人而是一种独立的诉讼参加人。

经法院审核和庭审质证，该鉴定结论没有足够的疑点，当事人或者法官没有足够证据反驳，则鉴定结论的证据效力即被法院认可，应当作为判案的依据。法院或当事人对鉴定结论持有异议时，应当陈述其理由，鉴定结论法院采信与否都应当在判决书中说明理由。

19 出现多个鉴定结论怎么办？当事人对鉴定结论不服时该如何救济？

对于双方协商解决医疗事故纠纷的鉴定结论，如果出现多个鉴定结论的，还是应当本着共同协商的原则，来确定采用哪个鉴定结论。如果是交由卫生行政部门处理的医疗事故，出现多个鉴定结论的，通常采纳最后的医疗事故鉴定结论作为处理依据。《医疗事故技术鉴定暂行办法》第41条也作出规定："县级以上地方卫生行政部门对发生医疗事故的医疗机构和医务人员进行行政处理时，应当以最后的医疗事故技术鉴定结论作为处理依据。"如果在诉讼中，出现多个鉴定结论，具体采纳哪个鉴定结论，是否将鉴定结论作为定案证据，最终由法官作出判定。实践中，鉴定结论原则上无级别之分，但有个别鉴定结论，如果存在市医学会和省医学会的鉴定结论不一致，法院一般会以省医学会为准；如果存在当事人自行委托和法院委托两份鉴定结论，法院一般会采信法院委托鉴定的结论。为了最大限度地维护自己的合法权益，专家不建议当事人自行委托鉴定。

当事人对医疗事故技术鉴定结论不服的，不能申请行政复议，而只能以其他方式解决。目前主要有以下三种救济途径：

1. 自收到首次鉴定结论之日起15日内向医疗机构所在地卫生行政部门提出再次鉴定的申请，由省级地方医学会负责组织再次鉴定。卫生行政部门收到医疗事故技术鉴定书后，应当对参加鉴定的人员资格和专业类别、鉴定程序进行审核，但由于这种"审核"只是形式上的审查核实，一般情况下很难从实体上改变医疗事故技术鉴定的内容。

2. 待卫生行政部门依据该有争议的鉴定结论对医疗事故作出处理决定后，就该处理决定向上一级卫生行政部门申请行政复议或向法院提起行政诉讼，由上一级卫生行政部门和法院分别在行政复议和行政诉讼中对鉴定结论的效力进行审查。这里的行政复议和提起的行政诉讼，是在卫生行政部门已经对医疗事故作出处理之后而作出的，是针对卫生行政部门的具体行政行为而采取的方式，并不是对医疗事故鉴定结论的行政复议和行政诉讼，对鉴定结论只能作为证据在行政复议和行政诉讼中进行审查。

3.直接以医疗事故争议的对方当事人(通常是医疗机构及其医务人员)为被告提起民事赔偿诉讼，由法院在民事审判过程中对医疗事故技术鉴定结论的证据效力进行审查。

20 如何理解医疗事故技术鉴定的重新鉴定和再次鉴定?

一、重新鉴定

所谓医疗事故技术鉴定的重新鉴定，是医学会对经卫生行政部门审核认为参加鉴定的人员资格和专业类别或者鉴定程序不符合规定，需要重新鉴定的,而必须重新组织的鉴定。这是对卫生行政部门的约束性规定,不是卫生行政部门可以自行决定的事项，同时也体现了医疗卫生行政部门对医疗事故鉴定程序的事后监督职能。

1.重新鉴定的具体情况

(1)如参加鉴定的人员资格和专业类别不符合规定的,应当重新抽取专家,组成专家鉴定组进行重新鉴定。比如,参加鉴定的人员所涉及的医学专业类别与此医疗事故纠纷案件需要鉴定的医学专业不符，此时就需要重新抽取专家,重新组成专家鉴定组作重新的鉴定。

(2)如鉴定的程序不符合规定而参加鉴定的人员资格和专业类别符合规定的,可以由原专家鉴定组进行重新鉴定。

(3)卫生行政部门经审查发现医疗事故技术鉴定不符合条例规定的则不予采信,应当要求重新鉴定。鉴定不符合条例规定,卫生行政部门将不采信医疗事故技术鉴定结论，也不能自行决定如何处理医疗事故争议和进行赔偿调解,所以就必须要求负责组织鉴定工作的医学会重新组织鉴定。

2.当事人提出重新鉴定申请的证据

(1)鉴定机构或者鉴定人员不具备相关的鉴定资格。

(2)鉴定程序严重违法。

(3)鉴定结论明显依据不足。

(4)经过质证认定不能作为证据使用的其他情形。

3.重新鉴定的效力

之所以进行重新鉴定,主要是因为原鉴定在鉴定程序等方面存在问题,因此,原鉴定自然无效,不论原鉴定和重新鉴定的鉴定结果是否有冲突,都是以重新鉴定的鉴定结论为准。根据有关规定,县级以上地方卫生行政部门对发生医疗事故的医疗机构和医务人员进行行政处理时,应当以最后的医疗事故技术鉴定结论作为处理依据。值得大家注意的是,重新鉴定是针对原鉴定而言的,即原鉴定既可以是首次鉴定,也可以是再次鉴定,只要卫生行政部门认为鉴定存在鉴定程序等方面的问题,需要重新鉴定的,组织原鉴定的医学会就必须重新组织鉴定。因此,首次鉴定和再次鉴定都存在重新鉴定的可能。

4.重新鉴定申请书应写明的主要内容

(1)申请人的基本情况,如姓名、性别、民族、住址等。

(2)申请的理由,如诊治概要、对原鉴定过程的说明、个人或者专家的分析意见、不服鉴定结论的理由等等。

(3)申请由哪个医学会鉴定。

(4)申请时间和日期。

5.重新鉴定还应注意的问题

(1)为了保证重新鉴定过程的合法性,卫生行政部门在要求负责组织医疗事故技术鉴定的医学会,对其已经组织过了医疗事故技术鉴定的医疗事故争议,重新组织医疗事故技术鉴定时,应当明确指出其前一次鉴定的问题,提出改正意见。

(2)据实际情况重新鉴定的要求应当以书面方式告知,负责组织医疗事故技术鉴定工作的医学会,对于卫生行政部门提出的重新鉴定要求,相关的医学会应当履行并自行承担由此发生的费用。

(3)卫生行政部门应当将要求重新鉴定的情况,书面告知医疗事故争议的双方当事人,当事人应配合相关的医学会重新组织医疗事故技术鉴定,行使相应的权利,履行相应的义务。当事人不配合而造成后果的,由拒绝配合的一方当事人承担相应的责任。

二、再次鉴定

再次鉴定是医疗事故争议当事人或其法定代理人不服地方医学会作出的首次鉴定结论,依照《医疗事故处理条例》和国务院卫生行政部门制定的《医疗事故技术鉴定办法》规定的程序和期限,向医疗机构所在地卫生行政部门提交请求所在省、自治区或直辖市地方医学会给予再次鉴定的书面申请。

1.再次鉴定的提起条件

(1)必须是医疗事故争议当事人或其法定代理人提出的。

(2)必须是对地方医学会作出的首次鉴定不服所提出的,其"不服"的内容可包括对事实的认定、法律法规的适用和鉴定的程序等事项。

(3)必须是依照本条例和国务院卫生行政部门《医疗事故技术鉴定办法》规定的程序和期限。

(4)必须是向送达首次医疗事故技术鉴定书的卫生行政部门提出申请。

(5)由所在省、自治区或直辖市地方医学会组织再次鉴定的当事人或其法定代理人,向医疗机构所在地卫生行政部门提交再次鉴定的申请书时,必须按照本《医疗事故处理条例》第28条的规定:同时提交医疗事故技术鉴定所需要的材料,以及负责首次医疗事故技术鉴定工作的医学会出具的首次医疗事故技术鉴定书。

2.再次鉴定申请的受理机关

再次鉴定申请的受理机关是医疗机构所在地卫生行政部门。之所以这样规定,一是为了方便当事人申请再次鉴定。因为负责组织再次鉴定的地方医学会设在省、自治区、直辖市人民政府所在地,由医疗机构所在地卫生行政部门受理再次鉴定申请,可以避免当事人因路途较远而增加时间、财力和精力的浪费;二是因为按《社会团体登记管理条例》第6条规定:地方卫生行政部门是辖区内地方医学会的业务主管单位,本条规定便于卫生行政部门了解、掌握和管理医疗事故技术鉴定工作;三是因为地方卫生行政部门是辖区内医疗机构及其医务人员的监督管理部门,有利于卫生行政部门监督管理医疗机构的医疗服务质量和医务人员的执业行为。

3.申请再次鉴定的期限

为使医疗事故争议及时得到解决,医疗事故技术鉴定的运作周期必须加以严格限定。有关规定如下:任何一方当事人对首次医疗事故技术鉴定结论不服的,可以提起再次鉴定申请,提起再次鉴定申请的期限为15天,自收到医疗事故技术鉴定结论的次日起计算,超过15天提出再次鉴定申请的,当地卫生行政部门不予受理。申请再次鉴定的,卫生行政部门应当自收到申请之日起7日内交省、自治区、直辖市地方医学会组织再次鉴定。再次鉴定的费用缴付方,一般为提起再次鉴定的当事人。

4.再次鉴定不同于重新鉴定

再次鉴定是当事人不服首次由地、市、县一级医学会组织的医疗事故技术鉴定,作出的鉴定结论,向卫生行政部门提出申请,由卫生行政部门交省、自治区、直辖市以及地方医学会,再次组织对该医疗事故争议进行医疗事故技术鉴定。即使是首次组织的医疗事故技术鉴定符合条例规定，也可以进行再次鉴定,由于再次鉴定由不同的医学会进行鉴定,所以申请鉴定的当事人应当依法承担再次鉴定的费用。而重新鉴定是卫生行政部门审核认为准备作为行政处理依据的鉴定结论,其作出过程不符合条例的规定,而要求原来组织该项医疗事故技术鉴定的医学会依照条例规定程序,重新组织一次鉴定。因此,重新鉴定是以前一次鉴定不符合条例规定为前提的，医疗事故争议当事人双方均不应当承担由此发生的鉴定费用。

21 医疗事故技术鉴定是否可以收费？具体收费的规定是什么？

医疗事故技术鉴定会收取一定的鉴定费用,具体由谁来交鉴定费用,要根据实际的情况,具体情况具体分析。

一、医疗事故技术鉴定费用

鉴定费是医患双方当事人委托或者申请对医疗事故进行医疗事故技术鉴定时,应当向鉴定机构交纳一定数额的费用。医疗事故技术鉴定,可以收取鉴定费用。

1.鉴定费用包括的内容

开展医疗事故的技术鉴定必然需要一定的工作经费，用以支付专家鉴定组的劳务费和交通费,调查取证人员的差旅费,鉴定机构的日常办公费等项开销,保证医疗事故技术鉴定工作的顺利进行。因此,医疗事故技术鉴定的费用通常是鉴定机构和专家鉴定组开展职权内的有关鉴定事项支出,具体包括专家鉴定组的劳务费和交通费,调查取证人员的差旅费,鉴定机构的日常办公费等。

需要注意的是,鉴定费不包括应医患双方的要求或者鉴定工作的需要,另行委托其他法定的专门机构进行转制鉴定所需要费用的支出,例如,对《医疗事故处理条例》第 17 条规定中有关事项的检验,所需支付的费用,由责任方支付,这里的鉴定费用不属于医疗事故鉴定费用,当事人应当另行支付。再如,对病历资料的真实性进行检验的费用，对尸体解剖所需的费用或者对其他病理检查所需的费用,都是需要当事人另行支付的费用。

2.鉴定费用标准

考虑到全国各地方的经济发展不平衡,有的甚至差距较大,制定统一的鉴定费标准不切实际。因此,鉴定费用标准由省、自治区、直辖市人民政府价格主管部门会同同级财政部门、卫生行政部门规定。具体制定鉴定费标准,应当注意参考以下因素:(1)本行政区的经济发展状况;(2)人民群众的生活水平和承受能力;(3)医疗事故技术鉴定工作所需的成本;(4)鉴定费标准不是一成不变的,随着经济水平的提高和鉴定成本的增加,主管部门可以作适时的修订。

3.鉴定费用的减免

在我国,对于医疗事故鉴定费用是否可以减免,没有作出减免情况的具体规定。但是,我国各个地方都有出台减免交纳鉴定费的辅助性法规,对符合法律援助的委托人申请医疗事故鉴定,凭法律援助机构受理法律援助申请的通知,或人民法院提供司法救助的通知,或司法鉴定机构所在地县级以上司法行政机关作出的应予法律援助的通知,鉴定机构予以减半或免收鉴定费。因此,如果患者及其家属因为经济困难无法交纳鉴定费的,可以查看本地方的司法局的相关规定,积极申请法律援助,争取减免鉴定费用。

二、医疗事故技术鉴定费用负担

委托医学会进行医疗事故技术鉴定,应当按规定缴纳鉴定费。鉴定费实行的是预先交纳的办法,即申请进行鉴定,应当先预交鉴定费,然后再根据鉴定结论确定最后由谁支付。经鉴定,属于医疗事故的,鉴定费用由医疗机构支付;不属于医疗事故的,鉴定费用由提出医疗事故处理申请的一方支付。具体情况如下:

1.双方当事人共同委托医疗事故技术鉴定的,由双方当事人协商预先缴纳鉴定费。

2.卫生行政部门移交进行医疗事故技术鉴定的,由提出医疗事故争议处理的当事人预先缴纳鉴定费。

3.卫生行政部门接到医疗机构关于重大医疗过失行为的报告后,对需要移交医学会进行医疗事故技术鉴定的,鉴定费由医疗机构支付。

4.法院首次委托鉴定的,由医疗机构缴付。

5.对首次鉴定不服,再次申请鉴定的,由申请再次鉴定人预先垫付;再次鉴定维持原鉴定结论的,由申请人支付;再次鉴定变更原鉴定结论的,由没有申请的一方支付。对于首次的鉴定费用的支付,不会因新的鉴定结论的变更而改变。

6.重新鉴定时不得收取鉴定费。

第六章 医疗事故的举证21问

1 医疗事故发生后，应当注意收集哪些证据材料？

医疗事故发生后，要想在处理纠纷时获得主动，第一时间内保存和收集证据材料是非常重要的。医疗事故纠纷在处理时需要一定的证据来支持自己的观点和主张，而目前的病历、检验单据通常由医院保管，发生纠纷后，患者一方通常比较被动。因此，医患双方尽可能地获得对自己有利的证据，才能在医疗事故纠纷中最大限度地保障自身的利益。

那么，什么是证据材料？证据材料就是一切未经查证属实，由司法机关、当事人及其代理人、辩护人收集到的，在诉讼中被提出用以证明案件真实情况的事实材料。根据《民事诉讼法》的规定，证据主要有：书证、物证、视听资料、证人证言、当事人的陈述、鉴定结论、勘验笔录七大类。一般来说，医疗事故纠纷中的证据主要包括病历、检验单、处方及药品、输血输液剩余液、手术切除组织等一切可以证明医疗过程真实情况的材料。在医疗事故发生后，就应当注意收集以下材料：

一、病历

病历包括住院病历、门诊病历、急诊病历和病历质量分析，是患者就诊最原始的证据材料，由医生记载了患者的基本情况、医生的查体、诊断和处理意见及处方。《医疗事故处理条例》也对此作出明确规定，医疗机构应当按照国务院卫生行政部门规定的要求，书写并妥善保管病历资料。因抢救急危患者，未能及时书写病历的，有关医务人员应当在抢救结束后6小时内据实补记，并加以注明。严禁涂改、伪造、隐匿、销毁或者抢夺病历资料。患者有权复印或复制其门诊病历、住院志、体温单、医嘱单、化验单（检验报告）、医学影像检查资料、特殊检查同意书、手术同意书、手术及麻醉记录单、病理资料、护理记录以及国务院卫生行政部门规定的其他病历资料。患者要求复印或者复制病历资料的，医疗机构应当提供复印或者复制服务，并在复印或者复制的病历资料上加盖证明印记。复印或者复制病历资料时，应当有患者在场。

二、检验单

检验单包括各种化验单和医疗仪器的检查结果等。由于目前医学检验手段的发展，医生的诊断越来越多地依赖于各种检验和医疗仪器。这些检验结果是非常重要的个人资料，若对检验结果反映的异常情况未予重视，或者有疾病未能检验出，造成漏诊、误诊，一般都属于医方的责任。

三、处方及药品

目前各医院通常会将处方交患者一份，患者要注意保存。此外，药品以及药品包装袋等也是较为重要的证据。处方可以反映医生是否用错药，剩余药品及包装袋可以反映药房或护士是否发错药。

四、输血输液剩余液或包装袋

输血输液在临床上容易导致患者的不良反应，一旦患者出现不良反应或引发了医疗纠纷，患者要注意保存输血输液剩余液或其包装袋，以便日后送交有关部门检验。除此之外，手术患者组织切除物等也是处理医疗纠纷时的有利证据。疑似输液、输血、注射、药物等引起不良后果的，医患双方应当共同对现场进行封存和启封。

五、证人证言

实践中，患方和医方常常就医疗机构是否实施了或未实施某一行为发生争议。但是，医疗机构往往提出患者的叙述不真实，与病历记载不一致，而根据病历记载，医疗机构是没有过失的。在这种情况下，若患者不能提出其他证据，则其要求或主张就难以得到医疗事故鉴定机构或法院的支持。为了避免上述情况发生而采用的一项重要措施便是收集了解事实真相者的证言，即证人证言。因此，当患者及其家属怀疑治疗问题且医疗单位有可能予以否认时，则应注意记录当时在场者或了解情况者(如同病房的病人)的姓名、工作单位或住址，以及联系方法，既可当时进行取证，也可过后再进行调查取证。

② 医疗事故发生后如何进行证据保全?

由于人们法律意识和自我保护意识的增强，当发生医疗事故后，医患双方通过法律的途径解决医疗事故争议的情况也越来越多，患者解决纠纷的关键是如何证明自己的权益受到侵害，而医方则是证明自己在医疗行为中没有过失。因此,处理医疗事故的相关机构在医患双方通过合法途径解决纠纷的过程中起到重要的协调作用,特别是在指导医患双方正确地保全证据中有着举足轻重的作用。证据保全则是医疗事故处理和诉讼过程中的关键环节。我们具体来看,什么是证据保全以及如何采取证据保全?

一、什么是证据保全

证据保全是遇到证据有可能自然灭失、人为毁灭或者以后难以取得的情况时,在医疗事故处理前,用一定的形式将证据固定下来,加以妥善保管的一种措施。其主要目的是为了更好地证明案件事实,公正地解决医疗事故纠纷。我国民事诉讼法中对证据保全也作出规定,在证据可能灭失或者以后难以取得的情况下,诉讼参加人可以向人民法院申请保全证据,人民法院也可以主动采取保全措施。然而,医疗事故从发生到诉讼是一个漫长的过程,等到提起诉讼后才申请人民法院保全证据大多为时已晚,难以被医患双方接受和认可,因此医患双方极少向人民法院申请证据保全。因此,《医疗事故处理条例》中对病历和可疑医疗物品的保全进行了规定,要求医患双方当事人自行实施证据保全。这种规定切实符合医疗事故处理的流程和时限,在实践中经常采用。

医疗事故的发生具有突发性、不可逆性等特点,而且由于患者的身体状况、个体差异、病情进程、精神情绪等的影响,医疗事故发生后模拟是几乎不可能的。再加上事发当时的证据,如药物、残余输液、输血残留物等很容易发生污染、变质、损毁,如果不及时妥善保管、提取、固定,就达不到收集证据的目的,将给今后纠纷中认定案件事实带来很大的困难。因此,采用恰当的方式,合法地保全证据的真实性和证明力,对医疗事故的认定具有非常重要的意义。

二、证据保全的方法

关于证据保全的方法,没有相关的具体规定。实践中,根据证据的不同而有所区别:对书证,要尽可能提取原件,提取原件确有困难的,可提取复制品、照片、副本、节录本等加以保全;对物证,可通过勘验笔录、拍照、录像、绘图、复制模型或者保持原物的方法保全;对视听资料,可通过录像、录音磁带反映出现的形象或音响,或者利用电子计算机贮存的资料加以保全;对证人证言、当事人的陈述可采用笔录或者录音的方法加以保全,并力求准确、可靠,保持其原稿或原意,笔录经本人核对盖章后,正式附卷加以保存,不得损坏或未经批准而销毁;对年迈、重病、有死亡可能的证人,或者即将出国的证人,要不失时机地进行取证。凡涉及到国家机密、商业秘密和个人隐私的证据、黄色书刊、淫秽图片等证据，都应当设有专人保管，以免向外流传，造成失密或不良影响。总之，对证据的保全，要做到不变质、不损坏、不丢失，力争保持证据的原样或原意，以充分发挥其证明效力。在医疗事故中的证据保全具体表现为：

1.医疗文书的保全

医疗文书的保全主要发生在医疗事故争议时，对死亡病例讨论记录、疑难病例讨论记录、上级医师查房记录、会诊意见、病程记录等应当在医患双方在场的情况下封存和启封。由于病历是患者在医院中接受问诊、查体、诊断、治疗、检查、护理等医疗过程的所有医疗文书资料，反映了患者从就诊到发生医疗纠纷之日的整个治疗过程，所以，对病历的保全是医疗文书保全中首要保全的证据。

(1)门(急)诊病历的保全

对于门(急)诊病历，其内容包括门诊病历首页(门诊手册封面)、病历记录、化验单(检验报告)、医学影像检查资料等。门(急)诊病历首页内容应当包括患者姓名、性别、出生年月、民族、婚姻状况、职业、工作单位、住址、药物过敏史等项目。门诊手册封面内容应当包括患者姓名、性别、年龄、工作单位或住址、药物过敏史等项目。门(急)诊病历记录分为初诊病历记录和复诊病历记录。初诊病历记录书写内容应当包括就诊时间、科别、主诉、现病史、既往史，阳性体征、必要的阴性体征和辅助检查结果，诊断及治疗意见和医师签名等。复诊病历记录书写内容应当包括就诊时间、科别、主诉、病史、必要的体格检查和辅助检查结果、诊断、治疗处理意见和医师签名等。

门(急)诊病历记录应当由接诊医师在患者就诊时及时完成。在医疗机构建有门(急)诊病历档案的，其门(急)诊病历由医疗机构负责保管；没有在医疗机构建立门(急)诊病历档案的，其门(急)诊病历由患者负责保管。对于患者自己保存的门(急)诊病历，患者要注意保存，在提出医疗事故处理或者鉴定的时候提交。

(2)住院病历的保全

对于住院病历内容包括住院病案首页、住院志、体温单、医嘱单、化验单(检验报告)、医学影像检查资料、特殊检查(治疗)同意书、手术同意书、麻醉记录单、手术及手术护理记录单、病理资料、护理记录、出院记录(或死亡记录)、病程记录(含抢救记录)、疑难病例讨论记录、会诊意见、上级医师查房记录、死亡病例讨论记录等，住院病历由医疗机构负责保管。对于住院病历，由于不是由患者保存，所以，在发生医疗争议后，患者要及时注意保全。患者如何对此类病历进行保全呢？

首先，患者应对记录患者的症状、体征、病史、辅助检查结果、医嘱等客观情况的资料，还包括为患者进行手术、特殊检查及其他特殊治疗时向患者交待情况、患者或其近亲属签字的医学文书资料进行保全。如住院志、体温单、医嘱单、化验单(检验报告)、医学影像检查资料、特殊检查同意书、手术同意书、手术及麻醉记录单、病理资料、护理记录等。患者对该类资料的保全，可以通过复印或者复制的方式进行。患者要求复印或者复制的，医疗机构应当提供复印或者复制服务并在复印或者复制的病历资料上加盖证明印记，复印或者复制病历资料时，应当有患者在场。

其次，患者对在医疗活动中医务人员通过对患者病情发展和治疗过程进行观察、分析、讨论，并提出诊治意见等而记录的资料进行保全。例如，死亡病历讨论记录、疑难病历讨论记录、上级医师查房记录、会诊意见、病程记录等。对于此类资料的保全，应当在医患双方在场的情况下封存和启封。封存的病历资料可以是复印件，由医疗机构保管，在进行医疗鉴定和法院进行审理的时候，由医疗机构提交。

2.可疑医疗物品的保全

在医疗事故处理的实践中，患者经常会在接受诊疗活动中突然出现异常情况，对于这些异常情况，到底是诊疗失误所致，还是药物、输液、输血等所致，只有通过对相关物证进行鉴定才可以作出判断。因此，要对这些可疑医疗物品进行封存，由于此类物品超过一定的时限将会发生品质改变，可能腐败、污染，因此，这些物品在封存之后需要及时送去检验、检测或鉴定。

在疑似输液、输血、注射、药物等引起不良后果的时候，对于输液、输血、注射的实物和药物应采取保全措施。《医疗事故处理条例》第17条规定："疑似输液、输血、注射、药物等引起不良后果的，医患双方应当共同对现场实物进行封存和启封，封存的现场实物由医疗机构保管；需要检验的，应当由双方共同指定的、依法具有检验资格的检验机构进行检验；双方无法共同指定时，由卫生行政部门指定。疑似输血引起不良后果，需要对血液进行封存保留的，医疗机构应当通知提供该血液的采供血机构派员到场。"

③ 什么是病历？病历是如何制作的？

病历是医务人员在医疗活动过程中形成的文字、符号、图表、影像、切片等资料的总和,包括门(急)诊病历和住院病历。病历记录记载了对疾病诊断、治疗、护理和操作过程,反映了疾病发生、发展和治疗的全过程,其病历记载的信息基本上能够证明医护人员在诊疗护理过程中有无违反操作常规的事实。如果引起医疗事故纠纷的话,对于保障医疗事故技术鉴定的准确性和正确性,认定医疗事故争议的事实和医疗事故争议的正确处理都有积极的作用, 同时也是保护医患双方合法权益的重要证据。

由于病历具有证据功能,这就要求医护人员应全面、及时、清晰、准确地进行记录。那么,病历具体应该如何制作呢,大致如下:

一、病历的书写要遵循及时的原则

对新入院的患者,应在 24 小时内完成入院记录,对于急诊应当立即填写。病程记录一般每天记录一次,抢救危急患者未能及时书写病历的,应当在抢救结束后 6 个小时内据实补写,并加以注明。

二、病历的书写要清晰、规范,字迹要清楚、整洁

很多人都有在医院看病的经历,相信大家都有过这样的感觉,经常不知道医生在病历上写的是什么,似乎每位医生都是“草书”派的传人,他们书写的“天书”根本无法辨认。患者如果再次询问医生时,医生经常由于工作繁忙而随便解说几个难懂的专业术语就让患者取药走人,而“天书”般记载的病历使患者更是无法明白自己的疾病情况,这无疑是对患者知情权的侵犯。因此,医疗服务作为一种特殊的消费服务,患者有知悉其购买、使用的药品或接受的服务真实情况的权利。所以,病历的书写清晰、规范是病历制作中的基本要求。

三、病历的填写必须真实

真实地记载病历是真实反映整个医疗过程的根本保障。病历的真实性是决定病历能否作为证据证明案件事实的最基本条件。因此,《医疗事故处理条例》第 58 条规定:“医疗机构或者其他有关机构违反本条例的规定,有下列情形之一的,由卫生行政部门责令改正,给予警告;对负有责任的主管人员和其他直接责任人员依法给予行政处分或者纪律处分;情节严重的,由原发证部门吊销其执业证书或者资格证书。”其中的一种情况就是“涂改、伪造、隐匿、销毁病历资料”,也就是说病历的记载必须如实地反映患者的各种情况,任何不负责任的涂改、伪造、隐匿和销毁行为都是违法的。但是由于医学水平的原因，病历的书写错误也是在所难免的，因此，对病历的书写制作应严格按照规定的病历修改程序修改病历，只有在法律规定的范围内、符合法律规定的条件的修改行为才是合法的。

4 入院病历的内容有哪些？

医生在患者入院时要询问清楚其病史，在询问病史时要对患者热情、关心、认真负责，取得患者的信任和协作，询问时既要全面又要抓住重点；应实事求是，避免主观臆测和先入为主。当病人叙述不清或为了获得必要的病历资料时，可进行启发，但切忌主观片面和暗示。要询问的病史大致包括以下内容。

一、一般项目

姓名，性别，年龄，婚姻，民族，职业，出生地，现住址，工作单位，身份证号，邮政编码，电话，入院时间，记录时间，病史叙述者（注明可靠程度）。

二、主诉

主诉是患者入院就诊的主要症状、体征及其发生时间、性质或程度、部位等，根据主诉能产生第一诊断。主诉语言要简洁明了，一般以不超过20字为宜。不以诊断或检验结果为主诉内容，除非是确实没有症状的患者。主诉多于一项时，可按主次或发生时间的先后分别列出。

三、现病史

是病史中的主体部分。围绕主诉，按症状出现的先后，详细记录从起病到就诊时疾病的发生、发展及其变化的经过和诊疗情况。其内容主要包括：

1.起病时间、缓急，可能的病因和诱因，必要时包括起病前的一些情况。

2.主要症状或者体征出现的时间、部位、性质、程度及其演变过程。

3.伴随症状的特点及变化，对具有鉴别诊断意义的重要阳性和阴性症状或体征，亦应加以说明。

4.对患有与本病有关的慢性病者或旧病复发者，应着重了解其初发时的情况和重大变化以及最近复发的情况。

5.发病以来曾在何处做何种诊疗，主要包括诊疗日期，检查结果，用药名称及其剂量和用法，手术方式，疗效等。

6.与本科疾病无关的未愈仍需诊治的其他科重要伤病，应另段叙述。

7.发病以来的一般情况，如精神、食欲、食量、睡眠、大小便、体力和体重的变化等。

四、既往史

是患者本次发病以前的健康及疾病情况，特别是与现病有密切关系的疾病，按时间先后记录。其内容主要包括：

1.既往一般健康状况。

2.有无患过传染病、地方病和其他疾病，发病日期及诊疗情况。对患者以前所患的疾病，诊断肯定者可用病名，但应加引号；对诊断不肯定者，简述其症状。

3.有无预防接种、外伤、手术史，以及药物、食物和其他接触物过敏史等。

五、系统回顾

主要是对身体的各系统详细询问可能发生的疾病，这是规范病历不可缺少的部分，它可以帮助医师在短时间内简明扼要地了解病人某个系统是否发生过疾病，与本次主诉之间是否存在着因果关系。现病史以外的本系统疾病也应记录。例如，呼吸系统有无慢性咳嗽、咳痰、咯血、胸痛、气喘史等；循环系统有无心悸、气促、紫绀、水肿、胸痛、昏厥、高血压等；消化系统有无食欲改变、嗳气、反酸、腹胀、腹痛、腹泻、便秘、呕血、黑便、黄疸史等；泌尿生殖系统有无尿频、尿急、尿痛、血尿、排尿困难、腰痛、水肿史等；造血系统有无乏力、头晕、皮肤或粘膜出血点、淤斑、反复鼻衄、牙龈出血史等；内分泌系统及代谢有无畏寒、怕热、多汗、食欲异常、消瘦、口干、多饮、多尿史，有无性格、体重、毛发和第二性征改变等；神经系统有无头痛、眩晕、失眠、嗜睡、意识障碍、抽搐、瘫痪、惊厥、性格改变、视力障碍、感觉异常史等；肌肉骨骼系统有无肢体肌肉麻木、疾病、痉挛、萎缩、瘫痪史，有无关节肿痛、运动障碍、外伤、骨折史等。

六、个人史

主要记录患者出生、成长及居留的地点和时间(尤其应注意疫源地和地方病流行区)，以及受教育程度和业余爱好等；患者起居习惯、卫生习惯、饮食规律、烟酒嗜好及其摄入量，有无其他异嗜物和麻醉毒品摄入史，有无重大精神创伤史；患者过去及目前职业，劳动保护情况及工作环境等，重点了解患者有无经常与有毒有害物质接触史，并应注明接触时间和程度等；患者有无夜游史，是否患过下疳及淋病等；对儿童患者，除需了解出生前母亲怀孕及生产过程(顺产、难产)外，还要了解喂养史、生长发育史。

七、婚姻、月经及生育史

结婚与否、结婚年龄、配偶健康状况，是否近亲结婚。若配偶死亡，应写明死亡原因及时间；女性患者的月经情况，如初潮年龄、月经周期、行经天数、末次月经日期、闭经日期或绝经年龄等；已婚女性妊娠胎次、分娩次数，有无流产、早产、死产、手术产、产褥热史，计划生育情况等；男性患者有无生殖系统疾病等。

八、家族史

父母、兄弟、姐妹及子女的健康状况，有无与患者同样的疾病，有无与遗传有关的疾病。死亡者应注明死因及时间；对家族性遗传性疾病需问明两系Ⅲ级亲属的健康和疾病情况。

5 入院记录、再住院病历以及门诊病历的内容有哪些？

一、入院记录的内容

入院记录的内容与住院病历大致相同，是完整病历的缩影，是较为详细的摘要，应能反映疾病的概况和要点。其内容如下：

1.一般项目、主诉：同住院病历。

2.现病史：基本内容与住院病历相同，主要记述病史中的重要部分，着重描述阳性症状及有鉴别诊断意义的阴性症状等。

3.过去及系统回顾：个人史、婚姻、月经及生育史、家族史等主要记述与本次住院疾病有关的内容。

4.体格检查：先记述体温、脉搏、呼吸、血压及一般情况，再按系统顺序，全面而又突出重点地记述阳性体征及有鉴别诊断意义的阴性体征。

5.实验室和器械检查：记录重要的阳性结果或有鉴别诊断意义的阴性结果。

6.诊断：同住院病历。

7.记录者签名。

二、再住院病历的内容

1.病人因旧病复发而再次住院，由实习医师、进修医师或低年资住院医师书写再住院病历，高年资医师书写再入院记录。

2.两次以上住院患者，应先注明为第几次住院，并将前几次住院时间、诊断、治疗概况、出院后至再入院期间的经过等，按次序简明扼要地记录于现病史的首段,然后重点记录此次入院的原因及病征。如果没有新情况,其他病史内容可从略。

3.如因新患疾病而再次住院,须按住院病历或入院记录的要求书写,并将以前的住院情况记入既往史或系统回顾中。

4.再次入院后,应将上次病历调出,置于现病历之后。

三、门诊病历

1.门诊病历封面内容要逐项认真填写。病人的姓名、性别、年龄、工作单位或住址、门诊号、公(自)费由挂号室填写。X 片号、心电图及其他特殊检查号、药物过敏情况、住院号等项由医师填写。

2.初诊病人病历中应含“五有一签名”,即主诉、病史、体检、初步诊断、处理意见和医师签名。其中:①病史应包括现病史、既往史,以及与疾病有关的个人史、婚姻、月经、生育史、家族史等;②体检应记录主要阳性体征和有鉴别诊断意义的阴性体征;③初步确定的或可能性最大的疾病诊断名称分行列出,尽量避免用“待查”、“待诊“等字样;④处理意见应分行列举所用药物及特种治疗方法,进一步检查的项目,生活注意事项,休息方法及期限;必要时记录预约门诊日期及随访要求等。

3.复诊病人应重点记述前次就诊后各项诊疗结果和病情演变情况;体检时可有所侧重,对上次的阳性发现应重复检查,并注意新发现的体征;补充必要的辅助检查及特殊检查。三次不能确诊的患者，接诊医师应请上级医师诊视。与上次不同的疾病,一律按初诊病人书写门诊病历。

4.每次就诊均应填写就诊日期,急诊病员应加填具体时间。

5.请求其他科会诊时,应将请求会诊目的、要求及本科初步意见在病历中填清楚,并由本院高年资医师签名。

6.被邀请的会诊医师(本院高年资医师)应在请示会诊病历上填写检查所见、诊断和处理意见。

7.门诊病人需要住院检查和治疗时,由医师填写住院证。

8.门诊医师对转诊的病员应负责填写病历摘要。

9.法定传染病应注明疫情报告情况。

⑥ 如何看待电子病历？

一、什么是电子病历

电子病历是计算机化的病历，它的内容包括纸张病历的所有信息。电子病历不仅指静态病历信息，还提供更高效的服务，如病历的查询、管理、传输等。电子病历包括传统病历的所有功能，病人看病不需要携带病历，只需提供自己的姓名、病历号或其他信息，医生通过计算机即可得到该病人所有信息。

电子病历具有非常多的功能，例如，它可以通过患者的姓名、性别、年龄、病历号、病历纸编号、时间、病历纸类型等组合来查询病人的病历情况，便于医生使用。医生能够在计算机上查阅病人各个时期的病情、在各个科室的诊断、用药历史等各种医疗数据或专项检查报告，而且多个医生在不同的科室可以对同一个病人同时浏览病历。电子病历不会出现传统病历的遗失、缺损、发霉、浸水等问题，可靠性强，能够永久保存，即使传统病历遗失，计算机可以为病人重新输出一份完整的病历。电子病历还能够有选择地打印一个病人的部分信息或所有病历信息。电子病历不仅存储量大、缩短病历的查阅时间，而且大大降低了管理费用，减少人力资源的浪费。因此，电子病历的出现对于医患双方都是有利的。

但是，由于电子病历对于很多人来说都比较陌生，尤其是对于偏远的不发达地区，计算机的普及率还很低，对于电子病历更是一头雾水。那么电子病历是不是可以完全替代纸质病历，而没有任何问题呢？其实不然，电子病历在实际制作过程中仍存在一些问题。

其一，电子病历在内容的表示上存在问题。一般来说，电子病历在对病人信息的表示时，应当是以每一个单个的患者为一单元来表示的，这是病历的使用、存储和交换的基本要求。然而，电子病历信息后续处理中对患者信息内容的描述必须是结构化的，但由于病历内容非常复杂性，加上长期以来形成的病历使用习惯上的差异，对病历很难设计出一个统一的结构进行描述。这样，电子病历的规范化管理就会存在一定的问题。

其二，电子病历的存储上也存在一定的问题。由于电子病历是通过计算机录入数据资料，与纸质病历相比，纸质病历一旦形成，任何一点修改痕迹都很容易辨认，但电子病历在电脑上删改则相对容易。加上有些电子病历的数据存储不是医生本人亲自录入，而是其他人员对原始的纸质病历进行输入而储存，也容易出现错误输入的情形。

其三,电子病历在各种表格病历和专科病历的处理上也存在问题。各种的表格或专科病历一般都有各自的结构,其内容是病历的重要组成部分。由于病历结构和内容类型繁多,而对每种具体情况又没有相应专门的软件对其统一处理,因此,电子病历在统一处理各种病历时存在问题。

二、电子病历的法律效力

电子病历优点和好处不用质疑,但是令医生和患者担心的则是电子病历的法律效力问题,电子病历与纸质病历是否具有同等的证据效力呢?目前通常认为病历的证据作用,不因其形式、载体而有所不同,不论是纸质病历还是电子病历,它们在法律上的意义和作用,都主要源于其证据属性。然而,在医疗事故处理纠纷中,往往对电子病历的真实性产生争议。目前各大医院采用的纸质病历,一旦被修改,会留下明显的痕迹,而电子病历修改后则不易留痕迹。尽管医院要求电子病历最后要打印出来,让患者、医生分别签字,但是在医疗事故的处理以及法庭证据质证时,仍会遇到"真实性"的麻烦。

发生医疗事故纠纷以后,以及在法庭举证时,都要求纸质病历,对纸质病历在法庭中被看做是书证,对电子病历往往是"心存疑虑"。同时,根据民事证据的要求,证据必须满足客观性、关联性、合法性才能作为证据使用,民事证据7种分类中也没有电子数据种类,电子数据证据在目前仍被看做书证。基于目前我国医院实行的电子病历技术都较为简单,仅仅利用电子文档的编辑功能,形成病历记录,这些都仅仅是形成纸质病历的准备步骤,所以其文书的真实性就容易出现问题。因此,实践中的解决方案主要是及时将电子病历打印成纸质病历,由负责医师即电子记录的形成人签字确认,签字医师应注意为注册医师,在教学医院实习医生记录的,仍应该由上级医生签字确认。电子病历记录识别是由患者的ID号进行记录排序识别的,在实施中应注意ID号的前后一致,如果前后的编号不一致,很容易在法庭中被对方作为否定电子病历真实性的理由,使电子病历失去证明效力。

7 什么人可以复制病历资料?

医疗事故发生后,无论采取哪种途径解决争议,患方当事人都应及时复印病历资料,及时取证是十分必要的。无论卫生行政部门是否受理医疗事故争议,患方当事人要求医疗机构复印和封存病历(医疗机构在复印件上盖章,造成死亡的还要及时尸检)，医疗机构不予配合的，患方当事人都有权要求卫生行政部门责成医疗机构配合。医疗机构应当由负责医疗服务质量监控的部门或者专(兼)职人员负责受理复印或者复制病历资料的申请。那么具体来说，什么人可以复制病历资料呢？大致如下：

一、患者本人或其代理人

患者本人申请复制病历资料的，应当提供其有效身份证明。患者代理人申请复制病历资料的，应当提供患者及其代理人的有效身份证明、申请人与患者代理关系的法定证明材料。

二、死亡患者近亲属或其代理人

死亡患者近亲属申请复制病历资料的，应当提供患者死亡证明及其近亲属的有效身份证明，申请人是死亡患者近亲属的法定证明材料。死亡患者近亲属代理人申请复制病历资料的，应当提供患者死亡证明，死亡患者近亲属及其代理人的有效身份证明，死亡患者与其近亲属关系的法定证明材料，申请人与死亡患者近亲属代理关系的法定证明材料。

三、保险机构

保险机构申请复制病历资料的，应当提供保险合同复印件，承办人员的有效身份证明，患者本人或者其代理人同意的法定证明材料；患者死亡的，应当提供保险合同复印件，承办人员的有效身份证明，死亡患者近亲属或者其代理人同意的法定证明材料。合同或者法律另有规定的除外。

四、公安、司法机关

公安、司法机关因办理案件，需要查阅、复印或者复制病历资料的，医疗机构应当在公安、司法机关出具采集证据的法定证明及执行人员的有效身份证明后予以协助。

⑧ 可以复制哪些病历资料？

根据《医疗事故处理条例》第10条的规定：患者有权复印或者复制自己的门诊病历、住院志、体温单、医嘱单、化验单(检验报告)、医学影像检查资料、特殊检查同意书、手术同意书、手术及麻醉记录单、病理资料、护理记录以及国务院卫生行政部门规定的其他病历资料。具体如下：

1.门诊病历，包括门诊和急诊的各种记录及有关检查报告单。

2.住院志，是患者入院时的记录，主要有姓名、性别、年龄等一般项目，有主诉、现病史、既往史、体格检查等记录,有初步诊断和治疗意见等。

3.体温单,是患者住院期间的体温、脉搏、血压及呼吸等的测量记录。

4.医嘱单,是医师诊查患者后,根据患者的病情、诊断所下达的治疗和护理意见,分为长期医嘱单、临时医嘱单。

5.化验单(检验报告),是记录患者所接受的各种实验室检验结果的报告单。

6.医学影像检查资料,是患者接受的X光、CT、MRI等医学影像检查的影像资料和结果报告单。

7.特殊检查同意书,是由于病情需要必须进行某些特殊的检查项目,尤其是有创伤性或较大风险的检查项目时,经医务人员介绍检查的必要性和风险后,由患者或近亲属签字的文书资料,包括检查项目、检查目的、风险、并发症说明和患者或其近亲属签字等。

8.手术同意书,是患者因病情需要进行手术治疗前,医疗机构履行告知程序,包括告知手术名称、适应证、手术内容、风险及并发症等,并由患者或近亲属签字。

9.手术及麻醉记录单,是记录麻醉、手术过程及相关情况的文书资料。

10.病理资料,是穿刺活检标本、手术标本等的病理检查报告。

11.护理记录,是记录护理过程的有关文书资料。

⑨ 患方不能复制的病历资料有哪些?

并不是所有的病历资料患者都可以复制,以下病历资料患者不能复制:

一、死亡病例讨论记录

死亡病例讨论记录是在患者死亡一周内,由科主任或具有副主任医师以上专业技术职务任职资格的医师主持,对死亡病例进行讨论、分析的记录。内容包括讨论日期、主持人及参加人员姓名、专业技术职务、讨论意见等。通常患者在住院期间因救治无效死亡的,应在死亡后立即完成死亡记录。入院死亡病例应在一周内由科室组织死亡病例讨论,医护和有关人员参加,分析死亡原因,吸取诊断治疗过程中的经验教训,并用蓝黑墨水笔分别记入病历和死亡病例讨论记录本中。

二、疑难病例讨论记录

疑难病例讨论记录是由科主任或具有副主任医师以上专业技术职务任职

资格的医师主持、召集有关医务人员对确诊困难或疗效不确切病例讨论的记录。通常是患者已经入院三天,经入院讨论后,仍不能确诊的病例或者在诊疗过程中出现疑难问题,而进行的疑难病例讨论所做的记录。该讨论记录的主观性较强,不具有权威性,也不允许患者复印或复制。

三、上级医师查房记录

上级医师查房记录是上级医师查房时对患者病情、诊断、鉴别诊断、当前治疗措施疗效的分析及下一步诊疗意见等的记录。上级医师的查房情况一般由主治医师进行记录。

四、会诊意见

会诊意见是患者在住院期间需要其他科室或者其他医疗机构协助诊疗时，分别由申请医师和会诊医师书面的记录。如遇到疑难危重病例需要有关科室协助诊治;危急病人需要及时抢救;重大手术前因病情复杂,涉及专科知识,需要提供咨询或协助;医疗纠纷需要分析判断;错收病人或有合并症,需要转科治疗等情况时,需要进行会诊,做出书面的意见。会诊意见汇集了各个专家的意见,是众多人的主观意见,通常只是作为治疗患者疾病的参考,所以也不允许患者复制。

五、病程记录

病程记录是自住院之后,对患者病情和诊疗过程所进行的连续性记录。内容包括患者的病情变化情况、重要的辅助检查结果及临床意义、上级医师查房意见、会诊意见、医师分析讨论意见、所采取的诊疗措施及效果、医嘱更改及理由、向患者及其近亲属告知的重要事项等。

以上这些病历资料在医疗事故处理中，对于保障患者的权益来说是非常重要的,如果没有这些病历资料患者寻求救济将变得十分困难。虽然这些病历资料不能复印，但是患者或者其代理人有权要求在患者或者其代理人在场的情况下封存，封存的病历可以是复印件，这样在医疗事故鉴定或者民事诉讼中,患者或者其代理人是可以看到这些病历资料的。

10 复印资料需要遵循什么程序?

在实践中,当患者提出要求复印或复制病历时,应该按以下程序进行:

1.患者向医疗机构的医疗服务质量监控部门或有关人员提出复印或复制的要求;

2.医疗机构的医疗服务质量监控部门或有关人员应在规定时限内受理患者提出的要求复印或复制病历资料的申请；

3.在医患双方在场的情况下，由医疗机构的医疗服务质量监控部门负责人主持进行复印或复制病历；

4.复印或复制完成后，由医疗机构的医疗服务质量监控部门的有关人员进行核对；

5.在核对无误后，医疗机构应在复印或复制的病历资料的每一页上都加盖医疗机构印章。

此外，在复制病历资料时，还应注意以下事项：

1.复印病历需要医院在复印件上盖章。

2.病历不仅包括治疗记录，而且包括每日用药清单、检验检查报告等。

3.医疗机构拒绝或者拖延提供复印的，应及时通过当地卫生行政机关(卫生局)办理复印和封存事宜。

4.怀疑病历已经被涂改的，也应尽早复印。然后可以找专业律师分析策划下一步的对策。

11 医方擅自涂改、伪造、隐匿、销毁病历资料，怎么办？

一般情况下，在医疗事故纠纷中病历是最直接的证据，无论是医疗事故鉴定还是法院审判都会以病历记载为依据，如果没有相反的证据，病历就是诊疗过程的真实记载。因此，及时地复印、封存病历，保证病历的客观、真实、完整性，对于医疗事故鉴定及诉讼都是非常重要的。

一、应该如何判定医方修改病历的行为呢？

涂改、伪造、隐匿、销毁病历资料，通常是在病历书写完成后为掩盖原病历的真实性而违背客观事实所进行的修改行为，其目的是为了逃避责任，谋取不正当利益等。实践中应当将这种修改行为同病历书写过程中因笔误或其他正当理由而造成的修改严格区分开来。在《医院工作制度》中规定了上级医师可以审查修改下级医师记录的病历，正常情况下医师因笔误或上级医师审查需对病历作出修改时，应保证原记录清楚、可辨认，修改时使用不同颜色(一般为红色)墨水书写，注明修改时间并签名。如遗漏重要内容需要补记时，医师应在发现后及时补记，位置与上次相关病程记录紧邻，注明补记时间并签名，也可以与上级医师同时签名。但是一旦发生医疗事故争议后，医师不得再对病历进行修改。

在某些特殊情况下不得不修改病历时,医方也要遵守以下三个标准:

1.合法性。凡需补记的,只限于医方因抢救危急患者而未能及时书写病历的这一法定情形;凡因医方自身的原因,在病历上有错误陈述需要改正的,必须通知患者本人,并注明原来是如何书写的。

2.真实性。无论是补记病历还是更正错误的病历记载,都必须如实记载,确保病历客观、真实和完整,不能弄虚作假,欺骗患者。

3.在修改的程序上应征得患者同意,由患者本人签字确认相关修改。如果患者不同意,医院可以写明情况后作出修改,但必须保留原来的病历,医院甚至还可以就此进行公证。

二、如果遇到医方擅自涂改、伪造、隐匿、销毁病历资料,那作为患者又该如何判定病历是否被擅自修改?如何拿起法律的武器来保障自身的合法权益呢?

1.遇到此类情况时不要慌乱,应当先请一位有多年临床工作经验的医师协助核查病历。毕竟患者及其家属并不具有专业的医学知识,患者光凭看病历,很难发现是否真正病历被修改,聘请一位相关专业的医师帮助核查,更有利于判定病历的真伪,而不是一味地与医方在没有真凭实据的情况下争辩,不利于纠纷的解决。

2.对病历有疑点的部分,如果在诉讼阶段,一定要拿病历的原件仔细核查。病历的刮痕、涂改都是通过病历原件发现的,很难从复印件中察觉。

3.不要对病历上的姓名、床号、日期等项偶然发生的个别、孤立的笔误过多地注意,但是如果上述项目发生一系列错误,就要引起注意,考虑该病历是否存在重新书写或修改的可能。

4.修改和造假一般都发生在医疗过错之后的病历上,如果修改病历,往往会留下一些蛛丝马迹。同时根据一般的经验,专家会诊记录尤其是外院专家会诊对患者病情变化的分析和判断,应注意查看相关的内容,并与病历进行比对。

实践中,如果患者遇到医方的篡改伪造行为,要想用合法的途径来维护自身的合法权益,最常采用的方法是:及时复印和封存病历,必要时寻求卫生行政部门的帮助。患者千万不要认为病历已经被院方篡改伪造,已没有了证据价值,因而不及时复印,而给医方更多的篡改和伪造的时间。患者在复印病历时还应要求医院盖章,如果复印不要求医院盖章,会使复印的病历失去应有的证据价值。还要注意的是,患者发现病历被伪造,切不可采取过激的行为,如抢夺和偷盗病历,这会使病历由于证据来源的合法性问题使病历失去证据价值。

12 医方违法修改病历承担的法律责任有哪些?

从法律角度讲,病历已经不单纯是一般意义上的医疗文件,而是一种重要的证据材料。如果病历资料不全,或者经过涂改、伪造、隐匿、销毁就会出现医疗纠纷,或者给医疗事故的鉴定带来困难。有关医疗机构或者其他有关机构擅自涂改、伪造、隐匿、销毁病历资料的,就要依法承担相应的法律责任。具体来说:

一、由卫生行政部门给予警告

医师在执业活动中有隐匿、伪造或者擅自销毁医学文书及有关资料的行为,由县级以上人民政府卫生行政部门给予警告。警告也称申诫罚,是对违法行为人予以谴责和告诫,通过对其名誉、荣誉和信誉施加影响,引起其精神上的警惕,使其不再违法的处罚形式。它一般处于其他处罚之前,如违法者仍不纠正违法行为,就将受到更加严厉的处罚。

二、对负有责任的主管人员和其他直接责任人员依法给予行政处分

医疗机构或者其他有关机构违反规定涂改、伪造、隐匿、销毁病历资料的,对负有责任的主管人员和其他直接责任人员依法给予行政处分。行政处分是由国家行政机关或者其他组织依照行政隶属关系,对违法失职的国家公务员或者所属人员所实施的惩戒措施,包括警告、记过、记大过、降级、撤职和开除。

三、吊销其执业证书或者资格证书

医师在执业活动中有隐匿、伪造或者擅自销毁医学文书及有关资料的行为,情节严重的,吊销其医师执业证书。吊销其执业证书或者资格证书由原发证部门吊销。吊销执业证书或者资格证书也称许可证罚,是指依法撤销违法者从事某种活动的权利或者资格的证书,限制或者剥夺其从事该活动的权利或者资格的处罚形式。

四、由卫生行政部门责令限期改正和纪律处分

医师在执业活动中有隐匿、伪造或者擅自销毁医学文书及有关资料的行为,由县级以上人民政府卫生行政部门责令暂停6个月以上1年以下执业活动。医疗机构或者其他有关机构违反规定涂改、伪造、隐匿、销毁病历资料的,对负有责任的主管人员和其他直接责任人员依法给予纪律处分。责令限期改正是属于行政强制措施的一种。行政强制措施是行政主体为了实现一定的行政目的,对相关人的财产及人身自由等采取的强制措施。主要包括执行性强制措施和即时性强制措施两种,责令限期改正属于即时性强制措施,是行政主体为了维护社会秩序,保障社会安全,保护公民的人身权、财产权免受侵害,而采取的一定的强制措施,对某种可能或者正在发生的违法行为或者危害社会及公民个人安全的行为予以预防或者制止。纪律处分是企业、事业单位、党的机关或者纪律、监察机关,对没有行政隶属关系的违法失职的所属人员所实施的惩戒措施。

五、构成犯罪的追究刑事责任

如果医师在执业活动中有隐匿、伪造或者擅自销毁医学文书及有关资料的行为,构成犯罪的,依法追究刑事责任。如果医生篡改用做刑事诉讼证据的病历,就会构成伪证罪,一般会处以3年以下有期徒刑或者拘役。

13 对病历的保管有哪些规定?

一、病历应该由谁保管?

由于病历具有科研价值,可以帮助医师全面分析以往相同或者相似案例,为以后在诊断和治疗上提供更完善的方法,因此,由医疗机构保管是必要的。《医疗事故处理条例》第8条规定,医疗机构应当按照国务院卫生行政部门规定的要求,书写并妥善保管病历资料。一般来说:

1.在医疗机构建有门(急)诊病历档案的,其门(急)诊病历由医疗机构负责保管;

2.没有在医疗机构建有门(急)诊病历档案的,其门(急)诊病历由患者负责保管;

3.住院病历由医疗机构负责保管。

病历属于医药卫生科技档案,是国家档案的重要组成部分。档案法、档案法实施办法和医药卫生档案管理暂行办法中对于档案、病历的保管均作出了规定。医疗机构要按照统一领导、分级管理的原则,设置专门部门,配备专职人员负责病历资料的收集、整理、分类、质量检查、统计分析、检索、保管等工作,并提供设备、设施等支持条件,建立病历保管、统计、借阅等相关管理制度,鼓励病历信息资源的开发利用。

二、对病历的保管有一定的期限

1.住院病历,医院保管时间不得少于30年,遗失或损坏均为院方责任。

2.在医院建立档案的门诊病历,医院保管时间不得少于15年。

3.由患者保存的门诊病历,包括化验单、检查单、挂号票根等,这些患者一定要妥善保管。因为,进入司法程序后,患者的举证责任之一就是证明与医院有医疗关系,如果病历遗失或不全,患者则很难胜诉。

14 对病历的封存有哪些规定?

由于病历资料容易成为医患双方和医疗事故技术鉴定专家组关注的焦点,因此,对其进行封存具有重要意义。封存后可以防止病历资料被修改,保证病历资料的真实性;当医疗事故争议进入诉讼程序时,病历资料可能成为法院审理、判决的证据之一;通过封存可以增加病历的可信度,有效地防止涂改、隐匿、抢夺病历等行为的发生。封存病历资料时必须是医患双方共同在场,这样做是为了避免医患双方对证据真实性的质疑。在场的医患双方当事人应具有完全民事行为能力。通常封存的病历应为原件,但是,如果发生医疗事故时患者的治疗过程尚未终结,也可以封存复印件,封存复印件时医患双方可以共同加盖印记证明。医疗机构负有保管病历的工作职责,并且在医疗事故争议中具有重要的举证责任,因此,封存后的复印件由医疗机构负责保管。同时,为了充分实现医患双方的权利相等,对封存病历进行启封时,也要医患双方共同在场。

一、病历封存的法律要求

《医疗事故处理条例》第16条规定:"发生医疗事故争议时,死亡病例讨论记录、疑难病例讨论记录、上级医师查房记录、会诊意见、病程记录应当在医患双方在场的情况下封存和启封。封存的病历资料可以是复印件,由医疗机构保管。"病历的封存一般必须做到以下几点:

1.医患双方共同封存和启封,任何单独的一方进行封存和启封均属无效。

2.如果主观病历与客观病历难以区分时,可以对全部病历进行封存。

3.封存的对象可以是病历原件,也可以是复印件。

4.对于主观病历进行封存还要具备两个条件:必须是医患双方发生了医疗纠纷,而且是当事医疗机构的病历;必须是医患双方在场,共同进行封存,医疗机构有病历保管的义务,是否封存病历,应当由患方提出来,但医疗机构应当向患方告知该项规定,或者在医疗场所予以明示。

二、病历封存的过程

1.提出封存要求:到医院医务处(科)提出封存病历的要求,如果遭拒,可向该院所在地区的卫生局医政处(科)举报,要求卫生行政机关督促医院履行义务。那么具体谁可以提出封存要呢?提出封存要求时需要携带哪些证明呢?一般来说:

(1)如果是患者本人,则应持本人有效身份证件到医院的医政科或病案室直接要求封存病历。

(2)如果是被授权的人,应当持患者的有效身份证件的复印件,并在复印件背后由患者亲笔写的授权委托书, 委托书载明委托事项是复印和封存委托人的某某时段在某某医院的住院病历。

(3)如果是患者死亡,患者亲属应持患者的死亡医学证明和身份证明,但更重要的是户籍证明,需证明申请人与患者之间的亲属关系,医院才会接待。

(4)如果是患者死亡,患者亲属委托他人复印和封存病历,除上述证明外,还应当持患者亲属身份证复印件及其授权委托书。

2.点清病历页数:病历调来后,由于医院一般会依据条例拒绝患方阅读的要求,而且病历内容多,专业性强,患方也很难在短时间内看明白,所以患方需要注意的是清点病历页数, 然后在医患双方在场的情况下将全部病历复印并封存。

3.封存复印件:为了不影响医院对病历的管理,目前一般都是封存病历的复印件。患方应在封存件的边缘处签字并注明封存日期。复印的病历应当编顺序页码,并由医院盖章,重要的病历内容应由医院加盖确认章。封存的病历应当在信封的三条缝都贴上封条,封条最好选用较薄的纸。然后在封条上签字、手印并注明封存日期,封存的内容和页数。并且将贴有封条的封存件的外封做一个复印件,由医院盖章确认。

三、没有封存病历的法律属性

实践中,患者常常会要求医疗机构对没有封存病历的真实性、合法性承担举证责任,实际上这是一个误区。根据《医疗事故处理条例》第10条和第16条的规定,病历的封存在医疗机构病历管理中不是必须的,医疗机构也没有病历封存的法定义务。法规赋予了患方对客观病历的复印权利,而且该权利没有时间限制,患方可以根据自己的需要随时获得客观病历。因此,医疗机构在告知患方该规定后,对未封存的客观病历的真实性、合法性不再承担额外的举证责任。

四、病历封存过程中的注意事项

1.参加封存病历的人员。建议加入作为见证人的第三方参加封存,可以避免医患双方互不信任,缺乏封存全程监督造成的诸多问题。第三方参加封存病历时应具备一定的条件:权威性,便于取得医患双方认可和信赖;公正性,与医患双方无任何利害关系;独立性,能够独立承担完全民事行为能力;即时性,能够及时到现场处理问题和出庭作证;专业性,了解相关法律和医学专业知识;可及性,愿意参与医疗事故的处理过程。

2.制作封存记录或启封记录。病历封存记录的内容应包括五个要素:封存时间,封存地点,封存参加人,具体实施事项,操作实施的方法、步骤。此外还要有参加封存人员或者其代理人的亲笔签名、盖章,并注明时间。封存记录一式三份,医患双方各持一份,见证人保存一份。

启封记录的内容可以参照封存记录,所不同的是,如果没有患方参加,一定要有见证人在场。启封前要对封存的密封袋进行描述,启封后,要对从密封袋中取出的病历进行描述,对于启封病历的去向、交予何人、有何用途也要作交待,而且,病历接收方也要在启封记录上签名。

3.制作规范的密封条。应选择不易破损、只能单向开启的密封袋,密封条要骑跨于袋口两侧,在密封条上要有参与病历封存的医患双方、第三方人员的亲笔签名,并注明封存的时间、地点。而且,密封条上签名的人员、时间、地点应与封存记录上一致。

4.封存病历的保管。一般情况下可以由当事医疗机构保管,这是法规所规定的。有些时候对封存的病历还可以采取委托第三方代为保管的方法。

15 对尸体检验和解剖有哪些规定?

对尸体检验和解剖,也就是我们常说的尸检,医疗尸检的主要目的是检验临床诊断、明确疾病和死亡原因。因此,尸检及病理检查是明确疾病和死因的最为客观的手段,是医患双方的客观证据之一,尤其是在医疗事故技术鉴定和司法裁决中是不可缺少的参考内容。因此,当医疗机构告知病人死因不明或家属怀疑病人死亡原因时,家属应及时(最好在死后 48 小时内)向医疗机构提出尸检的要求,医疗机构依法必须接受其请求。

一、尸检的概念

尸检即尸体解剖，是对已经死亡的机体进行剖验以查明死亡原因的一种医学手段。尸检对于解决死因不明或对死因有异议而发生的医疗事故争议具有独特的、无法替代的作用。根据卫生部《解剖尸体规则》的规定,尸体解剖分为三种:一是普通解剖,仅限于医学院校和其他有关教学、科研单位在教学科研时施行;二是法医解剖,仅限于司法机关施行,主要目的是查明死亡原因,确定是暴力死亡还是非暴力死亡,收集必要的证据,为侦破案件提供线索;三是病理解剖,仅限于医学院校教学、医学科学研究和医疗机构的病理科或病理教研室施行,主要目的是阐述及研究机体疾病的发生、发展与转归的规律。

尽管当今人类征服疾病的技术和手段日益增多，很多疾病可以凭借先进技术和设备进行诊断和治疗，但仍有相当一部分疾病在患者生前不能得到准确的诊断,需要通过病理解剖查明死因,明确诊断。这不仅可以为正确诊断提供科学依据，还可以为正确解决由于患者病因不明死亡而引起的医疗事故争议找到有说服力的事实根据，因此为解决医疗事故争议进行的尸检就属于病理解剖范畴。

二、可以进行尸检的情况

一般来说,如果患者死因不明或者患者家属对患者死亡存有异议,应该进行尸检。尤其是在医患双方对治疗、诊断等存在争议时,也应该提出尸检的要求。《医疗事故处理条例》第 18 条规定:“患者死亡,医患双方当事人不能确定死因或者对死因有异议的,应当在患者死亡后 48 小时内进行尸检;具备尸体冻存条件的,可以延长至 7 日。尸检应当经死者近亲属同意并签字。尸检应当由按照国家有关规定取得相应资格的机构和病理解剖专业技术人员进行。承担尸检任务的机构和病理解剖专业技术人员有进行尸检的义务。医疗事故争议双方当事人可以请法医病理学人员参加尸检，也可以委派代表观察尸检过程。拒绝或者拖延尸检,超过规定时间,影响对死因判定的,由拒绝或者拖延的一方承担责任。”

三、进行医疗事故的尸检必须具备的条件

1.尸检必须经死者近亲属同意并签字才可以进行。

尸体的处置权属于死者近亲属,其他任何单位和个人无权处置。因此,为了尊重部分地区或少数民族的风俗习惯,同时也是尊重死者家属的意愿,医疗机构即使是为了医学科学的发展,也不得自作主张地进行尸检,尸检必须经死

者近亲属同意并签字后方可进行。

2.只有在不能确定死因或者对死因有异议的情况下,才可以提出尸检。

在医疗实践中发生死亡的原因是多种多样的,如因患病治疗无效的自然死亡、因意外死亡或难以避免的并发症死亡等。这些死亡大多数是可以通过临床诊断明确死亡原因的,但也有一些属于疑难病例,靠临床诊断往往难以确定死因。有时候,即使医疗机构对死因已作出了有科学根据的明确诊断,但患者家属对此结果仍会持有异议,医患双方无法取得一致意见。在这种情况下,为明确患者死亡的原因就必须要进行尸检。对死因明确的或医患双方都认可死亡原因的则不必要进行尸检。

3.进行尸检的尸检机构和尸检技术人员必须具有符合法律规定的相应资格。

承担尸检任务的机构须具备相应的条件、取得相应资格,通常是卫生行政部门批准设置具有独立病理解剖能力病理科的医疗机构;或者是设有具备独立病理解剖能力的病理教研室或法医教研室的医学院校,或设有医学专业的并具备独立病理解剖能力的病理教研室或法医教研室的高等普通学校。如法定的司法鉴定机构、医疗机构病理科、医学院病理研究室和法医教研室等。

承担尸检任务的机构应当具备的条件有:

(1)至少具有2名按照本规定取得相应资格的病理解剖专业技术人员,其中至少1名为主检人员;(2)解剖室业务用房面积不少于15平方米;(3)具有尸检台、切片机、脱水机、吸引器、显微镜、照相设备、计量设备、消毒隔离设备、病理组织取材工作台、贮存和运送标本的必要设备、尸体保存设施以及符合环保要求的污水、污物处理设施。

从事尸检工作的人员也要具备相应的资格,具体有:

(1)具有良好的业务素质和执业品德;(2)受聘于可以承担尸检任务机构的人;(3)具有病理解剖专业初级以上技术职务任职资格;(4)主检人员除了符合上述前两个条件外,还应当在取得病理解剖专业中级以上技术职务任职资格后,从事本专业技术工作2年以上,如病理专业具有中级以上专业技术任职资格的医师,相当于中级以上专业技术任职资格的法医等。

4.尸检应当在规定的时效内进行。

尸检应在患者死亡后48小时内进行,具备冷冻条件的,可以延长至7日。据此规定,尸检最长时间为死亡后7日,超过期限尸检的结果可能不具法律效力。

四、申请或委托尸检

1.谁可以申请或委托尸检？大致有：(1)与患者死亡相关的医院；(2)卫生行政部门；(3)司法机关；(4)死者的亲属或代理人；(5)被受理尸检方认可的其他申请或委托方。

2.申请或委托尸检需要向承担尸检任务的机构提交相关的材料，主要有：(1)死者的死亡证明；(2)有申请或委托方当事人签名、负责人签名和加盖委托单位公章的尸检申请书或委托书；(3)逐项认真填写的尸检申请书(包括死者的临床资料要点和其他需要说明的情况)。

五、不同意尸检的后果

不论是医方还是患方，都可以拒绝尸检，但是如果拒绝或拖延尸检影响死因判定的，由拒绝或拖延的一方承担法律责任。《最高人民法院关于民事证据若干规定》及《医疗事故处理条例》规定，医疗纠纷诉讼实行举证责任倒置，由医方举证证明医疗行为没有过错。尸检是确定死亡原因的最重要的方法之一，有时也是唯一的方法，因而，尸检报告就成了医疗机构证明医疗行为有无过错的最重要证据之一。缺乏死亡原因的证据，医疗机构往往无法证明患者死亡和医疗行为无关，进而被医疗事故技术鉴定小组或人民法院推定有过失，被判承担高额赔偿费用。

医疗机构在日常诊疗工作中，一定要有法律风险意识，每一位就诊患者都是一个潜在原告，无论进行何种医疗处置一定要遵守医疗法律法规，履行相关手续后，按照诊疗护理操作常规、规范进行操作，切不可自认为简单或基于熟人朋友面子而简略从事。当遇到患者死因不明或医患双方对死因有争议时，医疗机构更应该主动提出尸检建议，无论患方同意与否均应签字为证。如果患方对死因有争议却拒绝尸检，也不在医疗机构尸检建议书上签字，医疗机构还可以主动联系第三方参与，如公安机关等，以便日后诉讼中有据可查。在此情况下，医疗机构履行了尸检告知义务而患方拒绝的，应该由患方自行承担由此产生的败诉责任，除非患方有证据证明患者死亡原因是医疗机构的医疗过失造成的；假如医疗机构未告知患方有尸检的权利，或未保留患方拒绝尸检的证明，医疗机构仍然要承担举证不能的法律责任。

六、不予受理尸检的情形

1.委托尸检手续不完备，包括未按规定交纳尸检费用，材料不齐全时也不予受理。准备承担尸检任务的机构应当向所在地设区的市级卫生行政部门申请尸检,申请时应当提交的材料有:(1)申请书;(2)医疗机构的《医疗机构执业许可证》副本复印件或其他机构的有效证明文件;(3)病理解剖专业技术人员名单、专业技术职务任职资格证书复印件;(4)病理解剖设备清单和设施说明;(5)省级以上卫生行政部门规定的其他材料。

2.患方拒绝签署《死者亲属或代理人委托尸检知情同意书》。如果患方对于尸检的范围、脏器或组织的取留及其处理方式等持有异议,从而影响尸检实施和尸检结论形成时,是不予受理尸检的。

3.委托尸检方与受理尸检方就涉及尸检的某些重要问题还没有达成协的。

4.死者死亡超过48小时未经冷冻或冷冻超过7天的。

5.怀疑或者确定是因为烈性传染病死亡的病例,尸检方不具备相应尸检设施条件的也不予受理。

16 血样、输液瓶等实物证据怎样收集和保存?

当医患纠纷的内容涉及到输液过敏、药品变质、输液过快、输液瓶内异物等情况时,如果患方怀疑是输液、输血、注射、药物等引起人身损害,而这些实物又容易毁损,一旦毁损的话,就会给认定医方过失带来很大的困难。因此,在发生此类情况时,患者及其家属应当采取措施,保存和收集这些实物证据,为日后律师介入时争取有利地位。那么患方如何收集和保存这些实物证据呢?

一、对实物进行现场封存

当发现疑似输液、输血、注射、药物等引起患者死亡、残疾、组织器官损伤、功能障碍以及其他明显人身损害的情形时,医务人员应立即采取有效措施来避免损害后果的扩大,减轻给患者造成的损害并立即报告科室负责人。科室负责人经现场初步调查核实,立即向本医疗机构医疗服务质量监控部门报告。在医疗机构医疗服务质量监控部门的主持下,医患双方共同在场的情况下,应立即对输液器、注射器,残存的药液、血液、药物,以及服药使用的器皿等现场实物进行封存,同时需要封存的还有同批同类的物品,以便检验时作对照检验。封存时应严格按照无菌技术规范操作,防止再次污染。为了保持封存物品的初始状态,保证检验结果的客观、真实、公正,封存物品的保存需要具备一定的条件,如无菌、冷藏等,因此规定了由医疗机构保管封存物品。

对疑似输血引起不良后果需要对血液等标本进行封存时,医疗机构还应当通知提供该血液的采供血机构派员到场。因为,血液不能像药品一样批量生产,而且血液的质量涉及医疗机构和采供血机构中的多个环节,包括血液采集、检验、分离、包装、贮存、运输、使用等,每一个环节都有可能成为不良后果引起的因素。为了保证结论的客观、公正、实事求是,应该明确责任,若短时间内提供该血液的采供血机构不能派员到达现场的,应先由医患双方共同对血液和输血器具进行密封,并在适宜条件下暂存,待采供血机构人员到场后,由三方共同封存。封存的与血液相关的实物应包括:血样标本、标签、剩余血液、输血器具、稀释液体、受血者接受输血前后血标本、输血后尿标本以及供血者进行交叉配血的标本、输血袋整套装置等。

二、调查和记录现场的情况

对于因此类情况造成输液反应,或者病情突然加重,患者及其家属怀疑输液、输血、注射、药物等引起患者的人身损害时,可以要求当事医护人员或者医院管理部门将当时发生情况的前后经过及处理经过进行当场记录,也可以请医疗机构上级主管部门或当地公安机关到场进行现场调查。

三、需要对封存的实物进行检验

当对封存的物品需要进行检验时,要送到专门的检验机构进行检验。对封存的药品进行检验的法定机构是药品检验所。对封存的物品进行检验的检验机构应由医患双方共同指定,而且其指定的检验机构必须是依法具有检验资格的检验机构,否则,出具的检验报告无效。当双方无法共同指定时,由受理医疗事故争议处理的卫生行政部门或所在地县级卫生行政部门指定。检验费用由责任方支付。

封存物品送检启封时,需要医患双方共同在场,在场的医患双方当事人应具有完全民事行为能力,均保证在2人以上。检验机构如果在医患双方不在场的情况下私自启封封存物品,或者在任何一方缺席的情况下启封封存物品,都是不合法的做法,在这些情况下即使作出检验报告,也不具有法律上的证据效力。

17 私自录制的音频资料,能否作为医疗纠纷的证据使用?

私自录制的音频资料是否可以作为医疗事故纠纷的证据,需要具体分析。一般来说,以侵害他人合法权益或违反法律禁止性规定的方法取得的证据,不能作为认定案件事实的依据。但是,有其他证据佐证并以合法手段取得的、无疑点的视听资料或者与视听资料核对无误的复制件，对方当事人提出异议但没有足以反驳的相反证据的，人民法院应当确认其证明效力。据此，如果私自录制的音频资料，没有侵害他人的合法权益，如故意违反社会公共利益和社会公德侵害他人隐私，没有违反法律禁止性规定，如窃听，即可作为证据使用。

私自录制的音视频资料作为证据时，我们要注意以下几点：1.录音取得方式必须合法。只要没有侵犯到他人的合法权益，特别是隐私权之类，法院对该类录音证据的支持几率是很高的；2.应当有其他证据相印证。因为，对于单一的录音证据，法院不会作为定案的依据；3. 该录音必须直接指向待证明的事实，其陈述应当清晰，语气应当是肯定性的，假设、反问、设问语句所表述并据以推断的事实，不能确定其证据效力。

一般来说，法院对以下三种方式私自录制的音频资料，有可能作为证据被采信：1.患方私自录制，医方虽不知道、不同意，但在没有其他利害关系人在场并能够证实私录过程真实的，就可以作为证据予以采信；2.被录音的医患双方虽不知道是秘密录制，但结束后知道被录制并表示同意录制的，可以作为证据予以采信；3.私自录制的音频资料经过鉴定证实未经剪辑、拼凑、篡改和臆造，并有其他相关证据相印证的，可以认定其证据效力而被采信。

例如，2003 年 4 月 4 日，张某身体出现不适，便来到航天医院就医，接诊的医生经过诊断后为其开具了 10 天的药。然而，张某在服用药物 6 天后，病情明显加重，于是张某便来到天坛医院再次诊断，天坛医院为其诊断后确诊为糖尿病，需住院治疗，张某在天坛医院住院治疗一周后，病情好转出院。后发现以前航天医院开具的药品为高糖药，张某非常生气，找航天医院的负责人及主治大夫协商赔偿问题，同时将自己与主治大夫的谈话偷偷录音。因航天医院拒绝张某的赔偿请求，张某一气之下将航天医院告上法庭。法院受理此案后，航天医院经法庭传唤无正当理由拒不到庭参加诉讼，庭审期间也没有进行答辩。庭审中，张某向法庭提交了与航天医院主治大夫的谈话录音及病历，证明了其与航天医院曾有医患关系及损害后果的存在。法院审理查明，航天医院在为张某就诊时，检查不细、诊断思路狭窄、未作认真鉴别诊断，致使张某未得到及时有效的治疗，加重了张某的经济负担，故航天医院应承担民事赔偿责任，赔偿张某医疗费、误工费等共计 3 万元。本案中，法院经综合分析最终认定了该录音证据为有效的证据。

18 医院拒绝提交法院要求提交的证据,会承担什么样的后果?

对于医院拒绝提交法院要求其提交的证据，是有可能承担败诉的法律后果,下面我们通过一个案例来说明。

2003年12月24日,王某在甲医院顺产一男婴。2004年2月16日,王某持所在乡镇人民政府计划生育办公室(以下简称计生办)出具的计划生育免费技术服务单到甲医院进行计划生育手术，甲医院为王某进行登记并收取挂号费，同时向王某出具了江苏省计划生育技术服务机构放置宫内节育器手术知情同意书,王某选用T型环,并在上述知情书上签名。后甲医院依据服务单明确的免费技术服务内容为王某施行节育手术,放置了T型环。王某术后不久带环妊娠,为此进行了人工流产。后王某仍感到身体不适,不能从事正常工作。2004年8月4日,王某到××县人民医院门诊,经彩超检查,发现T型环已穿透子宫壁,移位于子宫右侧。次日,王某遵医嘱在该院住院,8月6日,该院为王某行剖腹取环手术。同月12日,王某治愈出院。

出院后,王某认为甲医院工作人员未作认真检查,在其生产后不久,违反规定提前为其放置节育环并导致了节育环异位的后果,给其身体、精神,以及家庭生产、生活和小孩的健康成长带来了直接的影响,要求甲医院给予赔偿。甲医院则认为其与所在乡镇签有人口与计划生育目标管理责任书,其行为是受镇政府委托,原告属于计划生育并发症,因而拒绝赔偿。为此王某向人民法院提起诉讼,要求甲医院赔偿其医疗费、误工费等损失及精神抚慰金合计15 530元。诉讼过程中,甲医院仍坚持其上述意见,且称其为王某所施行的手术行为并无不当。法院要求甲医院对其医疗行为是否存在过错及其行为与王某所受到的损害是否存在因果关系负有举证责任，但被告拒不提交相关证据。最终,法院推定被告存在过错,判决甲医院赔偿王某医疗费、护理费、误工费等损失及精神抚慰金共计6 919.48元。

该案件属于典型的因医院拒绝提交证据,而承担败诉风险的情况。根据最高人民法院《关于民事诉讼证据的若干规定》第75条规定:“有证据证明一方当事人持有证据无正当理由拒不提供，如果对方当事人主张该证据的内容不利于证据持有人,可以推定该主张成立。”也就是说,如果医方持有病历、诊断书等证据,法院让医方提交,而医方在没有正当理由的情况下,拒不提交证据,此时，即使患方主张的权利内容不利于医方，法院也可以推定患方的主张成立。本案中，由于王某主张甲医院的医疗行为存在过错，而甲医院拒不提供其医疗行为没有过错的证据，则人民法院可以依法推定王某的主张成立，判决甲医院对王某的损害存在过错，应当承担赔偿责任。这种推定制度，有利于保护处于举证劣势地位的患者及其患者家属的合法权益。

19 什么是医疗纠纷中的举证责任倒置？

随着医疗事业的发展和人们权利意识的增强，医疗纠纷诉讼案件也呈逐步上升之势。从2002年4月1日起，在我国因医疗行为侵权的诉讼中，开始实行举证方式上的改革。即因医疗行为引起的侵权诉讼，由医疗机构就医疗行为与损害结果之间不存在因果关系及不存在医疗过错承担举证责任。这与《民事诉讼法》中“谁主张，谁举证”的举证方式正好相反，这种由一方当事人提出的主张而由对方当事人承担举证责任的举证方式，就是常说的“举证责任倒置”。在医疗行为侵权诉讼中，举证方式从“患者举证医院有错”变成了“医院举证自己没错”，医院如果不能提交充足证据证明自己没有不当治疗行为，就很有可能败诉。

一、什么是举证责任呢？

要想很好地理解什么是举证责任倒置，首先要知道什么是举证责任。举证责任也叫证明责任，是民事诉讼当事人对自己提出的主张，用证据加以证明的责任。例如，患者向医院提出要求赔偿医疗费的主张，那么患者就需要证明其花费了哪些医药费，要提供相关的单据来证明其提出的赔偿数额。如果患者无法证明到底花费了哪些医药费用，那么患者有可能承担应举证不能的后果。

举证责任一般来讲，是谁主张就应当由谁提供证据加以证明，如果不尽举证义务的，就会承担败诉的风险。在我国，举证责任分配的一般原则是“谁主张，谁举证”，但是在特殊情况下，需要实行举证责任倒置，如在医疗侵权纠纷案件中实行的就是举证责任倒置。

二、在医疗纠纷中为什么实行举证责任倒置？

1.医疗服务具有专业性强、技术性高的特点，在通常情况下，患方不可能具备相应的医疗知识，对医疗单位制定的规章制度、诊疗护理常规难以了解，因此无法提出证据证明医护人员在诊疗护理中有过失行为。

2.诊疗护理虽都有病历记载，但这些病历都在医师或医院的实际控制和支配之中，患者无法接近或获取。虽然卫生部在《关于〈医疗事故处理办法〉若干问题的说明》中，对病历的保管与查阅作出过规定，但总的来说对患方是不利的。

3.有些情况下，如患者处于无意识状态、死亡等情况时，对医疗行为有无过失不可能认知，也就更不可能举证。因此，患者很难知悉医方控制领域内所发生的事件经过，通常处于无证据状态，而医方对于自己领域内所发生的侵权行为，较容易了解真相，也更能接近或占有证据。

4.举证责任倒置的规定是公平公正解决医疗诉讼案件的需要，所以最高人民法院的司法解释明确规定将过错和因果关系两项事实实行举证责任倒置是有其合理性的。

实践中，自采用举证责任倒置以来，对医疗纠纷案件的审判产生了诸多积极效果。如平衡了医患之间的举证能力，由于医疗机构具备专业的知识和技术手段，掌握相关的证据材料，具有较强的证据能力，患者则处于相对的弱势地位，而举证责任倒置恰恰平衡了双方对证据的占有能力，是完全符合立法精神的。举证责任倒置使公平理念贯穿诉讼过程始终，也极大地保护了患者一方的权益。

⑳ 在实践中，患者应如何正确对待举证责任倒置？

在医疗纠纷中，对于长期受困于“举证难”的患者来说，“举证责任倒置”新规则的实行，这无疑是个好消息。举证责任倒置新规则降低了患者告医院的门槛。据从有关方面了解到的情况是，新《规定》出台之后，医疗投诉和医疗纠纷官司的数量都有较大幅度的增加，但出现的奇怪现象是，患者败诉的情形却越来越多。据法官介绍，有些患者之所以会败诉，很大程度上是因为他们对“举证责任倒置”的理解有误。

在处理医疗纠纷的案件中，我们不能简单地理解为，既然是举证责任倒置，那医方就应该承担所有的举证责任，患方不需要承担任何举证责任，只要认为医方有过错就可以告医方。实际上，这种理解是错误的。在医疗侵权纠纷中，虽然实行的是举证责任倒置，但并不是说所有的举证责任都在医方，而患方不需要承担任何举证责任，只要认为医方有过错就可以告医方。实际上，这种理解是有误的。因此，对于医疗纠纷中的举证责任倒置理解，应注意以下几个方面：

一、虽然实行举证责任倒置，但患方仍要负举证责任

在举证责任倒置后，并不是患者就可以高枕无忧了，对于提起诉讼的患者应当具有强烈的证据意识。诉讼本来就是医患双方就同一侵权行为向人民法院提起诉讼，并就此请求共同举证、质证，以证明其事实存在的过程。因此，举证责任倒置后，患者也有责任就侵权行为和损害后果向法院提供一定的证据，证明自己确实在该医院就诊或手术过，且医院对自己的权益造成了损害。此外，如果患者隐瞒了对自己不利的证据，也将承担相应的法律责任。所以，不能将举证责任倒置理解为患者免除了任何举证责任。

二、医方并不是负全部举证责任

医方并不是负全部举证责任，而只是对医疗行为与损害结果之间不存在因果关系及不存在医疗过错承担举证责任。医方只要证明其医疗行为与损害结果不存在因果关系或者只要证明主观上无过错，而不需要同时证明既存在因果关系又有主观过错。在医疗纠纷中，如果医疗机构主观存在过错，则只需证明医疗行为和损害结果之间不存在因果关系。如果医疗机构的医疗行为与损害结果之间有因果关系，那么医疗机构只要证明主观上无过错即可。例如，对于现代医学无法预见和无法控制的疾病，医生在给患者实施治疗时无任何过错，结果却导致患者死亡。对于这种无法预见的情况，虽然死亡原因与医疗行为有因果关系，但是只要医方能够证明自己没有过错，则医疗机构和医务人员可不负责任。

三、举证责任倒置并不代表固定不变的举证内容

在实践中，随着庭审的进行，诉讼过程中也会不断地进行举证责任转换。如医疗机构举出了充分的证据证明自己清白，而此时就要求患者提供反驳的证据，拿不出证据就可能面临着败诉。医疗机构毕竟是掌握各种医疗专业知识和技能以及各种诊疗常规和操作规程的主体，医务人员可以从多方面来证明自己没有过错。

21 实践中对医患双方举证责任具体是如何分配的？

对举证责任倒置有了比较正确和全面的认识之后，人们也许会存在这样的疑问，人民法院的法官在实际的办案过程中是怎样清楚地区分医患双方各自承担着什么具体的举证责任呢？总的来说，医患双方大致有以下举证责任：

一、患者或其法定代理人的举证责任

在医疗行为引起的侵权诉讼中，受害人应当就自己受损害的事实和接受过医疗的事实这两个方面承担举证责任。损害包括病员生命和健康的损害，患者本人及其亲属的财产损害和精神损害。接受医疗的事实可以通过挂号、交费等诊疗手续来证明。

二、医方的举证责任

1.患者的损害结果与医方的医疗行为之间不存在因果关系。在多数案件中，医疗行为与患者损害结果之间的因果关系比较明确，但在一些疑难、复杂的医疗纠纷中，必须经过专门技术鉴定方可确定因果关系。

2.医方不存在医疗过错。医方如果要免除自己承担的侵权责任，就要证明自己在诊疗过程中不存在医疗过错。具体来说，医疗机构可以通过以下途径来证明自己没有医疗过错：

(1)损害结果属于医疗意外。医疗意外是医疗机构无法预料的原因造成的损害后果或医疗机构确实无法避免的医疗损害结果。

(2)出现了难以预料的并发症。这种“并发症”必须是难以预料和难以避免时，才可以成为免责的条件。

(3)患者及其家属不配合治疗。如果患者及其家属不配合治疗是造成损害后果的全部原因，则可以免除医疗机构的赔偿责任；如果患者及其家属不配合治疗只是损害后果出现的原因之一，医方也有过失时，应依过失相抵的原则，由双方分担责任。

总之，在医疗侵权纠纷中采用举证责任倒置的规定，其目的都是为了正确处理医疗纠纷，发生医疗事故是谁都不愿意遇到的事情，但是，我们不能不面对现实，要正确处理。举证责任的合理分配，既要求法院全面、准确地了解医疗事故本身，也要求对事故原因及责任有一个明确的判断；既要求正确、妥善地解决医患双方的纠纷，对受到损害的患者作出合理赔偿，也要求在医疗事故发生后对承担责任的医方作出符合法律规定的判决。只有这样，才能更好地保护医患双方的合法权益，维护人民法院公平公正的尊严与权威。

第七章 医疗事故的处理与防范6问

1 发生医疗事故争议后，能否既向卫生行政部门申请处理，又向人民法院起诉？

患者及其家属在遇到医疗事故时，由于面对突如其来的悲痛和创伤，往往乱了方寸，在不知道如何处理时，就会向所有可能解决医疗事故争议的部门投诉，实践中，许多患者及其家属在向卫生行政部门申请处理医疗事故争议后，又向法院提起诉讼。虽然，申请卫生行政部门处理医疗事故争议或者向人民法院提起诉讼都是解决医疗事故争议的途径，患方可以随意地选择任何一种救济方式。但是，如果患方既向卫生行政部门提出医疗事故争议处理申请，又向人民法院提起诉讼的，卫生行政部门是不予受理的，如果卫生行政部门已经受理的，就会终止已经受理的医疗事故处理。因此，患方在遇到医疗事故时一定要认真选择适当的处理方式，不要既向卫生行政部门申请处理，又向人民法院起诉，否则，势必会使患方没有机会通过行政机关调解的方式解决医疗事故争议，而直接进入民事诉讼程序。

那么到底如何处理不同途径之间的关系呢？医疗事故争议的当事人不能同时启动两种程序，同时在两个途径中解决医疗事故争议问题。由于向卫生行政部门申请处理适用行政处理程序，而向人民法院起诉适用民事诉讼程序，所以，对行政处理程序与民事诉讼程序之间的衔接和处理问题，主要的规定有以下几个方面。

一、当事人不能同时选择两种途径解决医疗事故争议

医疗事故争议发生后，患方不能同时选择行政程序和司法程序解决争议问题，只能选择一种途径解决双方争议的问题，即要么选择申请卫生行政部门来处理，要么选择向人民法院起诉。如果患方同时选择两种程序，卫生行政部门则不予受理其提出的医疗事故争议行政处理申请。但是患方如果选择了行

政程序,行政程序并不否定患方仍有继续选择司法程序的可能,其原因有:

1.在行政程序的进行过程中,无论处于哪一个阶段,医患双方当事人都可以要求终止行政处理程序, 撤回要求行政处理的申请而改为选择司法程序解决医疗事故争议。

2.行政程序通过医学会组织鉴定,确认为不是医疗事故的,卫生行政部门不再继续进行赔偿调解。终止行政程序时若医患双方当事人不服, 仍然可以提起诉讼,通过司法程序要求认定是否属于医疗事故以及是否给予赔偿。

3.通过行政程序作鉴定结论确定为医疗事故的,医患双方当事人可以不要求卫生行政部门给予调解或者不接受调解方案, 改为提起司法程序解决赔偿问题。

二、当事人有权选择任何一种途径解决医疗事故争议

医疗事故争议发生后, 患方可以根据自己的意愿, 决定选择行政处理程序,由卫生行政部门委托医学会组织鉴定后,进行行政处理,并可通过调解手段解决赔偿等民事争议;也可以直接选择司法程序,提起民事诉讼,由人民法院通过审理委托或组织鉴定, 裁决处理解决争议。任何单位和个人都不得限制患方对这种权利的行使,强迫患方选择或不选择某一解决争议的途径。

三、已经进入民事诉讼程序的,不能进行行政处理

1.通过司法程序,是解决医疗事故争议的最终途径,是最终的救济手段。对于人民法院发生法律效力的判决书, 医患双方当事人都必须履行。一方不履行判决书、裁定书的,另一方当事人可以申请人民法院强制执行。司法程序解决医疗事故争议,是最具强制力的一种解决途径。

2.从国家职能和权力的划分、权力的性质而言,司法权在解决争议实现救济中是最终的途径。司法权可以对行政权实施监督, 可以通过司法程序改变或撤销违法的具体行政行为。而行政权不能对司法权实施监督, 不能改变违法或不当的司法行为,司法权行使过程只能通过其内部的监督制约程序解决,而不能通过行政程序解决, 通过司法程序裁决的争议也不能通过行政程序予以改变。

3.司法程序的决定往往是终局决定,因此,选择进入司法程序,也意味着对行政程序的放弃。如果在申请行政处理时当事人隐瞒了已经向人民法院起诉的情况,卫生行政部门处理过程中发现上述问题应立即终止行政处理。

②发生医疗事故后，怎样和医方进行协商解决争议？

患方和医方协商解决医疗事故争议，也就是大家常说的“私了”。那么，怎样和医方进行协商呢？协商时患方应该注意一些什么问题呢？协商解决争议后，患方能不能反悔呢？这些都是大家关切的问题，下面为大家逐一解答。

一、与医方协商解决医疗事故争议的方式

当医患双方发生争议时，当然可以由患者及其家属和医方协商解决，但是《医疗事故处理条例》并未对协商的具体情况加以规定，那么患者如何合法地与医方协商来维护自身的合法权益呢？笔者个人认为：

1.医患双方应当在自愿的基础上进行协商。

医患双方的协商是建立在完全平等自愿的基础之上的，任意一方不得把自己的意愿强加给对方。这里特别要说明的是，由于患方相对于医方来说，处于一个弱势群体的地位，所以，医方不得以“如果你们不愿意，我们一毛钱都不会赔”等方式为要挟，附加各种条件来逼迫患方必须与之进行协商方式解决纠纷。而且医患双方进行的协商不受第三人的不法干预，这里主要指有关的医疗行政机关，以做思想工作或强加干预的方式介入医患双方的协调中来，要求患者少提甚至不要提赔偿。这都是法律所不允许的，在这种情况下，患者朋友有权利终止这种不自愿的协商。

2.医患之间协商必须合法。

医患双方以协商问题的形式解决纠纷，必须符合法律法规的规定，不能以合法的形式掩盖非法的目的和内容。举个例子来说明，当医疗机构的医护人员出现重大过失甚至犯罪的时候，有些医院会出面提出与患者以及其家属“私了”。但由于其医护人员的行为已经触犯刑法，所以这种协商实际上是违法的。因此，有关患者与医疗机构协商处理的问题仅限于民事方面，并且不能违反法律法规的强制性内容。再如，许多协议还规定“患者不得就此事以任何理由起诉”，是违反法律规定的做法。如果协议的内容违反法律规定和公共利益，将导致该协议无效。

3.医患双方协商内容必须尽可能地公平。

协商的目的就是解决纠纷，赔偿患者的损失。医患双方协商应当顾及双方各自利益，不应订立显失公平的协议。实践中，医院作为一个十分有经验的、了解医疗职业的主体，利用专业知识以及患者对医护行业的不知情等情况，订

立明显对自身有利而损害患者以及其家属利益的协议,在这种情况下,患者就可以以显失公平为由主张撤销合同。

4.在协商中应当诚实守信。

真实、不欺诈的协商才是合法有效的协商,所以患者在协商过程中,应当本着诚实的原则进行协商。一般来说,医患双方在协议中的意思表示应当真实,实事求是地对医疗行为进行认定,可以先在协议书上各自列明观点,然后再写明双方一致认同的事实。

二、患者在协商时应该注意的问题

1.协商解决纠纷,一定要签署一份具有法律效力的协议书。医患双方书写协议书时要写明事件的基本情况,双方认定的医疗事故的原因、等级和赔偿的数额,这是患者在协商时一定要做的事情。有时医患双方没有明确医疗事故的等级,则也可以模糊书写,但一定要写上是为了解决纠纷的赔偿,而不是补偿。由此可见,协商解决纠纷时签署有效的协议书是协商成功的第一步。

2.患者是和医疗机构签署协议,而不是医生本人。协商解决医疗事故争议,医生本人是不能代表医疗机构与患者协商的,一般情况下,在协商时医疗机构都是由专门人员来和患者协商,而不是由医生直接和患者协商。

3.在签订的协议书中,对纠纷事实的认定最好不要省略,包括对纠纷原因、性质的认定,均应详细地写入协议。如果已经作了医疗事故鉴定的,应当表明医疗事故鉴定报告书的文号。协议要避免医院没有任何过错等字眼,相反,承认医院存在过失并把款项写为赔偿款是明智的,不能写成捐助、赞助等。

4.患者协商时最好能够聘请专业的律师,帮助其更好地协商。毕竟患者对于医疗知识和法律知识都相对欠缺,在协商中处于弱势地位。为保证协议的有效性,最好能够引入公证或律师见证,其好处是能够制作较为规范的协议书,并证明是双方真实意思的表示。

三、协商解决争议后,患方能否反悔呢?

在“私了”过程中,医患双方到底有没有“反悔权”呢?一般而言,只要符合法律法规中诉讼应具备的三个要件:即行为人有行为能力;双方当事人真实意愿表示;不违反法律法规。只要具备这三个要件,协商解决的争议从原则上讲,医患双方都不能反悔,其协议签订后是受到法律保护的。如果一方想要反悔,就要说明在签订协议时另一方是否有欺诈、胁迫等违法行为,反悔一方要就此举证,提供相关的证据。如果反悔一方不能举证,法院将判定医患双方的“私了"协议有效。由此可见,通过"私了"解决的医疗事故争议是具有法律效力的,医患双方都不能随意行使"反悔权"。

但是,现实中,经常会遇到医患双方在"私了"后,患者将医院又告上法院,而法院也对此进行了受理,这是怎么回事呢?是不是说患者只要对医患双方"私了"签订的协议不满意,就可以不管协议,而以医患之间发生医疗事故争议,医方侵犯患方的权益为由,向人民法院起诉呢?其实事实并非如此,因为医患双方在发生医疗事故争议后,签订的"私了"协议对双方都具有法律效力,如果患方想反悔,那么首先就要使签订的协议无效,所以,我们经常看到的在签订协议后又告上法庭的情形,其实是患方向法院提起的撤销医患双方"私了"协议的合同之诉。此时,如果法院不撤销双方的"私了"协议,则医患双方的协议仍然有效,医患双方都需按照协议履行各自的义务。但是,如果法院撤销了医患双方的协议,则患方就可以重新选择解决医疗事故争议的方式,即可以选择行政调解或者诉讼。若患方选择了诉讼,则在诉讼过程中,医患双方仍可以进行协商解决医疗事故争议,医患双方达成协议后,由法院出具调解书加以确认,可这种协商为"终身制",医患双方都不能反悔和上诉,案件一次性终结。所以,当医疗事故纠纷无可回避的时候,其实"对簿公堂"并非是解决问题的最好方式,理性地选择协商解决争议,也不失为一个有效、快捷的方式。

举个例子,一位患儿因腹部疼痛到某儿童医院就诊,先后接受了阑尾切除术、剖腹探查并部分肠切除术等治疗。之后,患儿出现粘连性肠梗阻症状,其父母认为这是诊治行为存在过错而造成的损害,遂要求医方予以赔偿,双方因此发生了争议。经过多次协商,该儿童医院与患儿家长达成一份协议,约定由医院赔偿患儿医疗费、住院伙食补助费、营养费等共计人民币1.5万元。医院也按照约定及时向患者家长履行了赔偿金。本案中,医患双方采取的是协商解决的方式处理医疗事故,医患双方签订的协议合法有效,且医院及时履行协议,使医患纠纷和平解决。

3 医方在遇到医疗事故或可能是医疗事故的事件时,一般会怎样处理?

医疗事故发生后,医疗机构和医务人员应立即采取处置措施,以防止对患者损害后果的扩大,减少给患者造成的损失,同时也有利于医疗事故的及时、妥善处理。为了保障医患双方的合法利益,而要对医疗事故的处理设定一般

的程序,具体有:

一、报告

发生医疗事故或可能是医疗事故的事件时，当事的医务人员应立即向本科室负责人报告,科室负责人应立即向本医疗单位负责人报告,医疗单位应及时按级上报。个体开业的医务人员应立即向当地的卫生行政部门报告。那么,规定报告制度有什么作用呢?

1.发生医疗事故或事件后,立即报告上级医师或行政领导,便于上级主管部门与行政部门及时掌握情况,给予正确的指导,有利于尽快采取补救措施,尽最大可能地减轻事故或事件给患者带来的不良影响，从而缓解医患双方的矛盾,有利于善后处理。

2.报告制度有利于及时掌握第一手资料和证据,有助于医疗事故或事件的准确鉴定、准确定性和正确处理。因此,发生医疗事故或事件后,只有立即报告，医疗单位才能及时派专门人员保管各种为查明案情所需的材料和封存保留现场,以避免发生某些不利于医疗事故或事件的鉴定和处理的情况。

3.医疗事故发生以后,医疗机构和患者及其家属对事故或事件的性质及发生的原因往往发生争议,难以统一认识,这就要求进行技术鉴定或尸检。立即报告,医疗单位或卫生行政部门才能及时进行调查、处理,特别是对死亡事件,可以及时进行尸检,确保尸检结果的准确性。尸检应在48小时内组织有资格的机构和人员进行。医疗单位或者病员家属拒绝进行尸检，或者拖延尸检时间超过48小时,影响对死因的判定的,由拒绝或拖延的一方负责。

4.对医疗事故的确认和处理有争议时,提请地市医学会进行鉴定,由卫生行政部门处理。对医疗事故技术鉴定专家组所作的结论或者对卫生行政部门所作的处理不服的，患者及其家属和医疗机构均可在接到结论或者处理通知书之日起15日内,向上一级医疗事故技术办公室共同申请再次鉴定,或者向上一级卫生行政部门申请复议,也可以直接向当地人民法院起诉。

二、根据情况及时采取措施防止损害扩大

发生事故后,应尽最大的可能减轻事故给患者带来的不良影响,及时组织力量,采取积极有效的补救措施,以减轻事故的最终损害后果。医疗机构采取的及时有效的措施包括：为确认过失行为造成的损害程度而进行必要的辅助检查;为减轻损害后果而采取必要的药物、手术等治疗方法;为避免医疗事故争议而采取的其他措施。这些措施应具有很强的针对性和有效性，以力争把

对患者造成的损害程度降到最低。

三、保管或封存病历及有关原始资料

发生医疗事故或事件的医疗机构,应指派专人封存、妥善保管原始病历及有关资料,不得丢失、涂改、隐匿、伪造、销毁。因输血、输液、注射、服药等引起医疗事故或事件的,要对现场实物及时封存留样,以备检验。掌握第一手资料和证据,是对医疗事故或事件作出准确鉴定、准确定性、正确处理的前提条件。因此,医疗机构在接到有关当事医务人员、其所在科室发生医疗事故的报告以后,应依法做好保管和封存工作,以免发生不利于医疗事故处理的事情。

四、做好来访的接待工作

发生医疗事故或事件后，做好患者及其家属的接待工作非常重要。要避免争执使矛盾激化,要引导病员及其家属按《医疗事故处理条例》规定的程序处理。接待来访者的首要问题是使来访者建立起信赖感。无论有无医疗过失,都要向患者或家属表示慰问,态度诚恳热情,即使对方发怒或语言不逊,也要疏导、说服,切勿动怒。对初访者一定要耐心听,认真记,尽量多搜集与纠纷有关的材料,为开展调查提供依据。对问题不要轻易作肯定或否定的回答。来访者陈述意见时不要打断,不要插话或者作不必要的解释,防止误认为是包庇、袒护。

五、调查

医疗机构对发生的医疗事故或医疗事件,要立即组织调查,经过分析作出结论并提出处理意见。处理意见以书面形式答复病员及其家属，同时报告上级卫生行政主管部门。个体开业的医务人员发生的医疗事故或事件，由当地卫生行政部门组织调查、处理。病员及其家属也可以向医疗单位提出查处要求。对医疗事故或事件进行调查的过程，实际上就是为处理医疗事故或事件寻找根据,分析造成事故或事件的原因和过程,这是整个处理医疗事故或事件的关键环节。调查的过程一般涉及以下几个方面:

1.证据的检验:(1)患者的病历是记载病情发展过程、记录医生医治方法和思路、反映医生责任心的最原始的资料。为了查明事故真相,必须对病历进行文件检验以判断病历是否被涂改。(2)对现场勘察提取的药品、药瓶和残存的药液、病员的血液、尿液及分泌物作药物分析和标本。(3)如果怀疑病员错输异型血、怀疑换错新生儿、怀疑同种异体器官移植不当,则需要作血型检验。(4)若怀疑事故是由医疗设备故障造成,则需请专业人员对医疗设备及医疗器

械等进行检验,以确定是否存在设计缺陷,有无机械故障或电路故障等。

2.对活体进行检查,对尸体进行解剖。

对活体进行检查是对患者进行体格检查以确定患者是否残废,是否有组织器官损害导致的功能障碍,确定残废的程度及功能障碍的程度,为医疗事故的正确处理提供客观、科学的依据。

对尸体进行尸检主要是对尸体进行病理解剖和法医解剖,以确定死亡的原因。家属流露出对医疗过程有不满时,有关医务人员就要有所准备,患者死后书面通知并引导家属进行尸检。根据相关规定,尸检要由卫生行政部门认可的专门机构和有资格的人员进行,目的是分析诊断死因,查明有无过失,手术是否误伤器官等,为鉴定和处理争议提供客观依据。凡发生医疗事故或事件,临床诊断不能明确死亡原因或患者家属对死因有争议的,必须进行尸体解剖检验。

3.询问相关人员以便查清事实。

对医疗机构负责人、责任医务人员、患者及其亲属、在场病友等的调查访问,针对医学疑难问题咨询医学权威等。在处理医疗事故过程中,不应忽视对医患双方的询问。因为对医患双方进行询问可以得到一些对医疗事故处理有用的信息,而且可以更好地消除医患双方的矛盾,加强双方的沟通,以使医疗事故顺利得以解决。

六、及时做出结论和做好善后工作

医疗事故处理部门应在调查、研究的基础上,最后做出对事故的处理意见。对不构成医疗事故的案件,应以书面形式详细地向患者及其家属说明情况和理由。对构成医疗事故的案件,则要根据《医疗事故处理条例》及其他法律法规的规定,责令医疗责任人员承担民事责任或行政责任,对构成医疗事故罪的,要依法追究其刑事责任。

善后处理一定要不徇私情,坚持原则,力求定性准确,处理恰当,结案迅速。这不仅需要争取患者及其家属的配合和支持,也需要依靠当地政府和社会各有关部门支持。在达成协议的基础上要履行公证手续,签订公证协议书,避免反复,使协议具有法律效力。

4 进行医疗诉讼,应当如何聘请律师?

医疗诉讼,可以说是所有医疗事故纠纷的最后解决方式。相对于其他解决纠纷的方式而言,其程序非常严格,不论当事人对纠纷的看法如何,法院都是按照严格的诉讼程序一步步进行,对每一件事实的认定,都需按照法律程序质证,并且会按照法律规定的诉讼时限作出判决。但是,由于诉讼是非常严格的法律判断过程,因此对事实的认定和证据的判断是相当严格的。在医疗诉讼实践中,常常看到患者及其家属感叹"这么简单的问题还用说吗?"其实,这是对法律程序不了解的典型心态。对于法律程序的不了解也是患者及其家属在医疗诉讼中"吃亏"的主要原因。因此,如果患者及其家属决定通过"医疗诉讼"来解决纠纷,聘请一位专业的医疗律师作为代理人去打医疗纠纷官司,是非常有必要的。

一、聘请律师最好通过律师事务所聘请

一般聘请律师要通过律师事务所,最好是通过了解律师情况的朋友或者熟悉律师业务的亲友,找一家信誉较好的律师事务所。根据我国律师法的规定,当事人委托律师代理诉讼,应同律师事务所(或者法律顾问处)签订合同,不能直接同律师签订合同。委托代理尽量不要委托不具备律师资格的人。有些患者或家属为了省钱,随便聘用法律服务所的人员或者私自聘用没有职业资格证书的所谓律师,结果由于其素质较低,难以为当事人更好地维护权益,最后是得不偿失。

二、聘请律师要尽可能的聘请专业的医疗律师

一般来说,取得职业资格的律师,便基本具有胜任律师职务的法律专业知识。但是,医疗事故纠纷不同于普通的民事纠纷,承担医疗事故纠纷诉讼的代理人,除了精通法律知识以外,还必须掌握一定的医学专业知识。现在的律师业务已经开始细化,出现了专业分工。因此,患者在选择律师时,应当尽量物色在医疗民事纠纷方面有专长的律师或者选择从事医师职业的兼职律师。

三、聘请律师后,要信任律师

常言道"用人不疑,疑人不用"。患者及其家属在聘请律师后,就应当相信律师,把案情如实、详尽地向律师介绍,不能隐瞒事实真相,更不能用编造的"案情"去欺骗律师。律师听取并研究了案情后,如果同意接受委托,要同律师协商并确定代理的事项,代理权限的范围以及代理期限。其中委托权限要具体写明是特别代理,还是一般代理。特别代理也就是常说的全权代理,必须有患者及其家属的特别授权。主要是律师代为承认、放弃或者变更诉讼请求,进行和解,提起反诉或者上诉等诉讼活动时,将直接对案件的实体问题代表患者及其家属进行明确的表态,作出决定,而法律效果由患者及其家属承担。一般代理是不需要患者及其家属特别授权,如代理起诉、应诉,找当事人谈话、调解和开庭活动,这些都不需要患者及其家属的特别授权。

实践中,高水平的医疗纠纷专业律师不会积极催促患方委托他代理案件。原因其实很简单,高水平的医疗纠纷专业律师往往有较多的案件等着委托他办理,不愁案源,而且高水平的医疗纠纷专业律师基于其大量案件的经验教训,也会仔细分析具体情况来选择患方当事人。如果患方当事人不信赖律师,善于"货比三家"的患方当事人往往会遭到高水平专业律师的拒绝代理。因为好的医疗纠纷专业律师一旦工作起来就会把全部的或者最主要的精力用于办案,如果无端受到患方怀疑,势必大大降低律师为其代理的积极性。

四、与律师签订一份合法有效的委托代理合同

患方与律师达成委托代理的一致意见后,应当签订委托代理合同,即患方与律师事务所或者法律顾问处签订的关于律师代理民事诉讼权利义务关系的协议。委托代理合同应包括以下内容:1.委托人的姓名及案由;2.律师事务所指派参加诉讼的律师姓名;3.委托代理权限;4.委托双方的权利、义务;5.代理律师的违约责任。同时,患方还应出具授权委托书,即患方当事人单方面出具的证明律师代理权范围的法律文书。授权委托书的内容应包括:1.授权委托人的姓名、住址等;2.代理律师的姓名、工作单位、住址等;3.代理权限,如果有特殊授权,在委托书中要一一列举。

总之,患方决定通过诉讼解决医疗事故纠纷的,建议患方聘请专业医疗律师为其提供法律服务,有助于维护其自身的合法权益。否则,患者及其家属无论是在庭审过程中,还是在鉴定过程中,都会出现"对方说什么听不懂"、"专家、法官问什么不知道怎么回答"、"自己想说什么又说不明白"的尴尬场面,患方如果这样进行医疗诉讼,诉讼结果也就可想而知了。

5 患方能否获得法律援助?是否可以申请缓交、免交诉讼费?

法律援助是在国家设立的法律援助机构的指导和协调下,律师、公证员、基层法律工作者等法律服务人员为经济困难或特殊案件的当事人给予减、免收费提供法律帮助的一项法律制度。患方如果经济困难或者确实需要法律帮助,可以向居住地或工作所在地的法律援助机构提出书面申请而请求法律援助。

一、患方在申请法律援助时需要注意的事项

1.患方在法律援助申请书中要认真填写申请人姓名、身份证号码、单位、住址等;法律援助事项的内容,申请法律援助的目的;规定格式的声明书,以声明申请书所述事项均属正确无讹;本人与配偶(如有配偶)的经济状况;拥有的家庭财产情况;赡养、抚养方面的详细情况等。

2.患者还需要提供相关的证明文件。如由民政部门出具的申请人经济情况证明;由申请人及其配偶单位出具的申请人及其配偶的收入证明或者下岗证明;由居委或村委出具的有关生活情况的证明;由残疾人联合会颁发的有关残疾证书复印件;身份证复印件;有关代理权资格的证明;有关案件书面材料或法院立案的书面材料等。

列举一个通过法律援助成功调处医患纠纷,并妥善处理好相关的赔偿问题,防止医疗事故纠纷的进一步激化的案例。2006年10月,某乡村民王某因路滑摔倒导致髋骨骨折,遂入某乡卫生院治疗。医院在进行固定手术过程中,不慎将纱布遗留在体内,导致患者大腿根部严重感染。后经县人民医院复查发现了残留物,并予以取出,同时进行抗炎治疗。2007年2月,王某又准备在县矫形医院实施第二次手术,但院方考虑王某年事高,体质弱,手术风险性大,未予实施手术。鉴于上述情况,王某及家属多次要求乡卫生院赔偿未果,于是王某邀集多人准备上访,矛盾再度激化。由于王某老伴肢体残废,而王某本人也因手术过失落下了严重后遗症,家庭条件十分困难,于是县法律援助中心决定对王某实施法律援助。法律援助工作小组首先向相关专家咨询能否进行第二次手术,手术风险有多大,专家建议王某需保守治疗,加强后期锻炼,逐渐进行功能恢复。法律援助工作小组采纳了专家的建议,并就相关赔偿问题积极与院方沟通,通过反复做双方的思想工作,最终参照人身伤害赔偿标准和医疗事故处理的有关法律法规达成了赔偿协议,院方除承担前期治疗费用外,另一次性赔偿王某9.1万元。一起医患纠纷在法律援助的帮助下圆满获得解决。

二、患方如果交纳诉讼费用确有困难的,可以依照法律规定向人民法院申请缓交、减交或者免交

缓交是由于诉讼费用暂时难以支付时,将交费日期延后。减交是只交纳应交纳诉讼费用的一部分而非全部。免交是免去全部应交纳的诉讼费用。这一规定主要针对患方在经济上确有困难,无力负担或者暂时无力负担而采取的一种救助办法,其目的是为经济上确有困难的患方当事人提供诉讼上的帮助和保障。对于患方提出的申请,人民法院要进行审查,然后根据情况决定是否批准。

1.患方当事人申请缓、减、免交诉讼费用应当具备以下条件:(1)必须是本案的当事人。即提出缓交、减交、免交诉讼费申请的人,必须是具备诉讼资格的案件当事人,其他人则无权提出。(2)必须是确有困难。所谓困难,是当事人没有能力和条件交纳,或者没有全部交纳的能力或条件,或者在一定时间内交纳确有困难。(3)当事人必须提出申请。申请的形式,一般应采取书面形式,以入卷备查。也可采取口头形式,由人民法院记入诉讼笔录。(4)必须由人民法院审查决定。人民法院对当事人提出的申请进行审查,认为符合条件的,可作出准予缓、减、免交诉讼费的决定。反之,则应作出不准予缓交、减交、免交的决定。

有下列情况之一的,人民法院应当根据案件具体情况决定当事人缓交、减交或者免交诉讼费用:(1)患者为社会公共福利事业单位的,如福利院、孤儿院、敬老院、荣军休养单位、精神病院、SOS儿童村等。(2)患者没有固定生活来源的残疾人。(3)患者因自然灾害或其他不可抗力造成生活困难,正在接受国家救济或生产经营难以为继的。(4)患者根据有关规定正在接受法律援助的。(5)人民法院认为其他应当进行司法救助的。

⑥ 在医疗诉讼中,患方能不能撤诉?出现哪些情况会按照撤诉处理?

随着人们法律意识维权思想的日益加强,很多人一遇到纠纷往往都会想到诉讼,尤其是在遇到医疗事故纠纷时,许多患者及其家属不知道怎么办的情况下,最先想到的就是诉讼。可是,当起诉后才发现,诉讼会消耗很大的财力、物力和精力,其诉讼的成本也有时远远高于可能获得的赔偿,或者随着对争议事实的了解,发现自己对是否存在医疗事故存在错误的认识,是不可能胜诉的,于是就产生了撤诉的想法。那么,患者是否可以撤诉呢?回答是可以的,只是对撤诉有一些的限定,下面我们来具体说明。

一、什么是撤诉?

医疗事故纠纷诉讼中的撤诉就是患方在起诉后,按照法律规定的程序,自动撤回自己的起诉,不再要求人民法院对其与医方之间的医疗事故争议作出裁判。撤诉在第一审程序和第二审程序中都可能发生。在第一审程序中有患方可以撤回起诉,在第二审程序中医患双方任何一方在上诉后,上诉一方都有权撤回上诉。撤诉既可以由当事人申请而引起撤诉,也可以法院在遇到特殊情况时按照撤诉处理。

二、申请撤诉必须符合什么条件?

1.申请撤诉的申请人必须是原告、上诉人及其法定代理人,或者原告特别授权的诉讼代理人。

撤诉是原告行使诉讼权利的体现,应当由原告决定是否提出申请。申请撤诉和起诉的只能是同一方当事人,通常是原告。如果原告是无诉讼行为能力人的,可由其法定代理人代为申请撤诉。诉讼代理人申请撤诉时,必须经原告特别授权。有独立请求权的第三人由于向人民法院提出了独立的诉讼请求,其诉讼地位相当于原告,可以撤回自己的起诉,但其撤诉不影响原被告之间的诉讼照常进行。在反诉的情况下,反诉的原告即本诉的被告可以撤回反诉。

2.撤诉申请必须在诉讼程序开始之后,人民法院宣告判决之前提出。

从起诉到法院宣判之前这段时间,原告可以随时申请撤诉,而法院的判决一经公开宣告,就丧失了申请撤诉的权利。法院宣判后,只有通过法定程序才能改变判决。这时,不能再去申请撤诉。原告在提出撤诉申请后,受诉人民法院会及时进行审查。经审查,认为原告的撤诉申请符合条件的,裁定准予撤回起诉;反之,裁定不准许撤回起诉。

3.撤诉申请必须向受诉法院提出。

原告撤诉,必须向受诉法院提出申请。申请可以是书面申请,也可以是口头申请。对于口头申请,人民法院应记入庭审笔录,并由原告签名或盖章。撤诉申请书中要有撤诉的明确意思表示,即必须向人民法院明确提出撤销全部诉讼请求。

4.申请撤诉必须是基于原告自己真实的意思表示,即必须是自愿撤诉。任何单位和个人包括审判人员不得强迫原告申请撤诉。

5.申请撤诉的目的必须正当、合法。原告对自己诉讼权利的处分要符合法律的规定,不得损害国家集体和他人的合法权益,否则,会受到国家的干预。

三、患方撤诉后是否可以再起诉?

患方在撤诉后,如果想要再次起诉,只要没有过诉讼时效,是可以再次起诉的。最高人民法院《关于适用〈中华人民共和国民事诉讼法〉若干问题的意见》也作出规定:“当事人撤诉或人民法院按撤诉处理后,当事人以同一诉讼请求再次起诉的,人民法院应予受理。”可见,我国法律赋予了当事人在撤诉后的再次起诉的权利,这体现了诉讼的民主性,是对当事人诉权进行保护的有效措施。需要注意的是,如果原告撤回起诉是由于其与被告的民事法律关系发生了变更或消灭,或者在撤诉后该民事法律关系发生了变更或消灭,则原告不得再以原来的诉讼请求起诉,而只能以变更后的民事法律关系主体资格起诉,否则,即为起诉的条件不合格,法院不应受理。也就是说,如果患方撤诉是由于医患双方的民事法律关系发生了变更或消灭,或者撤诉后医患双方的民事法律关系发生了变更或消灭,这时候如果患者起诉,则需要变更原来的诉讼请求,以变更后的民事法律关系主体资格起诉。

四、按撤诉处理的情形指什么?

按撤诉处理是人民法院依照法律的明确规定,对于原告的某些行为裁定按照申请撤诉处理。按撤诉处理的法律效果和申请撤诉的法律效果完全相同。《民事诉讼法》和最高人民法院《关于适用<中华人民共和国民事诉讼法>若干问题的意见》的规定,在遇到下列情况下,法院可以按照撤诉处理。

1.原告经传票传唤,无正当理由拒不到庭的,或者未经法庭许可中途退庭的,可以按撤诉处理。

在医疗事故诉讼中,作为要求解决纠纷、维护其权益而提起诉讼的患方,应当配合人民法院的工作,经人民法院传票传唤,患方有义务按时到庭,以保证诉讼活动及时、顺利地进行。如果患方不履行出庭义务,将承担相应的法律后果。具体来说:

(1)患方经人民法院传票传唤,没有正当理由拒不到庭的,可以视为放弃自身的诉讼请求,应当按照撤诉处理。如果医方提出反诉,为了保障医方的合法权益,人民法院可以缺席判决。如果患方确实有不能到庭的事由,在接到人民法院的传票后,应当及早向人民法院提出。人民法院经审查,认为患方提出的不能到庭的理由正当,确实不能到庭的,可以决定延期审理,并及时将延期审理的情况通知医方。人民法院经审查,认为患方提出的理由不正当,可以决定不延期审理,并通知患方,患方接到不延期审理的通知后,应当按时出庭。

(2)患方没有经过法庭许可中途退庭,是一种藐视法庭的行为。这一行为违反了法庭纪律,扰乱了诉讼程序,干扰了诉讼进程。为了维护法律的尊严和人民法院的权威,对患方未经法庭许可中途退庭的,人民法院可以按照患方撤诉处理,被告反诉的,可以缺席判决。

此时，有些人会问，哪些理由是正当的理由呢？患方在提出什么样的理由时会被看成正当理由呢？比如，无法预见的自然灾害，如地震、水灾、严重积雪等不可抗力，且足以影响到患方按时到庭的；患方突然发生死亡、丧失诉讼行为能力、重大疾病等生理变故而无法按时到庭的；患方在出庭途中发生重大交通事故，并导致其无法按时到庭的；患方受到司法机关或第三人拘禁，丧失人身自由等情形而无法到庭的；由于审判人员的疏忽，如传票上被传人、开庭时间或地点出现笔误，传票未实际送交被传人或其他有权收件的人等，而导致患方不能到庭的。实践中，许多患方提出记错或忘却开庭时间、上班高峰期交通堵塞、与其他法院开庭时间相冲突等理由，而没有到庭的，是不能认定为正当理由的。

2.原告或者上诉人接到人民法院预交案件受理费的通知后，既不预交费用，也不申请缓交、减交或者免交诉讼费用，以及申请缓交、减交或者免交未获准许后仍不交费的，法院可根据具体情况决定是否按撤诉处理。在医疗事故诉讼中，起诉的患方有按时交诉讼费的义务，如果患方接到人民法院预交案件受理费的通知后，既不预交费用，也不申请缓交、减交或者免交诉讼费用，以及申请缓交、减交或者免交没有获得法院批准后仍然不交诉讼费的，人民法院可以按照患方撤诉处理。

3.原告为无诉讼行为能力人的，其法定代理人经传票传唤，无正当理由拒不到庭，又不委托诉讼代理人到庭的，可以按撤诉处理。医疗事故诉讼中，患方如果是无民事行为能力人，则其法定代理人就相当于患方本人，此时，如果其法定代理人无正当理由拒不到庭，就可以比照原告无正当理由拒不到庭的，或者未经法庭许可中途退庭的规定，可以按照撤诉处理。

4.有独立请求权的第三人经法院传票传唤，无正当理由拒不到庭或者未经法庭许可中途退庭的，可以对该第三人按撤诉处理。如在同一医疗事故诉讼中，如果患方为多人，其中甲患者提起了医疗事故诉讼，而乙患者没有提起诉讼，但是乙患者可以以有独立请求权的第三人的身份参加到诉讼中，此时，如果乙患者经法院传票传唤，无正当理由拒不到庭或者未经法庭许可中途退庭的，就可以对乙患者按照撤诉处理。

五、一般在什么情况下不允许撤诉？

1.案件已经先予执行

关于先予执行，我国《民事诉讼法》第97条规定，对于追索赡养费、抚养费、抚育费、医疗费用的；追索劳动报酬及因情况紧急需要先予执行的，经当事人申请，可裁定另一方当事人给付申请人一定数额的钱财或者立即实施或停止实施一定行为即先予执行。

在医疗事故纠纷案件中，如果患方申请先予执行，并获得先予执行后，患方预先实现了日后判决中可能确定的部分权利，医方也预先履行了以后判决中可能确定的部分义务，这种执行的内容是否合适，是有待于继续案件的审理才能得出结论。此时，如允许患方撤诉，将使先予执行无据可依，无形中剥夺了医方诉讼权利和实体权利，一旦先予执行不当，势必造成新的争议，给医方造成经济损失。因此，为了公平保障医患双方的利益，先予执行后不应准许患方撤诉，案件应继续审理。

2.案件事实已查清

案件经过法院的审理，如果案件的事实已经能够查明，那么纠纷也即将得到有效解决。此时如果还准许当事人撤诉，必将使纠纷回到未诉前的状态，法院及相对方当事人已付出的诉讼支出将失去意义，已进行的诉讼活动也将失去意义。而且还可能因原告的重新起诉而重复此劳动过程，从而造成了诉讼资源的极大浪费。因此实践中，对事实已经查清的案件，法院一般不准许原告撤诉。

3.法定代理人的撤诉申请不利于及时有效地保护被代理人的合法权益

这主要是为了更好地保障无民事行为能力人的利益。法定代理人的撤诉行为与患方本人自行处分的行为是不同的，法定代理人在诉讼中的职责是应维护被代理人的利益，其撤诉必须以不影响被代理人的合法权益为前提，如果其撤诉所产生的结果不利于及时有效地保护被代理人的合法权益，法院应不准许撤诉。

第八章　医疗事故的赔偿18问

1 医疗事故发生后，怎样索赔对患方有利？

近年来，医患纠纷屡屡发生，患者一旦与医院形成医患纠纷，就会感觉无从下手，不知道该怎么办。那么，患者如何在索赔中占据有利的位置呢？如何在索赔中处于主动地位，充分地运用合法的方式保护自己的合法权益呢？这里总结了以下几点索赔步骤和注意事项。

一、遇事冷静处理

一旦发生医疗事故的损害，对于患者以及其家属来说往往打击很大，患者身体功能的障碍或丧失，使患者及其家属不仅在心灵和精神上受到折磨，而且在经济上也带来巨大的损失，在这个时候，患者及其家属情绪一般都很激动，难以平静。此时，患方一定要保持冷静，千万不要冲动，当务之急是做好善后工作，防止损害的进一步扩大，积极与医院配合，不要激化矛盾。

首先，在治疗当中发生不良反应后，应积极采取治疗措施，试图将损害减到最低程度。毕竟遭受损害的是患者本人，将损害减到最小，对患者来说是有益的，所以，发生损害后应当尽可能地防止损害扩大，一切以患者的实际利益考虑，不要由于情绪失控而对医生护士谩骂甚至殴打、撕毁病历、手术单、麻醉单等相关医疗证明，将使患者的诊疗处于十分不利的处境。

其次，在发生医疗损害事实后，应对形成医疗损害事实的原因作大致分析，根据诊断护理细节以及病历记载等，若初步认为在治疗过程中医疗机构存在一定过失，且该过失是造成医疗损害事实的原因，则医院的医疗行为就构成了医疗事故。

遇到事情冷静地处理，不但能够最大限度地保障患者的利益，而且在解决争议的过程中，还能更好地保障自己在索赔中处于有利的位置。

二、注意及时保全证据

证据是证明案件事实的根本保障，患方自我判断医方的诊疗行为属于医疗事故后，则一定要注意收集并保全重要的证据。比如，当输液单存在明显的错误，如将50毫升误写成了500毫升或者将盐水写成糖水等因输液不当而引起自身生理的损害时，患者及其家属应保留这张输液单，用以证明损害事实的存在。相反，如果患者及其家属把这张单据不慎丢失或损毁，在举证上就会十分被动。因此，复印住院病历，要求医患双方都在场的情况下封存死亡病例讨论记录、疑难病例讨论记录、上级医师查房记录、会诊意见、病程记录，以及疑似输血、输液、注射、药物等引起不良后果的现场实物；患者已死亡的，家属应及时申请在48小时之内对尸体进行尸检，若家属拒绝或者拖延尸检，超过规定时间，影响对死因判定的，将承担不利的法律后果；收集索赔所需的各种证明和单据，包括处方、门诊病历、胸片、挂号费收据、医药费收据、住院费收据、住院费用结算单、家属的误工证明、死亡证明、处理丧葬事宜支出费用的单据等，都是为患者索赔做好全方位的准备工作。

三、慎重地选择索赔方式

医疗事故发生后，通常有三种解决方式，这在前面已经详细说明。那么，如何慎重地选择索赔方式，对于患方在索赔中占据主动地位是非常重要的。

首先，为了节约成本，发生医疗事故后，患者及其家属始终要保持冷静的态度，与医方就事故原因、等级、赔偿数额等问题进行协商是非常必要的，如果通过协商可以公平合理地解决问题，那么也没有必要闹上法庭，毕竟这样的解决途径耗时耗力，程序繁琐，不利于快速地解决纠纷。但是，如果不能达成协议或者迟迟没有协商好，患方一定要注意选择其他合法途径解决问题，不要因为协商而超过了请求进行行政调解或者仲裁、诉讼的时效。

其次，在医患双方协商未果的情况下，患方向卫生行政部门申请处理，也是较为合理的方式。不过需要患者注意的是，患者必须从知道或者应当知道身体健康受到损害之日起1年内，向卫生行政部门书面申请处理医疗事故争议，同时对争议的事实和应属的医疗事故等级有争议的，可以向卫生行政部门提出医疗事故技术鉴定的要求。在争议的事实和医疗事故等级都明确的情况下，双方在卫生行政部门的主持下进行调解，一样可以制作协议书。该协议书一定要采用书面的形式，以防止医疗机构反悔不履行协议，可以据此向法院提起诉讼，要求其履行协议内容，以保障自己的权利得以实现。这种处理方式主要是通过行政的处理途径解决医疗事故纠纷，但并不是进行诉讼的必经程序，患者也可以不经该步骤而直接向人民法院提起诉讼。因为，患者向卫生行政部门申请处理的时效是1年，而向人民法院诉讼的时效也是1年，如果患者向行政部门申请处理时，迟迟没有结果，就应当及时诉讼，以免过了诉讼时效而丧失获得民事救济的途径。

最后，进行诉讼索赔，是患者最后的救济方式。法院根据事实和法律确定医疗机构是否存在责任，同时在诉讼过程中要慎重选择好诉讼的案由，是以医疗事故为由起诉，还是以医疗过错为由起诉，这将关系到鉴定的选择和赔偿的数额。同时要注意举证的期限，如果不能在规定的期限内举证，很可能失去保护权利的良机。

通常，最长的民事保护时间是20年，如果超过了20年的诉讼时效，无论当事人的主观心理应不应知，当事人的民事权利将不再被人民法院所保护。因为，诉讼时效是一种关于对主张民事权利加以限制的法律制度，超过了时限也就失去了应有的胜诉权利。一般来说，对于患者以及家属，如果以患者的人身损害为由提起民事诉讼的时候，一定要注意只有1年的民事诉讼时效。因此，不同的案由，对诉讼时效的规定也有一定的差异。举例来说，在医护过程中对患者的荣誉权、隐私权、人格尊严等人格利益的非法侵害，则适用2年的民事诉讼时效。再如，医疗机构在医疗的过程中，往往会向患者提供并出售一些医疗治疗或者辅助的工具、用品，如给截瘫病人使用的坐便器、轮椅、拐杖等，对于这些物品的使用不当而产生损害，患者可以向医院请求赔偿，同时也可以向生产这些产品的厂家主张损害赔偿，适用索赔的实效是2年的规定。

四、对赔偿的范围具有基本的认识

对于赔偿，也是有根据的赔偿，并不是患者要求赔偿多少就赔多少，我国《医疗事故处理条例》第50条规定了赔偿的范围和标准，主要有医疗费、误工费、住院伙食补助费、陪护费、残疾生活补助费、残疾用具费、丧葬费、被抚养人生活费、交通费、住宿费、精神损害抚慰金。患者在索赔时，切忌漫天要价，如一个不是很严重的病情，竟然提出数十数百万元的索赔，这必然会增加诉讼中的败诉率和诉讼成本。笔者在此建议患者，要想在索赔中占据有利的地位，最终获得应有的赔偿，就要合理地提出索赔的费用，理智分析。在提出赔偿要求时，要有证据和法律的支持，切忌提出不切实际的索赔数额，因为超过法律规定或者没有事实证据支持的赔偿，都不会获得支持。

五、最好能寻求法律援助或者聘请律师

由于患者及其家属通常对医疗知识和法律知识都不是很了解，加上医疗事故损害赔偿的复杂性，使一般的患者很难独自打赢医疗纠纷的官司。实践中，建议患者及其家属寻找法律援助或请一名律师帮助自己收集相关证据，撰写起诉文书，并告知自身的权利义务，让他们帮助策划一个对于患者以及家属最有利的赔偿数额、起诉方法，以便患者在索赔中获得主动。

② 不想打官司，还可以通过什么方式可以获得赔偿？

如果患者权益受到侵害，希望获得赔偿，却又不想打官司，还可以通过什么方式获得赔偿呢？实践中，可以通过以下两种方式来合理保障自身的利益。

一、通过协议赔偿

在医疗纠纷发生以后，医患双方基于真实的意思表示，就医疗损害的赔偿或者分担问题达成和解协议，双方按照和解协议的约定履行相应的义务，双方的纠纷就此平息。这种通过协商途径处理医疗事故损害赔偿的方式，是最为和平，也最为简便的解决纠纷的方式。在《医疗事故处理条例》第 47 条中也作出规定："双方当事人协商解决医疗事故的赔偿等民事责任争议的，应当制作协议书。协议书应当载明双方当事人的基本情况和医疗事故的原因、双方当事人共同认定的医疗事故等级以及协商确定的赔偿数额等，并由双方当事人在协议书上签名。"

1.双方协议的事项。双方应当本着自愿、公平、合法的原则进行协商，通过协商解决医疗事故的赔偿等民事责任争议，达到解决纠纷和获得赔偿损失的目的。双方可以就以下内容进行协商：

(1)对于是否为医疗事故，根据《医疗事故处理条例》第 20 条的规定双方认为需要的，可以共同委托负责医疗事故技术鉴定工作的医学会组织鉴定。如果双方认为事实清楚，也可以自行认定。

(2)民事责任承担的方式和赔偿的具体数额，以及给付的方式和时限等。

(3)与医疗事故的赔偿等民事责任争议有关的其他事项，如病人的善后处理，尸体的处理以及协议后将对双方权利义务产生的影响等。

2.协议书的内容

(1)医疗机构、患者的基本情况，如医疗机构的名称、法定代表人(负责人)，患者的姓名、年龄、性别、籍贯、住址、职业、所患疾病等等。

(2)医疗事故的原因、医患双方共同认定的医疗事故的等级。需要说明的是,双方共同认定的医疗事故的等级,是双方对医疗事故等级没有争议。这个结论可以是经过医疗事故技术鉴定的,也可以是由双方共同判定而没有经过医疗事故技术鉴定的。

(3)确定的具体赔偿数额,给付的时间和方式等。

(4)协议生效后,对双方涉及该医疗事故有关权利、义务的影响或履行责任。

(5)医疗机构盖章,法定代表人(负责人)、患者或者其监护人签字,如果患者死亡或无意识不能签字的,可以由患者的配偶、直系亲属等签字。

(6)协议签订的日期、协议生效的日期等。

二、通过行政调解赔偿

关于卫生行政部门对医疗事故赔偿争议进行行政调解,《医疗事故处理条例》第 48 条作出具体规定:"已确定为医疗事故的,卫生行政部门应医疗事故争议双方当事人请求,可以进行医疗事故赔偿调解。调解时,应当遵循当事人双方自愿原则,并应当依据本条例的规定计算赔偿数额。经调解,双方当事人就赔偿数额达成协议的,制作调解书,双方当事人应当履行;调解不成或者经调解达成协议后一方反悔的,卫生行政部门不再调解。"

1.卫生行政部门进行调解的程序

(1)申请。医患双方当事人在收到医疗事故技术鉴定书后,如果对医疗事故技术鉴定的结果没有异议时,对于医疗事故的赔偿,可以向卫生行政部门申请进行医疗事故赔偿的调解。根据《医疗事故处理条例》第 40 条规定,医患双方当事人可以向医疗机构所在地的县级卫生行政部门申请,医疗机构所在地是直辖市的,向医疗机构所在地的区、县人民政府卫生行政部门申请调解。如果患者死亡或者可能涉及的赔偿数额较大,当事人也可以向市级卫生行政部门申请调解。

(2)受理。卫生行政部门接到要求进行行政调解的申请后,应当进行审查,如果当事人已就医疗事故赔偿纠纷向人民法院起诉,或者一方要求调解,另一方不愿意调解的,应当告知申请调解的当事人不予受理。如果当事人申请调解的事项不是医疗事故赔偿争议,卫生行政部门应当及时告知当事人寻求其他有关解决途径。

(3)调解。卫生行政部门受理调解申请后,应当认真审查有关材料,及时指定1~2名工作人员进行调解。调解时,卫生行政部门应当认真听取医患双方当事人的依据,做好调解笔录,积极促使双方当事人互相谅解,达成调解协议。如果一方当事人不愿意继续调解的,应当终止调解。卫生行政部门进行调解时,除非双方当事人要求,一般不公开进行。

(4)调解成立时制作调解书。经过调解,医患双方就医疗事故赔偿达成协议的,卫生行政部门制作调解书,医患双方当事人应当签署调解书。调解书一式三份,医患双方当事人各一份,卫生行政部门存档一份。

2.调解书的内容和效力

调解协议书是医患双方在卫生行政部门主持下进行协商达成协议，解决医疗事故赔偿的法律文书。卫生行政部门调解不成或者经过调解达成协议后,一方反悔，卫生行政部门不再进行调解，医患双方可以通过民事诉讼方式解决。调解书应当包括以下内容:

(1)主持行政调解的卫生行政部门名称。

(2)医患双方当事人的一般情况。医疗机构的名称、地址,法定代表人(负责人)的姓名、职务等;患者姓名、性别、年龄、职业、住址,疾病情况等,如果参加调解的不是患者本人,还应注明与患者的关系,如患者的监护人、近亲属等。

(3)医患双方当事人争议的主要事实、双方提供的材料,如医疗事故技术鉴定书等。

(4)经过协商达成的一致协议,主要为医疗事故赔偿的具体数额、履行方式、生效时间,对双方今后与该争议有关权利、义务的影响等。

(5)医患双方签字,主持调解的卫生行政部门盖章。调解书对医患双方当事人产生效力,医患双方当事人应当自觉履行。如果达成协议后,一方当事人不履行协议,另一方可以通过民事诉讼解决。

③ 如果想向法院起诉,需要注意哪些问题?

当患者与医疗机构发生医疗事故纠纷后，如果希望通过诉讼的途径解决纠纷,对致害的医疗机构提出赔偿请求,要求其负赔偿责任,那么就需要注意一些基本的问题。由于诉讼是一个比较复杂的法律过程，起诉是开启诉讼的第一步,因此,向人民法院提起诉讼要注意以下问题。

一、要确定医患之间的法律关系是可诉的

在医疗事故赔偿案件中,并不一定都属于民事侵权,还可能包含有刑事犯罪,如医疗事故罪、医疗故意杀人罪、医疗故意伤害罪等等。在这些刑事犯罪中,不论患者是否提起诉讼,都不影响刑事诉讼的进行,因为刑事诉讼是由国家机关提起的,受害人即使不提起诉讼,诉讼也会按照法定程序进行。如果患者以及家属此时想要获得赔偿,一般可以要求在刑事诉讼中附带民事诉讼赔偿,也可以在刑事诉讼结束后,向人民法院单独提起民事损害赔偿之诉。所以,想要以诉讼的方式获得赔偿,首先要分清该诉讼是不是可诉之诉,如果是医疗中实施了刑事犯罪行为的,就不能直接向人民法院请求对该刑事犯罪行为进行赔偿,而是通过检察机关提起刑事附带民事诉讼。

还有一些情况需要大家注意,如非法行医罪、非法行医诈骗罪、非法节育手术罪等,由于犯罪主体不是合法医疗机构,若患者及其家属要对这些机构追究责任,要求赔偿,就不能适用对医疗机构作出规定的相关法律法规来进行起诉。因此,要提醒患者以及家属,就医一定要到正规的医院、诊所,才能保证就医的基本安全。

二、要有明确的原告和被告

任何诉讼都必须有明确的原告和被告,才能被法院受理,在医疗事故赔偿诉讼中,也必须明确原告和被告。原告是与本案有直接利害关系的公民、法人和其他组织。被告是侵犯了原告的民事权益或者与原告发生争议,经人民法院通知或者传唤而应诉的公民、法人和其他组织。在医疗事故赔偿诉讼中,原告主要是与受侵害患者有直接利害关系的人,通常是患者本人、患者的近亲属、未成年患者的监护人、无民事行为能力或限制民事行为能力患者的监护人等。如果其他患者的亲友想要提起诉讼,则必须是以法定代理人或者委托代理人的身份提起诉讼,而不能直接以自己的名义提起诉讼。明确了医疗赔偿诉讼的原告后,原告提起诉讼,就必须明确到底要告谁,要向谁索取赔偿。即原告必须知道发生医疗事故的医疗机构的基本情况,如名称、地址、法定代表人等,将这些基本情况告诉受诉的人民法院,以便于人民法院传唤、送达,否则人民法院是无法受理案件的。

三、要有具体的诉讼请求、事实和理由

向人民法院提起诉讼时,若要获得受理,就必须有具体的诉讼请求和事实理由。具体的诉讼请求是原告所提出的实体权利的主张,即患者向人民法院提出的赔偿的具体数目和要求。事实和理由是原告用来支撑其所提出的诉讼请求的基础和根据。事实是案件事实,包括医患之间存在医疗关系的事实,即患者的确是在该医疗机构接受过医疗服务，也包括患者实体权益受到侵犯的事实，患者的生命权、健康权等遭到损害，给患者造成了身体上或者精神上的损失。理由是指能够证明案件事实的理由，如：能够证明造成损害实际费用的各种单据等。

四、要确定是不是法院管辖范围

法院受理案件时，并不是所有案件任何一家法院都可以受理，法院受理案件必须是对该案件具有管辖权。我国人民法院的管辖通常有地域管辖、级别管辖、移送管辖、指定管辖、协议管辖。在医疗事故赔偿诉讼中，患者可以向医疗事故发生地、医疗不良后果出现地、当事医疗机构所在地、个体医师的住所地的县、自治县或者区人民法院起诉。由于医疗事故主要是医疗机构侵犯了患者的权利，因此，建议患者进行诉讼时最好选择向致害医院所在地的基层法院提起诉讼，一方面，这样诉讼符合法院的管辖规定，另一方面，便于取证、传唤、送达。对于重大涉外案件、在本辖区有重大影响的案件、最高人民法院确定由中级人民法院管辖的案件，一审可以向中级人民法院提出，但在一般情况下，医疗损害赔偿的一审案件都是由有管辖权的基层法院受理。人民法院收到起诉状或者口头起诉，经审查，认为符合起诉条件的，应当在七日内立案，并通知当事人；认为不符合起诉条件的，应当在七日内裁定不予受理；原告对裁定不服的，可以提起上诉。

五、要确定有没有超过诉讼时效

对医疗事故赔偿诉讼，是有诉讼时效要求的，并不是任何时候提起都可以被受理，一旦超过时效期限的诉讼，人民法院将不予以受理。如果法院不予受理，则患者就会丧失通过诉讼获得赔偿的救济权利，因此，患者在诉讼前一定要确定不同诉求的诉讼时效，以保障自身合法权益的行使。对于诉讼时效的规定，主要有：

1.向人民法院请求保护民事权利的诉讼时效期间为二年，另有规定的除外。

2.下列的诉讼时效期间为一年：身体受到伤害要求赔偿的；出售质量不合格的商品未声明的；延付或者拒付租金的；寄存财物被丢失或者损毁的。

3.对于因医疗行为致害的诉讼时效为患者受到损害的应当知道损害起一年，超出期限的人民法院不予以受理，诉讼时效期间从知道或者应当知道权利被侵害时起计算。

4.在诉讼时效期间的最后六个月内，因不可抗力或者其他障碍不能行使请求权的，诉讼时效中止。从中止时效的原因消除之日起，诉讼时效期间继续计算。

5.诉讼时效因提起诉讼、当事人一方提出要求或者同意履行义务而中断。从中断时起，诉讼时效期间重新计算。

6.从权利被侵害之日起超过二十年的，人民法院不予保护。有特殊情况的，人民法院可以延长诉讼时效期间。

六、确定诉讼代理人

医疗赔偿诉讼是比较复杂的诉讼，患者对法律和医学的知识是有限的，所以聘请相关专业的人作为诉讼的代理人，是非常必要的。尤其是无民事行为能力人或者限制民事行为能力人，更需要代理人为其代为诉讼。具体关于诉讼代理人的相关规定有：

1.当事人、法定代理人可以委托一至两人作为诉讼代理人。律师、当事人的近亲属、有关的社会团体或者所在单位推荐的人、经人民法院许可的其他公民，都可以被委托为诉讼代理人。

2.十八周岁以上的公民是成年人，具有完全民事行为能力，可以独立进行民事活动，是完全民事行为能力人。十六周岁以上不满十八周岁的公民，以自己的劳动收入为主要生活来源的，视为完全民事行为能力人。

3.十周岁以上的未成年人是限制民事行为能力人，可以进行与他的年龄、智力相适应的民事活动；其他民事活动由他的法定代理人代理，或者征得他的法定代理人的同意。不满十周岁的未成年人是无民事行为能力人，由他的法定代理人代理民事活动。

4.不能辨认自己行为的精神病人是无民事行为能力人，由他的法定代理人代理民事活动。不能完全辨认自己行为的精神病人是限制民事行为能力人，可以进行与他的精神健康状况相适应的民事活动；其他民事活动由他的法定代理人，或者征得他的法定代理人的同意。

5.原被告双方都可以以授权方式确定委托代理人进行诉讼。

4 医疗事故赔偿项目有哪些？

《医疗事故处理条例》中对医疗事故赔偿项目做出具体规定，主要有：

1.医疗费：按照医疗事故对患者造成的人身损害进行治疗所发生的医疗费用计算，凭据支付，但不包括原发病医疗费用。结案后确实需要继续治疗的，按照基本医疗费用支付。

2.误工费:患者有固定收入的,按照本人因误工减少的固定收入计算,对收入高于医疗事故发生地上一年度职工年平均工资 3 倍以上的,按照 3 倍计算;无固定收入的,按照医疗事故发生地上一年度职工年平均工资计算。

3.住院伙食补助费:按照医疗事故发生地国家机关一般工作人员的出差伙食补助标准计算。

4.陪护费:患者住院期间需要专人陪护的,按照医疗事故发生地上一年度职工年平均工资计算。

5.残疾生活补助费:根据伤残等级,按照医疗事故发生地居民年平均生活费计算,自定残之月起最长赔偿 30 年。但是,60 周岁以上的,不超过 15 年;70 周岁以上的,不超过 5 年。

6.残疾用具费:因残疾需要配置补偿功能器具的,凭医疗机构证明,按照普及型器具的费用计算。

7.丧葬费:按照医疗事故发生地规定的丧葬费补助标准计算。

8.被扶养人生活费:以死者生前或者残疾者丧失劳动能力前实际扶养且没有劳动能力的人为限,按照其户籍所在地或者居所地居民最低生活保障标准计算。对不满 16 周岁的,扶养到 16 周岁;对年满 16 周岁但无劳动能力的,扶养 20 年。但是,60 周岁以上的,不超过 15 年;70 周岁以上的,不超过 5 年。

9.交通费:按照患者实际必需的交通费用计算,凭据支付。

10.住宿费:按照医疗事故发生地国家机关一般工作人员的出差住宿补助标准计算,凭据支付。

11.精神损害抚慰金:按照医疗事故发生地居民年平均生活费计算。造成患者死亡的,赔偿年限最长不超过 6 年;造成患者残疾的,赔偿年限最长不超过 3 年。

具体对各项费用如何赔偿,我们将在后面逐一做出说明。

5 在具体确定医疗事故赔偿数额时,需要考虑哪些因素?

在具体处理医疗事故赔偿案件的过程中,要充分考虑药物、医疗器械质量、医务人员技术水平、地域特点等多种自然的和社会的影响因素,才能真正做到赔偿的公平、公正。因此,在确定医疗事故具体赔偿数额时,应当同时按照《医疗事故处理条例》第 49 条和第 50 条相结合的原则。如果根据第 50 条

规定计算出一个赔偿数额,还要根据第49条的原则确定具体赔偿数额。具体来说,要确定医疗事故具体赔偿数额应当考虑以下因素:

一、医疗事故具体赔偿数额应当与具体案件的医疗事故等级相对应

关于医疗事故的等级,是以医疗过失行为对患者人身造成的直接损害程度进行的合理划分,具体将医疗事故的等级划分为4级,在4个级别中,又依据患者人身可能造成的损害、致伤、致残现象,将损害后果具体划分若干伤残等级与医疗事故的分级相对应。因此,医疗事故的等级体现了患者人身遭到损害的实际程度,是对受害者人身致伤、致残及其轻重程度的客观评价。然而,确定医疗事故赔偿的具体数额时,不仅要考虑医疗事故属于哪一级别,还要考虑到属于某一级别的哪一个等级。不同级别的医疗事故的赔偿数额不一样,同一级别中不同等级的医疗事故,其赔偿的具体数额也不一样,所以,医疗事故具体赔偿数额与医疗事故等级相适应。

二、医疗事故赔偿数额应当与医疗过失行为在医疗事故损害中的责任程度相对应

确定医疗事故的赔偿责任,首先必须确定医疗行为本身是否有过错,有过错才可能承担责任,没有过错则不承担赔偿责任。有过错也不意味着承担全部责任,还要看过错行为对损害方损害结果所占的责任程度大小,有多大的责任就承担多大的赔偿责任。医疗行为是一种含风险高的特殊技术行为,行为本身蕴含着对人体可能的致害因素,任何一个来自医生、患者和环境等方面的因素,都可能加重这种损害的发生。所以,任何一个医疗事故的致害结果,都很难说是由单一因素引起,绝大多数都是复合性因素的致害。相对地,确定医疗事故赔偿数额,必然先由医疗事故鉴定组织,在该医疗争议问题的鉴定中,科学合理地剔除医疗行为风险、患者自身疾病发展、医学科学和技术手段局限性等相关条件对损害后果产生的影响,科学合理地确定医疗过失行为在医疗事故损害后果中所占的损害作用比例,医方应当根据这个比例承担相应份额的对患者人身损害后果实际损失的经济赔偿。如果计算的具体赔偿数超出或者低于这个份额,都是不合理的。

三、应当客观考虑医疗事故损害后果与患者原有疾病状况之间的关系

要客观考虑患者原有疾病状况及其与损害后果的关系需要在确定医疗事故赔偿时,实事求是,客观地分析患者原有疾病状况对医疗事故损害后果的影响因素以及其与损害结果之间关系,免除医疗主体不应承担的赔偿成分。考虑患者原有疾病因素，主要应当注意以下几个方面：

1.患者原有疾病在发生发展过程中的必然趋势与医疗事故损害后果的关系。

2.患者原有疾病状况发展对现存损害后果的直接作用程度及与过失行为之间关系。

3.患者原有疾病状况的基础条件在静止状态与其现有损害的关系，如果都是一个相当于某一级的残疾者，而医疗事故导致其残疾程度的进一步加重，在确定具体赔偿数额时应当减除原有残疾损失的份额。

4.患者原有疾病状况的危险性及其与医疗主体实施医疗行为的必然联系和客观需求，患者因医疗行为的获益结果与损害结果的关系等。

四、不属于医疗事故，医疗机构不承担医疗事故赔偿责任

医疗机构对非医疗事故责任导致的患者在接受治疗的过程中，与医疗措施有关的其他损害后果不承担医疗事故责任，而只对其因自己过错直接造成的患者人身损害承担赔偿责任。确定医疗机构对患者的某一特定损害后果承担赔偿责任，无论选择哪一种途径解决医疗争议问题，都不可以由医疗机构对不存在医疗行为过错行为的患者人身损害损失承担赔偿责任。但是，不承担医疗事故赔偿责任，并不是说患者将无法得到任何赔偿，只要患者实际受到损害，且损害结果与医方的医疗行为有因果关系，则仍可以获得一般医疗损害赔偿。

⑥ 医疗事故赔偿中的医疗费如何计算？赔偿标准是什么？

医疗费是医疗事故对患者造成人身损害后，患者进行治疗所发生的医疗费用，可以包括住院费、检查费、治疗费、中药费、西药费、医疗机构的护理费等。这里的医疗费不包括患者发生原发病的医疗费用，也就是不包括患者发生医疗事故以前支付的医疗费用。计算医疗费用需要有医疗机构的收费凭证、医师的处方等。由于医疗事故对患者造成的人身损害不可能在医疗事故解决阶段全部治愈，对于医疗事故处理后患者需要继续治疗所发生的预期医疗费用，也可以计算在内。对于医疗事故赔偿中的医疗费我们应该明白以下几个问题：

一、凭合法医疗机构出具的医疗收费单据计算的各项具体费用

主要包括挂号费、检查费、治疗费、(中西)药费、住院费、医疗机构的护理费等。依据最高人民法院《关于贯彻执行〈中华人民共和国民法通则〉若干问题的意见(试行)》第 144 条的规定，治疗一般应在发生医疗事故所在地的医疗机构进行治疗，未经医院批准或出具证明而强行转院、擅自另找医院治疗的费用，一般不予赔偿；擅自购买与损害无关的药品或者治疗其他疾病的，其费用不予赔偿。患者经医院治疗已痊愈后，没有必要再住院治疗的，应当立即出院。如果无正当理由拒不出院的，继续住院的费用由患者自理。具体来说：

1.挂号费。受害人到各种医疗机构以及专科医院看病治疗都要挂号，挂号费用虽然数额并不大，但毫无疑问属于医疗费的一部分。但是，各个医院专家号和普通号的挂号费用差价很大，特别是名医的挂号费用比一般医师的贵很多倍。如某市一综合医院，一位国家级眼科专家的挂号检查费达到50元，而该医院一般医师的挂号费只有2~5元。这样差距较大的挂号费，医患双方在发生医疗事故赔偿时，如果完全按照医疗收费单据，似乎显失公平。一般来说，应以同业客观的标准来衡量，一般的医生、专家的挂号费均属于医疗机构为治疗患者损害而付的范畴，但过高的超出一般同业客观标准的费用，致害的医疗机构不予以负责，是比较合理的做法。

2.医药费。即为治疗患者所遭受人身伤害而支付的各种药费。一般包括：中药、西药（包括针剂、麻药等）、中成药。根据相关的规定，医药治疗费的赔偿，一般应以所在地的治疗医院的诊断证明和医药费、住院费的单据为凭证。应当经医务部门批准，而未获批准，擅自找其他医院治疗的费用，一般不予赔偿；擅自购买与损害无关的药品或者治疗其他疾病的，其费用则不予赔偿。

3.检查费。即患者为治疗损伤而进行的各种检查的费用。在实践中我们知道有B超、CT检查，化验便尿、胃镜、血常规等很多检查的手段都会产生费用，应本着公平合理的原则，对必须检验的项目医疗机构应当赔付，而不必检验的或为其他与损害无关病症检验的，医院无赔偿责任。也就是说，医院只赔偿与医疗事故损害相关的检查费用，而与其无关的其他检查费用，则不应由医院承担赔偿。

4.治疗费。一般来说是患者为治愈损害而花费在治疗方面的费用，如手术费、理疗费、化疗费等等，致害医院应当予以承担。

5.住院费。是患者因遭受损害而必须在相关医院治疗，期间应当付的费用。一般有床位费、护理费等。

6.其他费用。一般是患者因损害而必须接受的后续治疗以及康复的费用。比如，一患者由于医疗激光的不当使用而导致部分表面烧伤需要植皮，那么植皮的费用就是后续治疗所必需的损害医院应付的费用。

二、医疗费不包括患者治疗原发疾病的费用

原发病医疗费用主要是非医疗事故所致的、患者治疗本身原有疾病的医疗费用。到底哪些费用是患者治疗原发疾病的费用，我们应该从哪些方面加以审查,做出判断呢？具体如下：

1.以医疗事故发生的时间判断

通常来说，对于医疗事故发生前的医疗费用我们都认为是原发病医疗费用,不该由医疗事故责任医院来承担赔偿。例如,某患者为晚期肿瘤病人,在因化疗药物超量到某医院急诊接受治疗时,因医师治疗失误而死亡,经医疗事故技术鉴定确认为一级医疗事故。患者家属要求医院赔偿患者在此次治疗前于国外医院治疗肿瘤时支付的巨额医疗费用。对于家属请求赔偿的费用,是患者治疗原发疾病而支出的费用,与该医院的医疗过失行为不存在因果关系,所以,该部分费用就不属于医院赔偿的范围,法院经审理查明后判决驳回了患者家属的该项诉讼请求。

2.以处方药品和治疗项目判断

凡用于治疗患者本身原有疾病或损伤的药费、检查费、治疗费等为原发病医疗费用。但因为医疗事故发生后,往往两种医疗费用会同时交混发生,即在治疗因医疗事故给患者造成的损害的同时,也在治疗患者的原发疾病,特别是当患者的原发病为重危疾病,而医疗事故只给患者造成较轻伤害(如四级医疗事故)时,单纯以时间来划分,将医疗事故发生后的所有医疗费用视为非原发病医疗费用,显然有失公平。出现争议时,可根据实际情况酌情界定,必要时可通过司法鉴定部门单纯就医疗费用予以司法鉴定。例如，某患者因肠梗阻在某医院做手术,由于手术医生过错,造成患者腹腔大量出血,不得不进行第二次手术,结果延长了患者的治疗时间和出院时间。正常情况下,患者做这种手术完毕后一个星期内就可以痊愈出院,所花费用只需 2 000 元,由于出现了医疗过错,延长了患者的治疗时间,最后花费了 9 000 元,对此,医院在赔偿患者的医疗费时，应该将对原疾病的治疗费用 2 000 元从总共花费的费用中减去,而赔偿患者医疗费 7 000 元。

三、关于后续治疗费用

由于医疗事故对患者造成的人身损害，不可能在医疗事故解决阶段全部治愈,必须进行后续的检查、康复治疗等项目费用,例如,整容、镶牙、植皮、换眼球、装假肢等,也应由赔偿一方承担。继续治疗费是在案件结束后,确实需

要继续治疗的,按照基本医疗费用来支付。对于后续治疗的费用问题,还应当注意以下几点:

1.对患者尚未发生的后续医疗费用不应以一次性结算的方式予以给付

在解决医疗事故赔偿时,对于患者尚未发生的后续治疗费用,应当采用分次结算的方式给付。因为,后续治疗费是经治疗后遗留的功能障碍,由于患者的体质、病情,以及各医院等级、技术水平、收费标准的不同,无法确定后续治疗费用的具体数额,任何医疗机构或鉴定部门都很难估算准确,这样必然会损害医患一方的利益。所以,对后续治疗的费用,往往是在结案后进行主张,更利于医患双方利益的保障。

2.是否需要后续治疗,通常以专家鉴定组在医疗事故技术鉴定书中对医疗事故患者的医疗护理医学建议为依据。如果专家鉴定组在患者的医疗护理医学建议中认为不需要后续治疗的,而法院又以该医疗事故鉴定书作为主要证据定案的,则医院一般不承担后续治疗的赔偿费用。

3.如何计算后续治疗费用

由于后续治疗是个复杂的过程,因而该部分的计算也较为复杂。该费用是将来必然发生的费用,可以是二期手术费,也可以是因医疗依赖所产生的必然医疗开支。因此,对该费用的确定,不能简单根据患方提供的诊断证明或者专家建议,而是需要经过严格的评估程序,且评估时应该考虑患者生活地区的生活水平和医疗水准。在实践中,该部分费用可以参照疾病的常规治疗和护理标准进行计算。例如,肿瘤病人化疗药物的选择应按国内普通化疗药物的价格进行计算,而不应按进口同类药物计算。如果患者用了进口的同类药物,则医院只赔偿按照国内普通化疗药物的价格费用,超出的费用患者自行承担。

4.继续治疗费用往往在医疗事故全部赔偿费用中占有很大的比例,因此对于该部分费用的计算更应该审慎,以免造成事实上的不公平。对于器官功能恢复训练所必要的康复费、适当的整容费以及其他后续治疗费,赔偿权利人可以待实际发生后另行起诉。

四、医疗费赔偿金额的计算公式

1.医疗费赔偿金额

医疗费赔偿金额=已发生医疗费用(不含原发病医疗费用)+预期医疗费用

2.已发生医疗费用

已发生医疗费用=挂号费+住院费+检查费+治疗费+药费+其他;

挂号费=普通门诊挂号费+专家门诊挂号费；

住院费=床位费+医疗机构的护理费+其他在住院期间医院收取的费用；

检查费=治疗所需的各种医疗检查费用（如X光透视费、血液检查费、B超费、CT费用、彩超费等）；

治疗费=各项治疗费用（如打针费、换药费、手术费、理疗费、化疗费、矫正费、整容费等）；

药费=购买治疗所需的药品的费用（如中药费、西药费等）；

其他=如器官移植费、聘请专家会诊费等。

3.预期医疗费用

预期医疗费用=基本医疗费用。

7 医疗事故赔偿中的误工费如何计算？赔偿标准是什么？

误工费是患者因医疗事故就医而造成耽误工作从而丧失的工资、奖金等合法收入。即医疗事故责任医院向患者支付的从其遭受损害到恢复治愈能参加正常工作、劳动这一段时间内，因无法从事正常工作或劳动而失去或减少的工作、劳动收入，是对受害人所失利益的赔偿。误工期间的损失，既包括直接的损失，也包括间接损失。例如，某受害人是大范围种植业的承包经营者，如果因为医疗事故导致正好在种植期间无法种植，由于种植的季节性很强，导致一年的种植没有收成，而受害人也及时采取了各种防止损失扩大的措施，对于这样的情况，不仅要对防止后仍遭受的损失承担赔偿，还应当对为了采取防止措施而额外支付的费用，如额外雇佣他人的费用等，也应当获得赔偿。但在司法实践中，一般是以实际的损失为主，只有误工时间较长，或者的确是特殊的情况时，可以考虑由此造成的可计算和可证明的损失，如年终奖金等，也可能获得赔偿。

由于个人的能力、环境、职业以及所处地区的不同，受害人的收入能力和水平相差悬殊。这一客观存在的差异性，决定了不同的受害人在遭受损害后，其损失的误工收入是不同的。现实生活中，因行业和岗位的不同，以及受害人是否就业，收入方式的不同，对误工费的计算，也因人而异，各不相同。因此，误工费在司法实践中往往争议较大，不好确定。

一、误工日期的计算

根据最高法院《关于贯彻执行<民法通则>若干问题的意见》第143条“误

工日期应当按其实际损害程度、恢复状况并参照治疗医院出具的证明或法医鉴定等认定”的规定,误工日期由以下两部分组成:

1.患者的住院天数。患者的住院天数以医疗常规为准,对于年老体弱的患者可以适当延长。这里应注意,应当减掉患者原有疾病正常治疗的时间,而且还要严格区分医疗事故前还是医疗事故后,事故前的误工费是患者自己承担,事故后的误工费才由医疗机构承担。

2.出院后治疗医院出具证明的休养天数。患者出院后的休养天数,一般以治疗医院出具的证明为依据,但是,这并不是唯一的依据,还要结合患者的实际损害程度、恢复状况以及法医鉴定等认证,注意审查治疗医院出具的证明的真伪,受害人的实际休假时间是否与医院证明中的休假时间一致,如果受害人确实需要休假但没有休假证明,可以征求治疗医院或者法医的意见后,酌情确认受害者的误工日期。

误工日期的计算,从医疗事故发生的当日开始计算,遇国家法定节假日均不扣减。治疗结束后无正当理由拒不出院或无相关证明擅自休养的,不予计算误工费。医疗事故造成患者残疾的,自专家鉴定组出具《医疗事故技术鉴定书》后不再计算误工费,即残疾者定残之后不再赔偿误工费。

二、误工费的赔偿标准

误工费的赔偿标准按患者有无固定收入,分为两种情况。

1.有固定收入者赔偿标准

固定收入是指在国家机关、企事业单位、社会团体工作的人员本应按期得到的、却因医疗事故就医造成耽误工作而丧失的工资、奖金、津贴、特殊工种的补助费等合法收入。但是如果一个人的收入每年差距比较大,如连续5年的收入分别是8 000元、18 000元、9 000元、30 000元、20 000元,那么这样算不算是有固定收入呢?我们认为此人是有固定收入的,一般来说,只要有着连续工作日的职工、以单位定期发放工资为收入的,都可以说是固定的收入。至于固定收入的算法,一般以单位出具的收入证明和工资表为准,奖金以患者上年度的单位人均奖金计算,超过奖金税起征点的以起征点为限。需要注意的是,个人独资、合伙企业等私营企业以及财务不健全的有限公司出具的特别是证明患者“固定收入”高于上年度职工年平均工资3倍以上的收入证明,不能单独作为认定依据,须结合税务机关的个人所得税纳税证明等材料方能认定。受害人不能举证证明其最近三年的平均收入状况的,可以参照受诉法院所在地相同或者相近行业上一年度职工的平均工资计算。

2.无固定收入者赔偿标准

无固定收入者主要包括两类人员,一是从事农、林、牧、渔业生产的农村村民;二是有街道办事处、乡镇人民政府或者有关凭证,在医疗事故发生前从事某种劳动,其收入能维持本人正常生活的,包括承包经营户、城乡个体工商户、打工者(散工、短工、临工)、家庭劳动服务人员等。一般均按医疗事故发生地上一年度职工年平均工资计算。

三、计算误工费应该注意的几个问题

1.一般根据受害患者的具体收入情况,按照其工资标准或实际收入的数额标准赔偿,受害人有工资等固定收入的,按工资收入赔偿,包括基本工资、浮动工资、岗位工资、职位工资、工龄工资、应得的奖金等。

2.对于从事第二职业的受害者误工费的赔偿,受害患者是离退休人员的,既赔偿受害患者从事第一职业获得的工资收入,也要赔偿从事第二职业获得的工资收入。受害患者从事第二职业,违反国家法律法规,违反国家的政策的误工收入,医疗机构不予赔偿。

3.受害患者是个体工商户,农村承包经营户或者其他自由职业者,由于其工资收入不像有固定职业者的工资收入那样固定,如果用一时的收入作为赔偿标准,这样有失公平,因而应以其生产经营的某一段时间内的收入来确定相应的误工收入。没有固定工资或职业但有临时工资或其他收入的,其误工费按近期平均收入计算。

4.受害患者从事家务劳动,无正当职业,因其受害确实无法从事家务劳动造成其他家庭人员负担过重或委托他人并支付一定报酬的,责任事故的医疗机构应视为误工损失,给予适当的赔偿。

5.受害患者有劳动能力,无工资收入,如无业人员受害时虽然没有工资收入,但如果不是受到损害,完全可以找到一份临时工作而挣得工资,对其适当赔偿误工费可以保障受害患者的基本生活。

6.受害患者为未成年人,其赔偿费可以营养费的方式适当赔偿。

四、离退休人员的误工费计算

离退休人员由于已经退休,那是否可以不计算该类人员的误工费呢?对此,我国现行法律没有明确规定,部分地方法院的“工作指导意见”中有相关内容。如山东省高级人民法院《关于审理人身损害赔偿案件若干问题的意见》规定，受害人是另谋职业的离退休人员，其因误工而减少的收入区别以下情况处理：法律、政策明确认可的，按照实际减少的收入予以赔偿；法律、政策未明确认可，也未明令禁止的，参照原在岗工资标准予以赔偿，但新的收入低于在岗工资的，按照新的收入予以赔偿；违反法律、政策规定而减少的收入，不予赔偿。因此，如果是离退休人员要想获得误工费，必须根据当地的相关规定，不能一概地认为离退休人员不赔偿误工费。

五、什么是职工日平均工资和职工年平均工资？

职工年平均工资是由某地区在岗职工一年工资总额除以在岗职工年平均人数得到的，反映的是当年年度某一地区在岗职工的平均工资水平。职工日平均工资是劳动者平均每工作一天应得的报酬。在《医疗事故处理条例》中规定的"误工费""陪护费"，都涉及按"上一年度职工平均工资计算"的标准。实践中，"误工费""陪护费"的计算往往以日为基数，即以"日平均工资"作为计算单元。到底如何计算呢？根据相关规定，现在的职工日平均工资计算方式是：日平均工资=上一年度职工年平均工资÷12 月÷月计薪天数(21.75 天)。月计薪天数=(365 天−104 天)÷12 月=21.75 天，其中的 104 天是正常的工作休息日时间。

六、误工费赔偿金额计算公式

1.有固定收入者误工费的赔偿金额

一般收入者误工费赔偿金额=误工时间×收入标准(患者因误工减少的固定收入)。

高收入者误工费赔偿金额=误工时间×收入标准(医疗事故发生地上一年度职工年平均工资的 3 倍)。

2.无固定收入者误工费的赔偿金额

无固定收入者误工费赔偿金额=误工时间×收入标准(医疗事故发生地上一年度职工年平均工资)。

⑧ 住院伙食补助费、交通费和住宿费是如何计算的？

一、住院伙食补助费

住院伙食补助费是受害人遭受人身损害后，因其在医院治疗期间支出的伙食费用超过平时在家的伙食费用，而由医方就其合理的超出部分予以赔偿的费用。具体数额是按照医疗事故发生地国家机关一般工作人员的出差伙食补助标准计算。

1.住院伙食补助费的标准

住院伙食补助费可以参照当地国家机关一般工作人员的出差伙食补助标准予以确定。这里的“当地”是受害人当地。对于“国家机关一般工作人员”，按司法解释的原意，是指行政级别为“处级”以下的工作人员，不能随意扩大工作人员的范围。“可以参照”，并非必须参照，这就要求人民法院在审理人身损害赔偿案件中充分发挥自由裁量权来确定伙食补助费，如果有比“参照当地国家机关一般工作人员的出差伙食补助标准”更合理的标准，如在某些时候由于特殊的自然灾害导致伙食费用的高涨，此时再依据当地国家机关一般工作人员的出差伙食补助标准确定显然有失公平，应当依据实际发生的合理费用来确定。

出差伙食补助标准因各地实际情况不同而有不同的规定，在各地人民法院审理人身损害赔偿案件中确定伙食补助费时，可以参照财政部门关于各省、自治区、直辖市以及经济特区和计划单列市的国家机关一般工作人员的出差伙食补助标准确定。如甘肃省2007年出台的国家机关一般工作人员伙食补助费省外每人每天50元，省内每人每天40元。

2.住院伙食补助费的计算期间

原则上伙食补助费的赔偿期间是住院期间，即根据受害人住院期间这段时间计算伙食补助费，有多少天，再乘以当地国家机关一般工作人员每天的标准，就可以得出具体的伙食补助费。

3.住院伙食补助费赔偿金额的计算公式

住院伙食补助费赔偿金额=住院时间×医疗事故发生地国家机关一般工作人员的出差伙食补助标准。

二、交通费

交通费是受害人及其必要的陪护人员因就医或者转院治疗所实际发生的用于交通的费用，即患者因医疗事故必须乘坐交通工具治疗疾病而实际支出的费用。患者在遭受损害后，需要多次前往医疗机构治疗，并且有可能在治疗过程中转院治疗，由此产生的交通费用的支出，对于患者来说，是一种财产损失，这一损失与医疗机构的医疗过失行为存在因果关系，因此医疗机构对此应当承担赔偿责任。

1.交通费的计算标准

医疗机构一般会按照患方提供的正式票据支付交通费,包括正式发票、汽车票、火车票、轮船票、飞机票、出租车发票以及过路费收据等。法律还要求患方应当详细说明每张票据发生的原因,包括乘坐交通工具的时间、起始地点、具体事项等。但是,在司法实践中,患方往往难以说明上述事项,因此法院一般是根据具体案情酌情判决。交通工具一般应以当地普通交通工具为限,因病情需要而使用出租车或其他交通工具支出的高额交通费用,超出部分法院一般不予支持。具体来说:

(1)乘坐的交通工具以普通公共汽车为主,在特殊情况下,可以乘坐救护车、出租车等,但应当由受害人说明使用的合理性。

(2)乘坐火车的,应以普通硬座火车为主,特殊情形下,需要乘坐软座、卧铺的,也应当容许,但应当由受害人说明其合理性。

(3)在紧急情况下,还应当允许乘坐飞机,也要由受害人说明其正当理由。

2.其他特殊情况的交通费计算

(1)关于医生出诊的交通费。由医生到受害患者住处出诊的,如果出诊的交通费已经纳入医疗费中,那么,患者从医疗费中得到赔偿,无需再纳入交通费中,以免造成重复的赔偿。如果并没有计入医疗费中,而是由患者另行支付的,则该支出应按交通费予以赔偿。

(2)关于受害人或其陪护人员使用私家车的费用。在前往治疗或转院中使用私家车作为交通工具的,应赔偿其正常的实际支付的费用,如相应合理的燃料费、停车费、过路费等。

3.交通费赔偿金额计算公式

交通费赔偿金额=实际必需的交通费用单据数额之和。

三、住宿费

住宿费是患者因发生医疗事故后在治疗过程中必须支付的住宿费用。例如,因当地医院诊疗水平问题而需到外地就医治疗的,该项费用按照医疗事故发生地国家机关一般工作人员的出差住宿补助标准计算,凭据支付。

1.住宿费的赔偿标准

住宿费按照医疗事故发生地的国家机关一般工作人员的出差住宿补助标准计算。由于各个地方的经济发展水平有差异,其出差的住宿补助标准也不是完全一样的,通常按照实际支出凭票据计算。国家机关一般工作人员指处级以下工作人员。

2.住宿费赔偿金额计算公式

住宿费赔偿金额=住宿天数×医疗事故发生地国家机关一般工作人员的出差住宿补助标准。

四、外地治疗的伙食补助费、交通费、住宿费

1.患者“确有必要到外地治疗”,是医疗机构赔偿此笔费用的前提条件。对于是否有必要到外地治疗,患者应提供充分的证据加以证明。例如,当地医疗机构出具的建议到外地治疗的书面文件,或者当地确实没有条件治疗而需要到外地治疗的证据等。法院对此要从严审查,同时,允许医疗机构提出异议并提供相关证据。如果当地医院完全能够治疗的,而患者坚持决定到外地治疗,由此发生的各项费用,医疗机构不予承担。

2.对于患者到外地治疗实际发生的住宿费和伙食费,医疗机构只赔偿合理部分。什么情况属于合理,主要根据具体情况来确定,比如,要考虑不同地区之间的物价和消费水平。住宿费的赔偿标准,原则上是按照国家机关一般工作人员出差的住宿标准,但是,由于实际的出差标准过低以及实际住宿标准过高的原因,赔偿标准可以适当高于国家机关一般工作人员的出差标准。

3.患者在外地治疗,其必要的陪护人员实际发生的住宿费和伙食费,其合理部分,也应该予以赔偿。

⑨ 如何确定陪护费的具体赔偿数额?

陪护费是患者因医疗事故在住院治疗中,因缺乏生活自理能力而需要雇佣专人进行生活护理的费用。

一、陪护费的计算标准

1.护理人员有固定收入的,陪护费的赔偿可以按照误工费的有关规定计算。护理人员没有固定收入的,可以按照医疗事故发生地上一年度职工年平均工资计算。

2.陪护费应当以医生开出的陪护证明为准,一般限一人。对于某些重护人员,可以根据实际情况,确定陪护人员,但是原则上家属陪护人员最多不超过3人。

3.陪护天数主要是根据医疗机构出具的意见,或者患者失去生活自理能力时开始直到恢复生活自理能力时为止,如果受害患者因残疾不能恢复生活自理能力的,可以根据其年龄、健康状况等因素确定合理的护理期限,但最长不超过20年。

二、陪护费计算中注意的问题

1.陪护费发生的前提是患者确需专人陪护

判断患者是否需要护理，关键是看其生活能否自理。那什么情况被视为生活不能自理呢？对于该情形没有明确的相关规定，但是通常将生活自理障碍分为生活完全不能自理、生活大部分不能自理和生活部分不能自理三个不同等级。生活自理障碍依据进食、翻身、大小便、穿衣及洗漱、自我移动等五项条件进行划分，五项均需要护理的，定为生活完全不能自理；五项中三项需要护理的，定为生活大部分不能自理；五项中一项需要护理的，定为生活部分不能自理。

患者在住院期间，其护理依赖的程度和时间，由临床主治医师进行判断，并在医嘱单内予以明确。需要派人护理的，应征得治疗医院的同意，经治疗医院批准专事护理的人，其护理费应当予以赔偿。如果患者没有经治疗医院的批准，而擅自请人陪护的，陪护人员的护理费医疗机构不予赔偿。如果患者没有住院，而是在家养病，此时是否需要护理，也应当以其生活能否自理为确认标准，并可征求医生的意见，结合实际情况认定。如果患者生活确实不能自理，而需要请专人护理的，其陪护人员的护理费应由医疗机构赔偿。

2.医疗机构已经承担家属或陪护人员误工费用的，不再承担陪护费

在赔偿中为了更公平地保障医患双方的利益，在医疗机构已经承担家属或陪护人员误工费用的，不再承担陪护费。例如，某患者因患胃穿孔到某医院做手术，手术过程中，麻醉师中途离开，实习麻醉医生擅自打开麻醉管，造成患者术后昏迷不醒，经医院治疗，患者于术后第35天苏醒。患者昏迷期间，其丈夫不得不放弃工作来照顾患者。患者出院后，医院赔偿了患者丈夫照顾患者期间的误工工资和奖金1250元。因医院已经赔偿了患者家属的误工费，所以不再赔偿陪护费。

三、实践中哪些情况下可以要求陪护费

1.对那些损伤较重的患者，生活确实不能自理的，住院期间始终有家里人轮流照顾，患方由于没有考虑到专人陪护要有医院的证明，所以一直没有经批准的合法手续。对于此种情况，患方可以请医生补办批准手续，将陪护费列入赔偿。

2.患者损伤程度较重，医院也批准住院治疗且认为患者确需陪护，但由于有种种困难或者医院暂无病床，就设立了家庭病床。因为是在自己家中治疗，

就由家中的人轮流抽时间照应，虽然没找专人陪护，但遇到这样的情况患方也可以要求适当陪护费的赔偿。

3.如果患者损伤轻微，生活完全可以自理，却通过不正当的手段获得专人陪护的批准手续，对于这种情况，原则上不能给专人陪护费。

4.对未成年受害患者的陪护费。因为未成年人平时生活就不能自理，伤后不管其轻重程度如何，只要是住院的就需要专人陪护，所以患方可以要求相应的陪护费用。

5.患者本身是残疾人的陪护费。如果患者在受到医疗事故损害之前就是先天性畸形、先天性智能发育不全、后天性残疾（缺肢、缺眼、缺耳等），如果平时生活只能部分自理，受伤后连原来尚保留的一点日常生活自理能力也失去了，此时，这些患者在受伤后的住院期间应该有陪护人，其陪护费也应该列入赔偿中。但如果受害患者在医疗事故之前，就已经残废生活完全不能自理，当事医疗机构不承担护理费。

6.患者原来就患有严重的疾病（如高血压、心脏病、肝硬化、癌症）等。医疗事故发生后使原来的旧病复发或加重，患者在治疗损伤时的专人陪护费是应该列入赔偿费中的。

7.患者本身是精神病或者重度精神发育不全，由于医疗事故后造成旧病复发或者病情加重，需要进行护理的，应该将复发或加重的症状治愈为止期间的护理费用列入赔偿的费用当中。

8.老年人患者住院期间的专人陪护费。进入高龄期的老年人，生活自理能力逐年下降，再加上某些疾病的困扰，有一些人失去了生活自理能力。因此，老年人不论是否住院，本身都需要陪护，此时应该只对医疗事故后造成损害而额外增加的陪护费列入赔偿的范围，而医疗机构不应该对全部的陪护费承担赔偿。

四、陪护费赔偿金额计算公式

陪护费赔偿金额=陪护天数×陪护人数×医疗事故发生地上一年度职工日平均工资。

10 残疾生活补助费如何计算？

残疾生活补助费是患者因医疗事故全部或部分丧失劳动能力时，而给予的一定生活补助费用，具有明确的补偿性。残疾生活补助费以伤残等级为基础,只有被鉴定为残疾等级的,才能根据此项规定,享有残疾生活补助费。

一、残疾生活补助费计算标准

残疾生活补助费按照医疗事故发生地居民年平均生活费计算，自定残之月起最长赔偿 30 年。60 岁以上的,最长赔偿年限不超过 15 年;70 岁以上的,最长赔偿年限不超过 5 年。需要说明的是,这里规定的 30 年、15 年、5 年是可以赔偿的最高年限,并不是说每例都必须赔偿 30 年、15 年或者 5 年,而是根据伤残的等级确定具体的赔偿年限。残疾程度严重的赔偿年限长;相反,残疾程度轻微的赔偿年限相应较短。对于残疾生活补助费的赔偿标准，只规定了最低限,没有规定上限,因此在补助残疾生活费时,只能等于或者高于当地居民基本生活费,而不能低于当地居民基本生活费。

二、与残疾生活补助费相关的几个概念

1.医疗事故发生地的居民年平均生活费

到底医疗事故发生地的居民年平均生活费是多少,各地的规定是不同的,具体平均生活费是多少,我们可以从医疗事故发生地统计部门(如统计局)得到。部分地区的该项统计指标不是以“平均生活费”表示,而是以“人均消费性支出” 等概念表示。医疗事故发生地的居民年平均生活费有农村和城镇户口的区分,如果患者是农村户口,则以医疗事故发生地的农村居民年平均生活费计算,而不能按城镇的年平均生活费计算。

2.赔偿期限

一般最高不超过 30 年,由于《医疗事故处理条例》没有规定如何具体计算赔偿年限,实践中多是按最高年限计算。例如,假定我国的人均寿命是 75 周岁,那么 60 周岁以上年龄每增加 1 岁,则以减少 1 年赔偿期限的方式进行计算，如 60 周岁计算 15 年、61 周岁计算 14 年、62 周岁计算 13 年……68 周岁计算 7 年、69 周岁计算 6 年,依次递减,70 周岁以上最长不超过 5 年。

3.伤残等级系数

伤残等级系数是根据患者丧失劳动能力的程度而规定的医疗机构应当承担相应赔偿责任的比例。伤残等级越重,赔偿系数越大。医疗事故的等级与伤残等级具有对应关系,一级乙等医疗事故对应一级伤残,按照 100%的伤残等级系数计算;二级甲等医疗事故对应二级伤残,按一级伤残的 90%伤残等级系数计算;二级乙等医疗事故对应三级伤残,按一级伤残的 80%伤残等级系数计算;二级丙等医疗事故对应四级伤残,按 70%伤残等级系数计算;二级丁

等医疗事故对应五级伤残，按60%伤残等级系数计算；三级甲等医疗事故对应六级伤残，按50%伤残等级系数计算；三级乙等医疗事故对应七级伤残，按40%伤残等级系数计算；三级丙等医疗事故对应八级伤残，按30%伤残等级系数计算；三级丁等医疗事故对应九级伤残，按20%伤残等级系数计算；三级戊等医疗事故对应十级伤残，按10%伤残等级系数计算。

三、残疾生活补助费赔偿金额的计算公式

残疾生活补助费赔偿金额=伤残等级系数×医疗事故发生地的居民年平均生活费×赔偿期限。

11 残疾用具赔偿费用是如何计算的？

残疾用具费是患者因医疗事故造成残疾，因残疾需要配置补偿功能器具而发生的费用。如假肢、义眼、助听器等辅助工具费用。配置残疾用具要医疗机构的证明，即证明该患者需要某种辅助残疾器具。

一、残疾辅助器具

残疾辅助器具是因医疗事故致残的患者，为了补偿其遭受创伤的肢体器官功能，辅助其实现生活自理或者从事生产劳动而购买、配制的生活自助器具。主要包括：

1.肢残者用的支辅器，假肢及其零部件，义眼、假鼻、内脏拖带、矫形器、矫形鞋、非机动助行器、代步工具（不包括汽车、摩托车）、生活自助具、特殊卫生用品。

2.视力残疾者使用的盲杖、导盲镜、助视器、盲人阅读器。

3.语言、听力残疾者使用的语言训练器、助听器。

4.智力残疾者使用的行为训练器、生活能力训练用品。

在医疗事故人身损害赔偿的司法实践中，各地法院基本上都予以赔偿残疾辅助器具费。

二、残疾用具费的赔偿标准

因伤残需要配置补偿功能器具的，凭医疗机构证明，按照普及型器具的费用计算。这里需要理解注意的是：

1.这里的“医疗机构证明”并非专指发生医疗事故的医疗机构的证明，还包括为患者治疗医疗事故损害的县（市、市辖区）以上医疗机构的证明。医患双方为是否需要配置残疾用具发生争议时，可根据医疗事故鉴定结论中对患者的医学建议等综合确定。

2.这里的"普及型器具"是在同一品种中被广泛使用的器具，一般以国产为限，不包括豪华型的。例如，目前市场上的假肢有三种：上臂机械手、电动假肢与肌电假肢。其中上臂机械手是最简单的一种，价格最低；电动假肢具有代偿功能，有三个自由度，价格适中；肌电假肢是最好的一种，可以意念控制，有三个自由度，但是价格最为昂贵。那么法院此时应该判定使用哪种假肢更为合理呢？法院最终确定了以电动假肢为标准，这既保护受害残疾人的权益，又排除了奢侈型、豪华型的标准。残疾用具只要能够起到功能补偿作用，符合"稳定性"和"安全性"的要求，就是适用的。

3.计算费用时既包括残疾用具的购入费，也包括安装费。费用按照市场上普及型器具的价格计算，也可以参照城镇职工医疗保险报销范围的规定。同时还应按照残疾辅助器具的使用年限和人均寿命年限(75岁)把将来需要更换的费用计算在内。残疾辅助器具的更换周期要参照配置机构的意见确定。那什么样的鉴定机构可以对残疾辅助器具的更换周期进行鉴定并作出鉴定意见呢？根据民政部门的介绍，我国民政部门的假肢与矫形康复机构是从事辅助器具研究和生产的专业机构，可以从事残疾辅助器具的鉴定和配制。

三、残疾用具费的赔偿期限

对于残疾用具费的赔偿期限，只是规定参照配置机构的意见确定。残疾辅助器具的赔偿期限关系到使用残疾辅助器具的受害人的切身利益，对此应当慎重。但残疾辅助器具的赔偿期限一定意义上是一个技术问题，对此不能草率，根据配置机构的意见来确定可以达至最好的效果。

四、残疾用具费赔偿金额计算公式

残疾用具费赔偿金额=普及型器具的费用。

12 对丧葬费的赔偿如何规定？

丧葬费是患者因医疗事故死亡时，其家属因安葬患者而支出的费用。一般包括死者的服装、整容、遗体存放、运送、告别仪式、火化、骨灰盒、骨灰存放等费用，这些费用明显是一种财产损失，对此种损失是应当进行赔偿的。

一、可以赔偿的丧葬费有哪些？

1.为安排死者生前好友和亲属遗体告别仪式租用场地的费用、为死者整理遗容费、火化费、运尸费、尸体冷藏停放费、预定灵车、骨灰寄存、购买墓碑等支出的费用。

2.规定允许土葬的地方,为安葬死者的未超过省、自治区、直辖市人民政府规定标准的墓穴占地面积使用费,购买棺材费用,在农村为死者送葬的亲朋好友安排宴席等支出的必要费用等。

3.丧葬费只赔偿丧葬的必要费用,对于大操大办的丧事而支出的超额丧葬费,医疗机构是不予赔偿的。

二、丧葬费的赔偿标准

丧葬费的赔偿, 按照医疗事故发生地规定的丧葬费补助标准计算。在实践中,由于各地民政和财政部门规定的丧葬费标准过低,因此出于公平与合理的考虑,无论是法院判决还是双方协商,其最终数额大多略高于规定。目前,各地民政和财政部门都规定有丧葬费的具体标准, 如重庆市规定的丧葬费标准为1500 元,甘肃省规定为 1200 元,北京规定为 800 元。各地民政部门和财政部门都规定了丧葬费的具体标准,计算时可以依据医疗机构所在地的标准。

对于丧葬费的赔偿,只在《最高人民法院关于审理人身损害赔偿案件适用法律若干问题的解释》第 27 条作出规定:“丧葬费按照受诉法院所在地上一年度职工月平均工资标准,以六个月总额计算。”该规定是一种定额的赔偿办法,实行的是一次性给付赔偿。其中, 职工月平均工资应当按照政府统计部门公布的各省、自治区、直辖市以及经济特区和计划单列市上一年度职工月平均工资的统计数据确定。

三、丧葬费赔偿金额的计算公式

丧葬费赔偿金额=按医疗事故发生地规定的丧葬费补助标准计算出的数额。

丧葬费=受诉法院所在地上一年度职工月平均工资标准×6 个月。

13 如何确定被扶养人生活费的赔偿范围和赔偿数额?

被扶养人生活费是患者在发生医疗事故前, 对未成年子女或者没有经济来源的配偶提供的必要的生活费用,由于患者死亡或者残疾丧失劳动能力,无法扶养他人,需要对其进行补偿的费用。扶养是夫妻之间、父母与子女之间在物质和生活上的互相扶助和供养。

一、被扶养人生活费赔偿范围

被扶养人是受害患者在残疾之前或者生前对其负有法定抚养和赡养义务

或者依靠受害患者提供生活来源的人。被扶养人生活费以患者发生医疗事故实际的扶养人为限,且被扶养人没有劳动的能力。被扶养人"没有劳动能力"是指被扶养人由于疾病、残疾等原因无法从事劳动,取得经济收入,如果被扶养人由于失业、不愿工作等原因没有经济收入的,不属于被扶养人生活费赔偿范围,不应当给予赔偿。实践中,被扶养人的范围包括:

1.受害患者的未成年子女,其中应包括:(1)未成年子女(包括养子女、已形成抚养关系的继子女);(2)父母已经死亡或父母无力抚养的未成年孙子女、未成年外孙子女;(3)父母已经死亡或父母无力抚养的未成年的弟、妹;(4)对于已成年但尚无劳动收入的大学在校学生,也应当看做是患者的未成年子女。

2.受害患者依法应当承担扶养义务的丧失劳动能力又无其他生活来源的成年近亲属。这种情况具体包括:(1)丧失劳动能力又无其他生活来源的配偶;(2)丧失劳动能力又无其他生活来源的父母(包括养父母、形成抚养关系的继父母);(3)子女已经死亡或子女无力赡养,本人又无其他生活来源的祖父母、外祖父母;(4)缺乏劳动能力又无其他生活来源的兄、姐。

3.依法应当由受害患者扶养的人,在受害患者死亡以前不需要其实际扶养,而在受害患者死亡后至人民法院裁判前丧失劳动能力且无生活来源,要求医疗机构支付必要生活费,也应当属于被扶养人的赔偿范围,法院应予以支持。例如,受害患者在生产过程中,由于医疗事故死亡,而刚出生的子女虽然不是患者生前被扶养的人,但仍应有权要求医疗机构支付必要的生活费。

二、被扶养人生活费赔偿标准

1.被扶养人生活费以死者生前或者残疾者丧失劳动能力前实际扶养且没有劳动能力的人为限,按照其户籍所在地或者居所地居民最低生活保障标准计算。

2.扶养费计算的年限:对不满16周岁的被扶养人,扶养年限截止到16周岁。对年满16周岁但无劳动能力的,扶养20年。60周岁以上的被扶养人的扶养费实际计算年限应当根据实际情况酌定。60周岁以上的被扶养人,扶养费计算年限最长为15年,70周岁以上,最长不超过5年。

3.患者是唯一扶养人,医方应当承担被扶养人的全部生活费;如果患者不是唯一的扶养人,而是还有其他同一顺序扶养人的,医疗机构只承担伤残或者死亡患者应当承担的份额。例如,患者兄弟姐妹三人,母亲已去世,父亲健在,受害患者生前扶养且无劳动能力。在此情况下,由于患者父亲的抚养(实为赡养)义务人为三人,因此医疗机构只承担三分之一的抚养费份额。

4.被扶养人有很多人的,年赔偿总额累计不超过上一年度城镇居民人均消费性支出额或者农村居民人均年生活消费支出额。

5.对部分丧失劳动能力患者被扶养人生活费的赔偿,一般根据实际情形确定赔偿数额。但由于现行的支付标准已经很低 (居民最低生活保障标准来赔偿的),如果再按比例折算则显失公平,因此司法实践中大多数都是按全部丧失劳动能力标准计算赔偿数额的。需要注意的是,对于伤残等级为6~10级的残疾者是否需要支付被扶(抚)养人生活费,人们有不同的看法,实践中多采用具体情况具体分析的方法赔偿,其法官对此情况具有很大的自由裁量权。

三、被抚养人生活费赔偿金额的计算公式

被抚养人生活费赔偿金额=被抚养人的人数×当地居民最低生活保障标准×抚养年限。

被抚养人不满16周岁的抚养年限=16-实际年龄。

被抚养人年满16周岁但无劳动能力的抚养年限=20年。

被抚养人年满60周岁的抚养年限=75-实际年龄。

14 对精神损害可以要求赔偿吗？具体如何赔偿？

一、索求精神赔偿的条件

对于医疗事故的损害，患者或患者家属是可以要求精神损害赔偿的,但是,并不是所有的医疗事故损害都可以要求精神赔偿,而是有一定的条件的：

1.除了一些特别巨大的损害事件外,一般不能单独请求精神损害赔偿。而这种特别巨大的损害事件主要包括两种情况：一是对于患者因身体受到伤害而丧失意识,如成为植物人的,患者本人因丧失意识而不会体会到痛苦,但是与其共同生活并承担法律上扶养义务的近亲属,将受到巨大而长久精神痛苦,此时该患者的近亲属可以行使精神损害赔偿请求权；二是患者的伤残达到可能直接影响其今后终生的重大残疾程度，并由此给其近亲属造成了巨大的痛苦时,应当赔偿其近亲属精神损害抚慰金。

2. 患者因医疗事故造成死亡时，其亲近属可以行使精神损害赔偿的请求权。在司法实践中,患者因医疗损害而死亡时,其近亲属依法请求精神损害赔偿的,应当符合两个条件:其一,与死亡患者共同生活的关系最为密切的近亲属享有精神损害赔偿权,通常包括父母、祖父母、外祖父母、配偶、子女、孙子女。其二,依当时情形可判定与患者共同生活关系最密切的近亲属确实遭受了巨大的精神痛苦。例如,患者在医疗损害发生之前因患疑难病症已难治愈而有极大可能引起死亡的,其近亲属对患者的死亡会有一定的心理准备,当因医疗损害使患者过早死亡,亲属的悲痛也不致达到惨烈的程度,此时一般不应给予精神损害抚慰金。如果因医疗损害使患者死亡的结果出乎患者亲属的意料,给他们带来较大的震惊,使其亲属对医疗损害结果在心理上无法接受时,法官可依据自由裁量原则,根据具体案件情况,判定给予其近亲属一定的精神损害抚慰金。

第二,精神抚慰金的赔偿标准

1. 精神抚慰金的赔偿按照按照医疗事故发生地居民年平均生活费计算。居民年平均生活费应以医疗事故发生地省级统计部门公布的数据为准，分城镇居民和农村居民年平均生活费。

2.医疗事故造成患者死亡的,赔偿年限最长不超过6年。如果构成一级甲等医疗事故,且医院承担全部责任的,死者近亲属获赔精神损害抚慰金的数额为上一年度居民年平均生活费的6倍。但如果是医疗事故医方承担部分责任,则赔偿费用相对减少。

3.医疗事故造成患者残废的,赔偿年限最长不超过3年。如果构成一级乙等医疗事故(对应伤残一级),且医院承担全部责任的,患者获赔精神损害抚慰金数额为上一年度居民年平均生活费的3倍。但如果是医疗事故部分责任,则赔偿费用相应减少。如果构成三级戊等医疗事故(对应伤残十级),且医院承担全部责任的,则精神损害抚慰金的数额为居民年平均生活费的0.3倍。而如果是医方承担部分责任,则赔偿费用也要相应减少。

4.依据《医疗事故分级标准(试行)》,构成四级医疗事故构不成残疾,精神损害抚慰金就不可能获得。

5.精神损害抚慰金并不是对每一例都计算为6年、3年。更不是对死者的每一个近亲属都要计算一笔精神损害抚慰金。具体计算年限时，可根据患者原有疾病状况、医疗过失行为的责任程度、医疗机构承担责任的经济能力、所在地平均生活水平等因素确定。对残疾者也可掌握在一至四级伤残赔偿3年、五至八级伤残赔偿2年、九至十级伤残赔偿1年的原则。

三、确定精神抚慰金赔偿数额时必须考虑的因素

1.考虑医患双方当事人的过错程度及损害后果

首先，明确医疗机构所承担的赔偿额应与其过错行为对损害后果的作用相一致。即承担的赔偿责任应当以医疗过失行为对患者及其亲属造成损害结果所占的责任程度的大小来确定。

其次,受害患者对于医疗损害的发生也有过错的,可以减轻医疗机构的赔偿责任。如患者没有将病情的变化作适当报告,没有完全听从医师的诊治指示,没有听从医师的立即住院治疗的劝告等,都会助长患者病情的恶化。此时,就认为患者对自身的医疗损害也有过失,患者及其亲属应当承担相应的责任。

2.考虑患者亲属的精神损害是否可能康复,如果能康复则需要多长时间

某些精神损害在医学上是可以测量的,如因受到某些刺激而产生的精神错乱,医疗机构无疑应承担因此而发生的医疗费用,以及患者亲属在康复期间丧失的精神享受利益。有些精神损害如沮丧、情绪低落等难以从医学上测量出来,或者虽然可以测出却难以用医学的手段治疗,这些精神损害虽然不会有医疗费用的支出,但也会使患者亲属的精神利益受到损失,所以也应当予以赔偿。

3.患者亲属的年龄

在确定精神抚慰金赔偿数额时,应当考虑患者亲属的年龄情况,如果患者亲属年龄较小,又不能康复,其所受的精神损害时间一般较长,那么就应当确定给予较多的赔偿金。

4.患者亲属的合法收入

一般而言,因为人的社会地位不同而其收入有所不同,造成同样的精神损害后,对其造成的实际损失却不相同,因此而产生的精神抚慰金赔偿数额也不应该相同。也可以说,精神损害值与受害人的收入水平基本上成正比。

四、精神损害抚慰金赔偿金额的计算公式

患者死亡的精神损害抚慰金赔偿金额=医疗事故发生地居民年平均生活费×年限(最长不超过6年)。

患者残疾的精神损害抚慰金赔偿金额=医疗事故发生地居民年平均生活费×年限(最长不超过3年)。

15 患者家属因为处理医疗事故而遭受的损失,可以要求获得赔偿吗?

发生医疗事故以后,患者亲属因为参加医疗事故处理或者丧葬活动而遭受一定经济损失,对于这一部分经济损失《医疗事故处理条例》从保护医患双方合法利益的目的出发,做出了对因参加医疗事故处理和参加死亡患者丧葬

活动而给亲属带来的经济损失，予以适当赔偿的规定。虽然患者家属因为处理医疗事故而遭受的损失,可以要求获得赔偿,但是对于该部分的赔偿应满足一定的条件。主要有以下的条件：

一、患者家属遭受的损失,必须是参加医疗事故处理或者参加死亡患者丧葬活动,所造成的损失或者额外经济支出。

参加医疗事故处理是应卫生部门、负责组织鉴定工作的医学会或者发生医疗事故的医疗机构的要求,参加法定的医疗事故处理必经程序的活动,包括亲属与医疗机构进行协商,应要求参加医疗事故技术鉴定陈述争议事实,应卫生行政部门要求参加赔偿调解等。如果当事人的自行上访、咨询、起诉,或者非经约请自行到卫生行政部门、医学会、医疗机构查问和咨询等不属于参加医疗事故处理,不应计入赔偿范围。

参加医疗事故致死患者的丧葬活动发生的损失，其丧葬活动必须符合有关规定,不能超出一定的范围,没有直接参加死者的丧葬活动或者派代表参加丧葬活动的支出不属于赔偿范围。

二、可赔偿的遭受损失的主体应符合相关规定

参加医疗事故处理可赔偿的主体是具有患者近亲属身份资格的公民,近亲属,具体包括配偶、子女、父母、兄弟、姐妹、祖父母、外祖父母、孙子女、外孙子女。作为近亲属参加医疗事故处理,一般应当是具有扶养、赡养关系的上述亲属,如果当事人没有上述关系人,但与其他亲属具有直接扶养、赡养关系,也可以作为近亲属参加医疗事故处理。由于法定近亲属关系的范围较大,可以参加医疗事故处理的近亲属应当有合法的授权、具备参加医疗事故争议处理的资格。

参加医疗事故致死患者的丧葬活动的主体必须是死亡患者的配偶或直系亲属。直系亲属与近亲属的差别很大，直系亲属只包括患者的父母和患者所生的子女，其他人不属于直系亲属范围。医疗事故赔偿费仅计算死者配偶或父母专程参加丧葬活动发生的费用支出，不是专程参加丧葬活动发生的费用不负责赔偿,如其子女恰好出差、探亲在医疗事故发生地的,其有关支出费用不能计算在赔偿范围之内。

三、可以获得赔偿的范围

患者亲属因为参加医疗事故处理或者丧葬活动而遭受的经济损失只包括交通费、误工费、住宿费三项内容。但是,不是每一个赔偿都有这三部分内容,要根据具体案件的实际情况具体处理。例如，居所地与医疗机构同在一个省市，参加处理的近亲属也在该地区，就没有住宿费和远程交通费的问题。不直接参加医疗事故的近亲属的上述损失，不属于赔偿范围；当事人及近亲属均在医疗事故发生地居住，但是从外地请来律师或有关人员代理参加医疗事故时所支付的费用不在赔偿范围内。

四、可以获得赔偿的人数限制

可以要求获得赔偿的人数限定在2人以下，不论是参加医疗事故处理的人，还是参加医疗事故致死患者的丧葬活动人，其计算赔偿费用的人数不超过2人。

五、对经鉴定以后不属于医疗事故的，患者家属因为处理医疗事故而遭受的损失是不予赔偿的。

16 如果不是医疗事故，患方是不是不能获得赔偿？

在现实中，我们经常遇到在医疗纠纷索赔时，由于医疗事故鉴定认为医院没有造成医疗事故，而无法获得医疗事故赔偿的情况。那么是不是说，只要经鉴定认为不是医疗事故，患者就无法获得赔偿呢？其实不然，就拿下面的实例来说，即使不是医疗事故，只要医方有过错，患方就有可能获得赔偿。

例如，2007年5月，胡某在骑摩托车上班途中不慎发生意外，被送往某市人民医院救治，经医生检查发现，胡某左脚胫、腓骨骨折，多处组织不同程度受伤，后医院为胡某行切开复位钢板内固定手术。手术后，胡某又多次进行了X光对位对线检查，一切正常，病情好转的胡某出院回家休养。胡某回家休养半年多的时间里，始终感觉患处肿痛不止，经三次拍片及询问手术医生，均答复是排斥反应。胡某欲行钢板拆除术时，发现钢板已断裂，骨头对位线好，但骨骼未完全长好。医生认为宜采取保守疗法，过三个月视病情再作处理。三个月后，胡某遵医嘱到医院处复诊，被告知仍需再等三个月。当胡某再次复查时，其骨折处已向外成7度。此时，胡某怀疑医院手术存在问题，于是到某市二院就诊，诊断为应重新手术，胡某再次拍片，确诊胫骨断处侧位角已成10度，而最初就诊的某市人民医院认为胡某的胫骨断端附近有多量骨痂，仍不改变原治疗方案。胡某又两次聘请专家会诊，诊断为必须立即重新手术。胡某便入住某市二院重新手术，后痊愈出院，遭受身体和精神双重痛苦的胡某开始向某市人民医院索赔。胡某多次与医院交涉协商，医院以不是医疗事故为由拒绝赔偿，胡某将该市人民医院告上法庭，要求医院赔偿医疗费、护理费、交通费等计人民币9063.98元。在审理过程中,进行了医疗事故鉴定认为不构成医疗事故,但医疗过程中后期技术处理有缺陷。虽然医院在医疗过程中不存在医疗事故,但存在医疗过错,且没有证据证实胡某的第二次手术不是医方的过错造成的。法院最终判定该人民医院应适当赔偿胡某的损失,判决医院赔偿胡某医疗费、护理费、交通费、住院伙食补助费共计7 058元。

通过该例子我们可以看到,依照鉴定结论,医院并没有造成医疗事故,但医院最终对患者承担了一定的赔偿责任。原因是:

第一,医疗事故鉴定结论并不是定案的唯一证据。医疗事故鉴定结论只是一个事实,对于案件能不能使用医疗鉴定结论,还要结合其他证据来看。如果仅把医疗鉴定结论作为医疗纠纷案件的唯一依据来看待,那么就会造成"医疗专家"判案的结果,而不是法官判案了,就不能很好地保护受害人的合法权益。所以,即使专家们处在一个很权威的地位,他们作出的医疗鉴定结论也只应当是案件中的一个证据而已,能否作为定案的依据,还要经过法庭质证以及结合其他证据来认定。

第二,非医疗事故案件不应适用《医疗事故处理条例》,而应当适用民法通则。在该案件中,胡某的情况不属于医疗事故,显然不应当适用《医疗事故处理条例》来处理,可是由于医院在对患者胡某的治疗过程中存在过错,侵犯了胡某的合法权益,因此,根据民法通则第102条第2款:"公民、法人由于过错侵害国家的、集体的财产,侵害他人财产、人身的应当承担民事责任"的规定,医院应当就其过错侵权而承担相应的赔偿。

由此可见,患者想要获得赔偿,不要一味地追求医疗机构的医疗事故责任。因为医疗损害的赔偿案件,不仅仅限于医疗事故损害,还包括很多非医疗事故损害。对于非医疗事故的损害按照医疗过错加以赔偿,只要患者能够证明损害事实存在,以及损害后果与医方的行为之间有因果关系,而医方无法证明自己没有过错,医方就要承担相应的赔偿责任。因此,患者想要充分地保障自己的权利,就要客观全面地对待问题,不要看到不属于医疗事故的鉴定结论就慌了手脚,以为不可能获得赔偿,而是应该积极寻找医方的过错行为的证据,以利于获得赔偿。

17 医用产品缺陷造成损害的,患方如何获得赔偿?

在整个医疗过程中,医用产品的使用,是必不可少的。医用产品是由特定部门按照保障人体健康和人身财产安全的国家标准及行业标准加工、制作,为医疗卫生保健服务的物质产品。医用产品在医疗中一般直接用于患者，如果医用产品不符合国家规定的医用产品质量标准，使用后造成患者健康损害或者死亡的后果,所产生的医患纠纷,患者可以向生产该医用产品的生产者请求赔偿,也可以以侵权责任为由向医疗机构请求赔偿。实践中,由于患者无法确切地知道该医疗产品的生产者,因此,患者要想更方便地获得赔偿,一般以医疗服务合同纠纷案由向医疗机构请求赔偿。

例如,2003 年 10 月,韩某因右腿骨下端粉碎性骨折,到甲医院接受治疗。甲医院对韩某使用型号为 SPW-96 钢板的内固定术。韩某出院后,感到不适,又到乙医院复查,乙医院诊断为右大腿向外侧弯,右膝关节不能活动。后经乙医院 X 线摄片报告诊断为右股骨下端骨折、固定术后断钉移位。2004 年 6 月,韩某在乙医院住院治疗,在乙医院住院期间,花去医疗费 2 万元,其中包括进口交锁髓内钉费用 8 000 元。韩某认为甲医院在医疗活动中使用不合格的钢钉和钢板,给自己造成重大损失,遂向当地人民法院提起诉讼,请求判决甲医院赔偿其医疗费、误工费、住院伙食补助费、精神损害抚慰金等。在诉讼过程中,受人民法院委托,有关机构对甲医院安装在韩某体内的型号为 SPW-96 的钢板及配套钢钉质量进行鉴定,结论为:钢板、钢钉质量均不合格。由于甲医院在购入医疗器械方面和使用该产品方面存在不可推卸的责任，法院最终判定甲医院赔偿患者的医疗费、护理费、误工费等共计 42 000 元。

这是一起典型的因医用产品质量不合格而导致的患者身体损伤获得赔偿的案例。本案中,由于患者起诉了医疗机构,所以医疗机构承担了全部的赔偿责任,医疗机构在履行了赔偿责任后,还可以向生产该不合格医疗产品厂家进行追偿。因此,医疗机构在给患者使用医疗产品时,必须履行以下注意义务,如果不履行，则有可能承担医疗产品缺陷造成损害后的赔偿责任。具体注意义务如下：

一、采购合格的医用产品的义务

根据上述法律规定,合格的医用产品,其生产企业必须持有经省、自治区、直辖市人民政府药品监督管理部门审查批准，有效期为 5 年的生产企业许可证,此证应当在注册的有效期内。同时,此类医用产品应具有经国务院药品监督管理部门(国家医药监督管理局)审查批准并发给的产品注册证书。而且在外包装上应依据《产品质量法》的规定标识:(1)产品质量检验合格证明;(2)有中文标识的产品名称、生产厂家名称和地址;(3)根据产品的特点和使用要求,需要标明产品的规格等级,所含主要成分的名称和含量的,应予标明;(4)限期使用的产品,要标明生产日期和安全使用期。只有两证齐全、标志无缺陷,在安全使用期内的产品才是合格的医用产品。医疗机构在购置医用产品时,应认真检查核实,不能单纯信任推销员的介绍或因利益驱动而购买不合格的医用产品。否则,医疗机构将承担不可推卸的赔偿责任。

二、使用前向患者说明的义务

《医疗机构管理条例》第33条规定:“医疗机构施行手术、特殊检查或者特殊治疗时,必须征得患者同意,并应当取得其家属或者关系人同意并签字;无法取得患者意见时,应当取得家属或者关系人同意并签字;无法取得患者意见又无家属或者关系人在场,或者遇到其他特殊问题时,经治医师应当提出治疗处理方案,在取得医疗机构负责人或者被授权负责人员的批准后实施。”《执业医师法》、《母婴保健法实施办法》和《计划生育技术服务管理条例》等都有相应的规定。第三类医疗器械产品,由于植入人体,对于人体可能有潜在危险,因此,经主治医师应当向拟接受此类医用产品治疗的患者,介绍产品的性能、特点、治疗有效性和可能产生的危害性,以供患者行使选择权时参考。

三、使用前核实检查的义务

《执业医师法》第25条规定:“医师应当使用经国家有关部门批准使用的药品、消毒药剂和医疗器械。”因此,每位主治医师对拟用于植入患者体内的医用产品应行使监督检查的权利。即使对于合法产品,经治医师仍然需要对待使用的医用产品进行严格的调试和检查,以排除破损、失效、伪劣、假冒的医用产品。

四、正确安装使用、如实记录存档的义务

主治医师必须按照产品的说明以及医学治疗规范,正确地安装和使用医用产品,不得违反规定野蛮、粗暴地安装,给患者造成伤害。对于植入体内的医用产品,手术完成后,应摄片保留完成时的状态,并填写使用记录表。

18 签订赔偿协议后,患方想反悔时该怎么办?

发生医疗纠纷后,医患双方在平等自愿的基础上签订了赔偿协议,该赔偿协议相当于医患双方签订的合同,该协议对医患双方都具有法律约束力,医患双方应当按照约定履行自己的义务,不得擅自变更或解除协议。如果赔偿协议合法有效,而患方想加大赔偿数额,希望通过诉讼的方式获得赔偿,那么患方只能在法律规定的时间内,即自知道或者应当知道撤销事由之日起一年内,向法院请求撤销与医方签订的协议,如果法院不支持撤销协议,则患方就增加赔偿数额的事由向法院提出的诉讼请求,法院是不予支持的。如果法院撤销了协议,则法院可以根据案情判定医方赔偿的具体数额。

一、在什么情况下,法院会撤销医患双方签订的赔偿协议呢?

1.因重大误解订立的协议

所谓重大误解就是一方因自己的过错而对合同的内容等发生了认识上的错误而签订了协议。也就是说,医患双方的任何一方由于误解作出了意思表示,通常误解是由误解方自己的过失造成的,而不是因为受他人的欺骗或不正当影响造成的。在法律上并不是一般的误解都能使协议撤销,而是只有对协议的主要内容发生误解的情况下才能影响医患双方当事人的权利和义务,并且有可能使误解一方的订约目的不能达到的情况下合同才是可撤销的。

现实中,医疗损害赔偿协议一方当事人是患者或者患者家属,另一方是医疗机构,双方为了能够达成赔偿协议,并使患者及时得到赔偿,对合同条款往往会写得较为明确,给付赔偿款的时间和赔偿款项也较为具体,特别作为患者一方对相关条款通常不会发生什么误解的情形,所以对医疗损害赔偿协议大多不会发生重大误解的情形。

2.在订立协议时显失公平

这种情况在医疗损害赔偿协议中却较为多见,所谓显失公平是一方在订立协议时因情况紧迫或缺乏经验而订立的明显对自己有不利的协议。如,在订立协议时一方因没有经验,对行为的内容缺乏正当认识的能力,或者因为某种急需的及其他的急迫情况而接受了对方提出的条件。如果一方获得的利益远远超过法律所允许的限度,或者一方获得的利益远高于或者低于实际应得的利益,都是显失公平的。

医疗损害赔偿协议主要是由于患者在医疗机构接受治疗时受到了身体上的伤害,为了不涉及诉讼,能够尽早得到赔偿,同时患者大多会认为即使通过诉讼也不会得到比这更多的赔偿数额,加上大多数患者的认知水平有限,不能清楚地认识到此次医疗行为给自己造成的伤害到底应该赔偿多少才足以弥补损失,所以不得已接受了医疗机构较少的赔偿数额,这种情况一般被看做是显失公平,并依法可以撤销。

3.以欺诈、胁迫的手段或者乘人之危,使对方在违背真实意思表示的情况

下订立的协议

在医疗损害赔偿协议中，此类的情形是比较少见的。但这种情况多出现在私人开设的小型医疗诊所中,患者受到损害后,这些机构为了尽可能地减少赔偿数额,往往会以欺诈、威胁的手段逼迫患者与其签订赔偿协议。此类协议其实没有撤销的意义,因为以欺诈、胁迫的手段或者乘人之危方式签订的协议本身就不具有法律效力,患者在遇到类似的情况时,可以通过向公安、检察机关报案,通过追究他们的刑事责任来解决问题,维护自己的权益,而不必通过撤销合同的方法。

二、如果患方想解除协议,只有在法律规定的情形下才可以解除

患方想解除协议，那么首先要明确医患双方订立的协议是合法有效的协议。依法成立的协议对医患双方产生约束力，订约双方必须严格依据协议享受权利、承担义务。但由于各方面的原因导致协议得不到正常的履行,医患双方就必须通过解除的方式提前结束协议关系。因此，协议解除适用于有效成立的协议。在以下情况下患者可以解除协议：

1.医患双方约定可以解除协议。医患双方如果在订立赔偿协议时,就在协议中约定了解除条件,一旦该条件成就,协议解除。如果医患双方已经订立赔偿协议,在协议履行完毕前,经双方协商一致,也可以解除协议。

2.患者如果单方面想解除协议,必须在以下情形下才可以解除：

(1)医患双方达成赔偿协议后,如果出现如地震、水灾、旱灾、战争、政府禁令、罢工等不可抗力致使赔偿无法履行,此时,患者就可以单方面解除协议,而不需要与医方进行协商。

(2)医患双方的赔偿协议在履行期限届满之前,如果医方明确地说明其不履行对患者的赔偿,或者医方虽然没有明确表示不履行,但医方明明有钱赔偿却一拖再拖,就是迟迟不给患方赔偿,遇到这种情况,患方也可以解除协议。

(3)如果医方迟延履行主要赔偿金额,如过了履行期限也只给患方少量的赔偿金,患方经催告后在合理期限内医方仍然没有履行赔偿,在这种情形下,患方可单方面解除协议。

(4)当事人一方迟延履行债务或者有其他违约行为致使不能实现合同目的。

第九章 医疗事故的刑事责任8问

1 什么是医疗事故罪？如何认定医疗事故罪？

在现实的医疗过程中，医患之间经常会产生一些医疗纠纷，甚至矛盾激化引起医患之间的冲突，但是医疗纠纷并不一定会导致医疗事故罪，而发生医疗事故也不一定会导致医疗事故罪。根据刑法的规定，医疗事故罪是指医务人员由于严重不负责任，造成就诊人死亡或者严重损害就诊人身体健康的行为。现实中要想认定是否构成医疗事故罪，就要知道医疗事故罪的构成。具体包括四个要件：

一、医疗事故罪的主体

医疗事故罪的主体必须是特殊主体，是达到刑事责任年龄并具有刑事责任能力的并实施了违章医疗行为的医务人员。医务人员是具有一定医学知识和医疗技能，取得行医资格，直接从事医疗护理工作的人员。其具体范围为在医疗单位工作的医生、护士、药剂人员，还有经过主管部门批准从业的个体行医人员，以及从事医疗管理、后勤服务等人员。

由于医务工作有极强的专业性、技术性和导致人身伤亡的危险性，所以，国家卫生行政管理机关向来十分重视对行医者任职资格的考核，事实上只有具备一定医疗知识和技能，才能避免行医的特殊危险性，从而达到救死扶伤的目的。目前社会上存在一些既无医疗技能又未取得行医许可证的非法行医者，这些人是不属于医疗事故罪的主体。

二、医疗事故罪的客体

医疗事故罪侵犯的客体是医疗单位的工作秩序，以及公民的生命健康权利。犯罪对象是生命健康安全正遭受病魔侵害的病人。所以，倘若救治措施不能客观上起到控制病情发展的作用，则必然由于病情发展而引起人体健康的更大损害，直至导致伤残、功能障碍和死亡结果。

三、医疗事故罪的主观方面

医疗事故罪主观上只能是过失，这种过失不是一般过失，而是要求医务人员主观上存在重大过失或严重过失，即医务人员应当预见到自己的行为可能发生就诊人死亡或者严重损害就诊人身体健康的结果，因为疏忽大意而没有预见或者已经预见而轻信能够避免。医务人员的疏忽大意常表现为：根据自己岗位和职责的要求，应当预见到和可以预见到自己的行为可能对患者造成严重的危害结果，因为疏忽大意没有预见，导致出现严重的后果。例如，在为患者注射青霉素前应进行皮试，但是因为疏忽大意忘记该程序，导致了患者死亡的严重后果等。过于自信是说医务人员意识到自己的行为可能会造成严重的危害结果，但是出于轻信自己的技术的原因等致使危害结果的发生的。

临床医疗活动本身具有危险性，有可能导致人身伤害或者死亡，医务人员稍有不慎就会发生不幸后果，如果把一般过失行为确定为犯罪，似乎对于医务人员的医疗行为过于严格，在法律上也有失公平。因此，医疗事故罪的主观方面存在的过失不是一般过失，而是严重的业务过失。医务人员依照法律承担救死扶伤的职责，有义务对自己的医疗业务行为负责，对病人的生命健康安全负责。

四、医疗事故罪的客观方面

医疗事故罪在客观方面表现为严重不负责任，造成就诊人死亡或者严重损害就诊人身体健康的行为。具体而言，包括如下几个方面：

1.医务人员在诊疗护理工作中有严重不负责任的行为

严重不负责任是说在诊疗护理工作中违反规章制度和诊疗护理常规。“严重不负责任”是构成本罪的必要条件之一，说明医务人员的医疗行为只有发生在医疗责任事故中，才有可能构成医疗事故罪，在诊疗护理工作中发生医疗技术事故的，是不可能构成医疗事故罪的。医务人员严重不负责任，既可以表现为积极的作为形式，也可以表现为消极的不作为形式。积极的作为，在医疗事故罪中表现为医务人员积极实施规章制度和诊疗护理常规所禁止的行为。比如，开错刀、打错针、发错药等。消极不作为，在医疗事故罪中表现为医务人员本应履行某项职责而无正当理由没有履行。比如，救护车司机接到求救通知后无正当理由延误出车时间，造成严重后果等。

举个例子，某患者甲，因慢性支气管炎并感染、肺气肿收入某医院内科9号病室6床。住院后，经抗感染、对症治疗等，病情明显好转。住院第6天下午

5时许，值班护士乙做晚班治疗时，不进行三查七对（三查是在摆药后查，服药、注射、处置前查，服药、注射、处置后查的查对；七对是对床号、姓名、药名、剂量、浓度、时间和用法的查对制度），误将同房间8床的青霉素给6床病员甲肌肉注射。注射到一半时，护士乙发现自己打错针，就立即停止注射，但其既没有向医师汇报，又没有采取补救措施，接着又给其他病员治疗。大约3分钟后，发现6床病员呼吸困难，出现过敏反应，护士乙这才急忙请来医师抢救，经多方抢救后，甲仍于当晚6时死亡。经鉴定，此例为一级医疗责任事故。此案中，护士乙在工作中严重不负责，在发现自己用错药后，既不向医师汇报，也不采取补救措施，以致拖延了对患者甲采取应急治疗的时机，造成了患者甲死亡的严重后果，此时对于护士乙已经构成了医疗事故罪，应追究其刑事责任。

2.因医务人员严重不负责任行为导致患者严重损害身体健康或死亡的结果

危害结果的大小是衡量违法行为社会危害性的大小和区分罪与非罪的客观标准，构成本罪在客观上必须要求发生了病人重伤或死亡的结果。对医疗事故罪中的“严重损害就诊人身体健康”的情形，在理解上仍存在争议，笔者个人将其理解为二级甲、乙等医疗事故及三级甲等医疗事故，在刑事司法鉴定上应为重伤及以上的等级，在符合医疗事故罪的构成要件时，可以认定为构成医疗事故罪。

3.医务人员严重不负责任的行为，与就诊患者死亡或身体健康严重受损的结果之间，具有刑法上的因果关系。

一个人只能对自己的危害行为及其造成的危害结果承担刑事责任。因此，当危害结果发生时，要使某人对该结果负责任，就必须查明他所实施的危害行为与该结果之间具有因果关系。这种因果关系，是在危害结果发生时使行为人负刑事责任的必要条件。一般而言，构成医疗事故罪，患者人身损害的危害结果必须与医务人员严重不负责任的诊疗护理有必然的联系，即两者存在刑法上的因果关系。否则，即使医务人员有严重的违章行为，而没有上述的危害结果发生，或者虽有危害结果，而医务人员没有严重的违章行为或虽有违章但危害结果不严重，均不构成犯罪。例如，某病儿4岁，经急诊诊断为肺炎合并心衰。医生除采取急救措施外，又开青霉素作皮试。患儿家长声明昨晚皮试为阳性，值班医生坚持再作皮试，以决定是否可以用药，皮试结果为阴性。注射青霉素20分钟后，患儿烦躁不安，呼吸短促，经抢救无效死亡。家长认为患儿死于过敏,要求追究医护人员的责任。后经尸检证明,患儿死于"心率衰竭",与青霉素注射无关。此案例中,医护人员对患儿使用青霉素的行为,与患儿死亡的结果没有因果关系,故不应承担刑事责任。

综上所述,对于医疗事故罪的认定,必须符合医疗事故罪的犯罪构成,医务人员的行为符合以上四个要件时,则应认定其构成了医疗事故罪,应当受到刑法的处罚。我国《刑法》第335条规定了医疗事故罪刑罚,犯本罪的,处三年以下有期徒刑或者拘役。医疗过程是个复杂的动态过程,且涉及众多学科,相应对医疗事故罪的认定也需要有严谨的科学态度,只有这样才能既保护国家正常的医疗秩序,又保护患者的合法权益不受侵害。

② 哪些情形容易让大家误解为医疗事故罪?

对于医疗事故罪这个罪名,在现实中,大多数人对其都不是很了解。虽然很多人对医疗事故纠纷并不陌生,但对医疗事故罪都知之甚少,大多情况下,往往将一般的医疗事故认为是医疗事故罪或者是将医疗意外、医疗差错等都认为是医疗事故罪,这都是对医疗事故罪不正确的认识。为了让大家更清楚地了解该罪,有必要与医疗事故相关的一些情况加以区分。具体来说:

一、将一般医疗事故认定为医疗事故罪

这里所说的一般医疗事故是医务人员虽然有不负责任的行为,也造成了一定的危害结果,但是还没有达到刑法所规定的造成患者死亡或严重损害患者人身健康的行为。此时,该医疗事故因为不符合医疗责任事故罪的结果要件,故不能被作为刑事犯罪处理,而只能对此做出民事赔偿处理或医院内部进行处分的处理。

同时,如果医务人员有严重不负责任的情形,事实上也发生了刑法所规定的严重结果,但是如果医务人员严重不负责任的行为与患者死亡或损害结果间没有因果关系,也不能认定医务人员的行为构成医疗责任事故罪。例如,某医生在给患者用药时,用错药物,后来患者死亡,其患者家属怀疑是医生用错药导致患者死亡的,后经尸检结论是患者的死亡是因为其病情太重,医学治疗已经不能阻止其死亡的发生,而不是用错药物导致的患者死亡,在这种情况下,就不能以医疗事故罪追究医务人员的刑事责任。

二、将医疗技术事故认定为医疗事故罪

医疗事故包括医疗责任事故和医疗技术事故。医疗责任事故是医务人员因违反规章制度、诊疗护理常规等失职行为所致的事故。医疗技术事故是医务人员因技术过失所致的事故，即在诊疗护理工作中，医务人员因技术水平不高、缺乏临床经验等技术上的失误，造成病员死亡、残废或功能障碍的事故，而不是因为严重不负责任而导致的事故。二者最主要的区别在于造成事故的原因是失职行为还是技术失误。

在医疗技术事故中，由于医务人员在诊疗护理过程中已尽其责，没有违反工作制度和技术规程，只是在现有医学科学技术条件下，由于设备或者医务技术水平的限制，发生了无法预料或不能防范的不良后果。因此，医务人员的行为不符合医疗事故罪的主客观构成要件，对于医务人员因技术过失所致事故，不能认定为医疗事故罪。例如，李某因心脏病突发，被紧急送往某县医院接受紧急救治，在抢救过程中，医院没有违反任何诊疗规章和制度，但是由于该县医院的医疗设备有限，未能及时救治李某，最终李某死亡，对于这种情况，该县医院紧急救治的医务人员不构成医疗事故罪。

三、将医疗意外认定为医疗事故罪

医疗意外是由于医务人员不能预见或不可抗拒的原因导致患者死亡或发生严重损害结果。在医疗活动中一般是由于患者病情异常或者患者体质特殊而发生的难以预料和防范的不良后果。这种情形刑法上称“意外事件”或“不可抗力事件”。

医疗意外和医疗事故罪都可能发生患者死亡或身体健康严重损害的后果，二者区别的关键在于主观上有无过失。如果患者死亡或身体健康严重损害，是因医务人员责任心不强，违反规章制度或诊疗常规造成的，则构成医疗事故罪；如果上述后果是因医务人员难以预料或难以防范的因素所引起，不是医务人员主观上存在过失，则属于医疗意外，不能以犯罪论处。

需要注意的是，医疗意外与医疗事故罪中的疏忽大意过失颇为相似，二者不但都发生了严重后果，而且对严重后果的发生都没有预见。二者的区别在于，疏忽大意过失对严重后果的发生是应当预见而没有预见，医疗意外是对严重后果的发生是难以预见而没有预见。

例如，常某因患了急性化脓性梗阻性胆管炎，到某市医院就诊，经医生诊疗决定进行手术，常某同意手术，并在手术同意书中签字。在医院进行手术过程中，常某突然出现了心跳加速、呼吸骤停等症状，经医生采取紧急抢救措施使其复苏后，常某仍一直处于脑缺氧的状态中，半个月后常某死亡，后经医疗事故鉴定委员会对这一事故进行了鉴定，结论是属于医疗意外死亡。对于这种医疗意外死亡的，医务人员不应当承担刑事责任。

四、将医疗差错认定为医疗事故罪

医疗差错是在日常诊疗护理工作中，医务人员虽有违反规章制度、诊疗护理常规的失职行为或技术过失，但未给患者造成死亡、残废、组织器官损伤导致功能障碍的不良后果。医疗差错与医疗事故罪容易混淆，二者虽然都表现为医务人员在诊疗护理工作中不负责任，违反规章制度或诊疗护理常规的行为，但二者在对患者所造成的后果上是不同的。医疗差错未造成就诊人死亡、残废、组织器官损伤导致功能障碍的不良后果；医疗事故罪则造成了就诊人死亡或身体健康严重损害的后果。对于医务人员由于不负责任造成的医疗差错，是不符合医疗事故罪的构成要件的，不能以医疗事故罪论处。

例如，患者吴某因鼻塞头痛去医院就诊。接诊医师为检查鼻道，将蘸有药液的棉片塞入鼻孔内。2 分钟后吴某感到疼痛，随后告知医生，医生立即取出棉片进行核对，发现误将 2%硝酸银棉片置入。立即检查，发现鼻粘膜变为灰白色，迅速以生理盐水冲洗后收住院治疗。经过积极治疗痊愈，18 天后出院。该案中由于医生在用药前没有查对，误将硝酸银棉片置入，造成粘膜烧伤，给病员增加了痛苦。经积极治疗，没有造成不良后果，所以应定为医疗差错，而不能将此认定为医疗事故罪。

③ 医疗事故罪与非法行医罪的区别？

目前，非法行医现象在一些地方特别是农村十分突出，因非法行医而引出各种纠纷十分常见。于是，因非法行医而构成犯罪的案件时有发生。由于非法行医罪与医疗事故罪都与“从事医疗”这个职业有关，有时在处理具体案件时也会出现一定的难度。但是，我们须注意的是，两个犯罪行为有着本质上的区别，不能将其等同来看。虽然，非法行医罪与医疗事故罪都属于危害公共卫生方面的犯罪，二者在客观上都是因为在从事医疗卫生工作时发生的犯罪，具体来讲，是在诊疗过程中造成就诊人死亡或严重损害就诊人身体健康的后果，但是，二者在很多方面都不同，具体有：

一、犯罪主体不同

非法行医罪的主体是不具有医生执业资格的人，即是既未取得国家执业医师资格同时又未经国家卫生行政主管部门许可而行医的人。医疗事故罪的主体是已经取得医生执业资格的医务人员，即是既取得国家执业医师资格又取得国家卫生行政主管部门许可的合法行医的医务人员。

没有取得执业许可的边远农村的小诊所，如果出现医疗事故，那么是按医疗事故罪处理呢，还是按照非法行医罪处理呢？在我国广大农村地区，医疗条件较为落后，特别是一些边远地区的农村，缺医少药的情况严重，一些土医生、"赤脚医生"或其他有一定医药知识的人，在这些地方开办个体诊所，并没有申请批准。虽然有的县卫生行政部门明知这些小诊所没有经过批准，但出于各种原因没有查处，如果这些没有取得执业许可的小诊所非法行医情节严重的，也应以非法行医罪论处，而不应当以医疗事故罪处理。

二、主观方面表现不同

非法行医罪主观方面是故意，即明知自己无医师执业资格而非法行医。这里的"故意"是说，只需实施诊疗行为的人认识到无医师执业资格的事实，就可以认为是故意的行为，并不需要行为人是否明知无执业资格行医的非法性质。例如，赵某没有医师执业资格，私自在自己家中开诊所给人看病，此时，不论赵某是否知道无证行医是非法行为，只要赵某知道自己没有医师执业资格，赵某的行为就构成非法行医，如果情节严重，就会构成非法行医罪。而医疗事故罪的主观方面只能是过失，而非故意。若犯罪人主观上是故意的话，就会构成了其他犯罪，如故意伤害罪、故意杀人罪等。

三、客观方面表现不同

非法行医罪属于情节犯，其在客观方面表现为，违反国家有关医疗管理的法律、法规的规定，非法行医，情节严重的行为。我国《刑法》规定，非法行医者只有"情节严重"时才构成犯罪，而"情节严重"肯定未达到"造成就诊人死亡或者严重损害就诊人身体健康"，造成就诊人死亡或者严重损害就诊人身体健康的，是非法行医罪的加重情节。这里的"情节严重"一般是指：造成就诊人死亡的；多次被取缔后仍然非法行医的；从事危险性较大的诊疗活动的；非法行医获利巨大的；损害患者健康的；使用假、劣药品蒙骗就诊人的；其医疗条件严格不符合国家规定的医疗标准的；采取愚昧、野蛮的方法的，等等。如果未取得医师执业资格的人，违反国家规定，非法为他人诊疗疾病而造成了刑法规定的严重后果，可以认定为非法行医罪，例如，刚从医学院校出来，未取得国家执业医师资格证的学生，或者未经国家许可行医的乡村医生，如果行医造成了患者死亡的，就构成非法行医罪。

而医疗事故罪在客观方面表现为，医务人员在合法的诊疗护理过程中，违反规章制度，严重不负责任，造成就诊人死亡或者严重损害就诊人身体健康的行为。即已取得执业医师资格的行为人，在符合相关规定的范围内从事医疗卫生工作中，因违反规章制度、工作严重不负责任而造成患者出现刑法所规定的严重后果的行为。例如，某公立医院的护士在未作皮试的情况下为病人注射青霉素针剂而造成病人死亡的行为。

4 医疗事故罪与过失致人死亡罪、过失致人重伤罪有什么不同？

随着现在医疗条件的不断改善，医疗事故中的医疗技术事故的发生率也越来越低。但是，一些医务人员缺乏医德，严重不负责任，造成患者死亡或者严重损害患者身体健康的医疗责任事故仍常有发生。对这种行为是构成刑法中的医疗事故罪，还是过失杀人罪或过失致人重伤罪呢？由于其主观方面都表现为一种过失行为，所以很容易让人混淆，又加上这几种罪的定罪量刑上有很大的差别，一旦适用不当，容易导致犯罪人不服判决或者受害人纠缠诉讼。为了依法保障受害患者的合法权益，维护医疗单位的工作秩序，有必要对其进行区分。

一、过失致人死亡罪

过失致人死亡罪是由于普通过失致人死亡的行为。过失致人死亡罪在主观上必须是过失，即应当预见自己的行为可能发生他人死亡的危害结果，因为疏忽大意而没有预见，或者已经预见而轻信能够避免，以致发生他人死亡的危害结果。客观上必须实施了致人死亡的行为，并且已经造成死亡结果，行为与死亡结果之间必须存在因果关系。对于已满16周岁，具有辨认和控制自己行为能力的自然人，均可成为本罪主体。

例如，某医院护士，偶然受朋友之托私自为张某做人工流产手术，因没有手术经验，导致张某大出血死亡。由于该护士的行为不具有常规性行医的特征，所以不构成非法行医罪，也不构成非法进行节育手术罪。再加上该护士的行为也不是发生在正常的医疗活动中，缺乏业务性质，不应认定为医疗事故罪，所以可以认定其行为构成过失致人死亡罪。

那么在实践中，疏忽大意的过失致人死亡与意外事件致人死亡是一回事吗？二者并不是一回事。虽然疏忽大意的过失致人死亡与意外事件致人死亡都造成了人的死亡结果，但是在主观方面，其行为人对死亡结果的出现是否能够预见存在差异。如果应当预见，由于疏忽大意而没有预见，以致发生死亡结果，就是过失致死；如果不应当预见，或者说不可能预见，而出现了致死结果，就是意外事件致死，行为人不负刑事责任。

需要注意的是，现实中很多人分不清楚过于自信的过失致人死亡与间接故意杀人之间有什么不同。其实，二者虽然都造成了死亡结果，且都对于死亡结果的可能发生有预见，在主观上都不是希望这种结果发生。但是，如果行为人凭借某种客观条件能力、经验、环境等，轻信可以避免死亡结果的发生，就会构成过于自信的过失致人死亡，如果行为人持的是一种放任死亡结果发生的心理状态，则会构成间接故意杀人。

二、过失致人重伤罪

过失致人重伤罪是过失伤害他人身体，致人重伤的行为。犯过失致人重伤罪的主体为一般主体，即凡年满16周岁且具备刑事责任能力的自然人均能构成本罪。其侵犯的客体是他人的身体，即人的躯体，包括四肢、五官、毛发及指甲等，对于假肢、假牙等由于其已成为肢体不可分离的一部分，亦可以看做是属于身体，但对于可以自由装卸的部位，就不应认为其属于身体。在主观上表现为过失，即行为人既没有杀人的故意，也没有伤害的故意，只是出于疏忽大意或者过于自信，才造成被害人重伤的结果。在客观方面表现为损害他人身体健康的行为，需要注意的是，如果对他人实际的伤害结果没有达到重伤的程度，或者其行为与结果之间没有直接因果关系，则不构成本罪。

在司法实践中，有人往往将过失致人重伤的案件认定为过失致人死亡的案件，尤其是对于因过失当场致人重伤，但由于伤势过重经抢救无效而死亡的案件，更容易被认定为过失致人死亡罪。因此，在定性时，如果行为人对他人重伤、死亡的结果都存在过失，才是过失致人死亡罪；如果仅对他人造成重伤，而最后出现死亡结果的情形，则属于过失致人重伤罪的加重情形，而不应将其判定为过失致人死亡罪。对于重伤，该如何理解呢？一般来说，使人肢体残疾或者毁人容貌的；使人丧失听觉、视觉或者其他器官机能的；或者其他对于人身健康有重大伤害的情形的，都可以看做是重伤。

三、医疗事故罪与过失致人死亡罪和过失致人重伤罪的区别

虽然以上三种罪名在对人的危害结果上基本相同，但是在其他方面是有很大区别的，实践中千万不可混淆。

1.从主体上来看，医疗事故罪的主体是特殊主体，即医务人员，后面两种罪的主体则为一般主体，即凡年满16周岁且具备刑事责任能力的自然人。

2.从主观过失的性质上来看，医疗事故罪的过失属于医务人员在业务上的过失，而后两种罪的过失属日常生活中的过失。

3.从客观方面的表现来看，医疗事故罪的客观方面表现为在诊疗护理工作中，严重不负责任，违反规章制度或诊疗护理操作常规，而后两种罪分别表现为通过某种方式致人死亡或造成他人重伤。

4.从侵犯的客体来看，医疗事故罪侵害的客体虽然也侵犯了公民的生命健康权利，但主要侵犯的是医疗机构的管理秩序，而后两种罪侵害的客体主要是人的生命健康权利。

总之，实践中要区分各种罪与非罪，此罪与彼罪的界限，切不可混为一谈，胡乱给他人添加莫须有的罪名，否则，既不能合理地保障自身的权利，又会给他人造成困扰，也不利于具体纠纷的解决。

⑤ 个体医生用自制药给患者治病造成严重后果的，能不能定性为医疗事故罪？

举个例子，李某是位个体医生，具有行医资格和执业许可证，在本村开设一卫生室。1995—1997年，李某在某市医院专科学校学习期间，从一位副教授处得到一张治疗腰、腿疼等风湿病的民间验方，用于临床有一定疗效。李某在以后的行医过程中，未经国家卫生行政部门批准，按该验方配制成胶囊，让患者服用，经多人服用都没有出现过不良反应。2004年6月7日上午，本村村民张某因腰、腿疼先后到李某处治疗，李某便给张某开具了自己配制的胶囊，张某服用后说效果不错，但李某遂加大了剂量，张某服用后中毒。李某闻讯后，采取了相应的抢救措施，但张某经抢救无效死亡。经鉴定，张某生前患有高血压、冠心病，因服用含有超标准乌头碱的胶囊后中毒，未能及时抢救而死亡。案发后，李某投案自首，并与被害人一方达成赔偿协议，已赔付15 000元。法院经审理认为李某身为医务人员，私自配制含有有毒物质乌头碱的胶囊，虽自称进行了浸泡、水煮等去毒方法，但仍应认识到乌头碱对人体的毒性。在第二次给张某开药时，李某严重不负责任，加大了服用剂量，致使张某中毒，并造成张某死亡的后果，其行为已构成医疗事故罪。案发后，李某积极抢救患者，主动投案自首，又赔偿被害人一定的经济损失，可依法从轻处罚，最终判处被告人李某有期徒刑一年。

对于该案中，李某将自制药给患者服用造成严重后果的行为，是该认定为是生产、销售假药罪，还是认定为医疗事故罪呢？这里我们还是认定为医疗事故罪。理由如下：

首先，在主观方面，生产、销售假药罪是故意犯罪，而医疗事故罪是过失犯罪。二者从主观方面的区别可以看出，李某从一位副教授处获得验方，曾用于临床实验，没有造成不良后果，于是李某在给张某用药时，其轻信能够医好张某，而不是故意要使张某中毒，并且在造成患者张某中毒后采取了积极抢救措施，而不是放任死亡结果的发生。因此，李某在主观上是过于自信的过失而不是故意。

其次，从侵犯的客体来说，生产、销售假药罪侵犯的是社会主义市场经济秩序，以及他人的人身健康，而医疗事故罪侵犯的是医疗单位的工作秩序，以及公民的生命健康权利。本案中，李某配制的药品只是在医疗中用于特定的患者，并未进入市场流通领域，李某的行为违反的是医疗规章制度，而不是公平竞争、公平交易的社会主义市场经济秩序。

再次，在客观方面，生产、销售假药罪是在未经国家卫生行政部门批准的情况下，以牟利为目的，生产、销售假药，造成他人死亡的严重后果的行为，而医疗事故罪在客观方面表现为严重不负责任，造成就诊人死亡或者严重损害就诊人身体健康的行为。李某根据他人传授的验方，配制少量药品，用于就诊中的患者，而不是向社会公开出售，该行为不是刑法意义上的生产行为，虽然其在医疗过程中开出药品收取了一定的费用，这只是医疗行为的一部分，其开出的药品是用于医疗本身，而不是单纯销售的商业行为，显然，李某没有生产、销售假药的行为。

最后，从主体上来看，生产、销售假药罪是一般主体，对行为人的身份没有特别要求，而医疗事故罪是特殊主体，必须是医务人员才能构成。本案中的李某具有行医资格，属医务人员，符合医疗事故罪的主体。李某身为医务人员，未经国家卫生行政部门批准，私自配制药品用于医疗，违反了医疗规章制度，并造成患者张某死亡的严重后果，其医疗行为与张某的死亡结果有直接的因果关系，符合医疗事故罪的构成，故本案应定医疗事故罪。

⑥ 患方借医疗事故为由大闹医院，会不会被追究刑事责任？

近年来，医患双方因医疗事故争议引发的医疗纠纷呈上升趋势，从普通的争执,到动手伤人,甚至发生了杀害医务人员的恶性案件。究其原因,有的是由于部分医务人员职业道德水平下降,不负责任,不遵守有关法律、法规、规章和卫生部门的技术操作规范造成的;有的是由于受当时医疗技术水平发展有限,而普通患者对医疗技术的风险性、复杂性认识不够,对医疗行为报有不切合实际的想法所致;有的是医疗意外但是患者不能接受而无理吵闹所致等等。以上种种原因导致患方大闹医院的情形屡见不鲜。

实践中有些患者由于感情用事,在发生纠纷后,不是通过正当、合法的途径解决医疗事故纠纷,而是以医疗事故为由,在医疗机构纠缠,甚至打砸医疗机构,抢夺病历资料,扰乱医疗机构的正常医疗秩序,以及扰乱医疗事故技术鉴定工作。虽然《医疗事故处理条例》对这一问题作了规定,但由于人们认识上的问题,即使发生了扰乱医疗机构的行为,人们也都认为事出有因,同情患方,通常不予追究其责任。但是,从更好地保护患者和医疗机构及其医务人员的合法权益,维护医疗秩序,保障医疗安全的角度出发,有必要制止患方这种不正确的做法。如果患方以医疗事故为由,寻衅滋事、抢夺病历资料、扰乱医疗机构正常医疗秩序和医疗事故技术鉴定工作, 符合扰乱社会秩序罪规定的,会依法追究其刑事责任,如果尚不够刑事处罚的,依法给予治安管理处罚。所以说,如果患方大闹医院,扰乱了医院正常秩序,情节严重的,是会被追究其刑事责任的。

那么,患方在什么情况下就是触犯了刑法呢?如何判定自己有没有犯扰乱社会秩序罪呢? 这要从扰乱社会秩序罪的法律构成要件上来衡量。扰乱社会秩序罪在刑法上称聚众扰乱社会秩序罪,是聚众扰乱社会秩序,情节严重,致工作、生产、营业、教学和科研无法进行,造成严重损失的行为。具体来说:

第一,从主观上来说,其表现为故意,即患方往往企图通过这种扰乱活动,制造事端,给医疗机构施加压力,以实现自己的某种无理要求或者借机发泄不满情绪。

第二,从客观上来说,表现为以聚众的方式扰乱企事业单位、社会团体的正常活动,致使其工作、生产、营业、教学和科研无法进行,造成严重损失。即患方纠集3人以上有组织、有策划地实施的犯罪行为,其手段可以是煽动、收买、挑拨、教唆等等,甚至患方可以躲在幕后唆使、策划而不亲自实施具体扰乱行为。这里的3人以上是说带头闹事和积极参加者在内3人以上,如果是患者及其家属是一人或两人闹事,引得众人围观起哄的,是不构成本罪的。

现实中，患方扰乱社会秩序的方式主要表现为：聚众冲击医疗机构所在地；在医疗机构门前、院内大肆喧嚣吵闹；封锁大门、通道，阻止工作人员进入医疗机构；围攻、辱骂、殴打医疗机构工作人员；毁坏医疗机构的财物、设备；强占门诊、病房、检验室等医疗场所；强行切断医疗机构的电源、水源等等。如果患方在实施本罪中，殴打医疗机构工作人员，毁损公私财物情节严重构成犯罪的，还有可能实行数罪并罚。

这里需要注意的一点是必须情节严重，即患方的聚众扰乱行为，使医疗机构正常活动无法进行，并造成严重损失，而且致使医疗机构工作无法进行与造成严重损失二者必须同时具备。如果患方虽然实施扰乱医疗机构秩序的行为，但没有造成严重损失的，就不以犯罪论处，而由公安机关依照治安管理处罚条例有关规定进行处理。一般来说，如果患方聚集人数特别众多，围攻、殴打医疗机构工作人员多人，毁损一定财物的情形；或占据办公场所，封锁通道等持续相当长时间，拒不退出，致使医疗机构工作瘫痪时间较长；或因扰乱而延误的工作事项关乎重要的社会利益或政治利益的，都可以视为情节严重。

第三，从主体上来说，其主体是一般主体。但并非一切聚众扰乱社会秩序的人都能构成本罪，构成本罪的只能是扰乱社会秩序的首要分子和其他积极参加者。首要分子是在扰乱社会秩序犯罪中起组织、策划、指挥作用的犯罪分子。其他积极参加者是除首要分子以外的在犯罪活动中起主要作用的犯罪分子。对于一般参加者，只能追究其行政责任，不能成为本罪主体。在医疗纠纷中，该罪的主体一般是患者、患者家属、患者代表。

第四，从客体上来看，其侵犯的客体是社会秩序。这里所说的社会秩序通常是特定范围内的社会秩序，即医疗机构的工作秩序。其侵犯的对象是医疗机构。

例如，患者李某 1 个月前因车祸入住某市医院，李某手术后第 17 天准备出院，但是在办理出院手续过程中，李某突然出现呼吸困难、面色紫绀等症状，随之呼吸心搏骤停，10 分钟后，经医生全力抢救无效死亡。患者家属与该医院发生纠纷，可是在纠纷处理过程中，患者家属不仅拒绝医院提出的先鉴定再按正当途径索赔的建议，还多次组织数十人到医院，拉上横幅，在医院烧纸，持喇叭谩骂医生护士，其中多次与医院人员发生肢体冲突，并砸坏门诊部电脑多台，导致医院持续一个月无法正常工作。医院在多次劝说无效的情况下，不得不向公安机关报案，后检察院对带头的患者家属以及积极参与聚众闹事人员以聚众扰乱社会秩序罪提起诉讼，法院最终判决带头的家属 3 年有期徒刑，对其他积极参加的人员分别判处1年有期徒刑。该案例就是一个典型的由于患方打砸医疗机构,扰乱医疗机构的正常医疗秩序而触犯刑法的案例。因此,在发生医疗事故纠纷时,利用合法的途径解决纠纷,才能更好地保障自身的合法权益,千万不可因一时冲动而触犯法律。

7 卫生行政部门工作人员在处理医疗事故过程中利用职务上的便利收受他人财物或者其他利益,滥用职权,玩忽职守,可不可以追究其刑事责任呢?

根据《医疗事故处理条例》第53条的规定:"卫生行政部门的工作人员在处理医疗事故过程中违反本条例的规定,利用职务上的便利收受他人财物或者其他利益,滥用职权,玩忽职守,或者发现违法行为不予查处,造成严重后果的,依照刑法关于受贿罪、滥用职权罪、玩忽职守罪或者其他有关罪的规定,依法追究刑事责任;尚不够刑事处罚的,依法给予降级或者撤职的行政处分。"由此可见,卫生行政部门的工作人员在处理医疗事故过程中有以上情形,造成严重后果的,是应当追究其刑事责任的。

卫生行政部门的工作人员是卫生行政部门的行政行为的具体实施者,其是否能依法执行职务,关系到卫生行政部门是否能履行法定职能,关系到人民政府的形象。因此,卫生行政部门的工作人员如果实施违法行为,势必会造成极其恶劣和严重的后果。法律赋予卫生行政部门处理医疗事故的职权,其目的在于切实加强对医疗服务行业的监管,方便人民群众,及时、有效地缓解医患矛盾。如果卫生行政部门的工作人员不履行法定职责,非但不能实现法律所赋予卫生行政部门处理医疗事故职权的目的,反而会放纵医疗违法行为,激化医患矛盾,不利于社会的安定团结和医疗服务质量的改善和提高,其后果是非常严重和恶劣的。所以,有必要对卫生行政部门的工作人员违法行为进行严惩。如果卫生行政部门的工作人员实施违法行为,造成严重后果,需要追究其哪些刑事责任呢?

一、利用职务上的便利收受他人财物或者其他利益,造成严重后果的可以受贿罪追究其刑事责任。

卫生行政部门的工作人员利用本人职务上主管、分管、负责医疗事故的处理,主动索取或者被动接受与医疗事故的处理有利害关系的人的财物或者其他利益,如职务的提升、迁移户口、子女的升学就业、各种名义的回扣、手续费、报销票据、提供出国机会等。

二、滥用职权，造成严重后果的可以以滥用职权罪追究其刑事责任。

滥用职权是负责处理医疗事故的卫生行政人员超越职权范围或者违背法律授权的宗旨、违反条例规定的处理程序行使职权，通常表现为擅自处理、决定那些无权处理、决定的事项；或者蛮横无理、随心所欲地作出处理决定等。而滥用职权的行为致使公共财产、国家和人民利益遭受重大损失的，就构成滥用职权罪。这里的重大损失，是给国家和人民造成的重大物质性损失和非物质性损失。物质性损失一般是人身伤亡和公私财物的重大损失，是确认滥用职权犯罪行为的重要依据；非物质性损失是严重损害国家机关的正常活动和声誉等。认定是否重大损失，应根据司法实践和有关规定，对所造成的物质性和非物质性损失的实际情况，并按直接责任人员的职权范围全面分析，以确定应承担责任的大小。

三、玩忽职守，造成严重后果的可以以玩忽职守罪追究其刑事责任。

玩忽职守是指负责处理医疗事故的卫生行政人员严重不负责任，不履行或者不正确履行法律规定的正确、及时处理医疗事故的职责的行为，即处理医疗事故的卫生行政人员应当履行且有条件、有能力履行职责，但违背职责没有履行或者在履行职责的过程中，违反职责规定，马虎草率大意。通常表现为放弃、懈怠职责，或者在工作中马虎草率、搪塞敷衍，不认真、正确地做好本职工作。玩忽职守行为致使公共财产、国家和人民利益遭受重大损失的，就构成玩忽职守罪。

但处理医疗事故的卫生行政人员仅仅是因工作失误给国家和人民的利益造成重大损失的，就不能认定为玩忽职守罪。例如，处理医疗事故的卫生行政人员认真履行自己的职责义务，但由于制度不完善，一些具体政策界限不清，管理上存在弊端，以及由于该处理医疗事故的卫生行政人员文化水平不高，业务素质较差，缺乏工作经验，因而计划不周，措施不当，方法不对，以致在积极工作中发生错误，造成国家和人民利益遭受重大损失，就不能认定为玩忽职守罪。因此，对于处理医疗事故的卫生行政人员玩忽职守行为是否构成玩忽职守罪，一定要具体情况具体分析，切不可一概而论。

四、发现违法行为不予查处，造成严重后果的也可以追究其刑事责任。

发现违法行为不予查处可以看成是一种玩忽职守的表现，即发现违法行为不予查处可能是出于疏忽大意或者轻信能够避免造成损害后果的过失；也可以看成是一种包庇、放纵的表现，即因为种种原因，发现违法行为不予查处而包庇或者放纵违法行为。

总的来说，如果卫生行政部门的工作人员不履行法定职责，实施了上述违法行为，造成严重后果，构成犯罪的，要分别依据刑法关于受贿罪、滥用职权罪、玩忽职守罪的规定进行处罚。如果卫生行政部门的工作人员在处理医疗事故时，存在其他违法行为，符合其他有关犯罪构成要件的，要严格依照刑法的有关规定予以处罚。这里的“后果严重”，一般是因卫生行政部门的工作人员在处理医疗事故过程中不履行法定职责，造成医患关系紧张，产生以下危害后果：(1)死亡1人以上，或者重伤3人以上，或者轻伤10人以上的；(2)造成医院或者患方直接经济损失在10万元以上的；(3) 虽然未造成重大人员伤亡或者直接经济损失，但是情节恶劣，使卫生行政机关或者医院的工作秩序受到严重干扰，或者使人民政府的形象受到重大不良影响，从而造成政府和群众关系紧张的。

⑧ 医疗事故技术鉴定工作的人员出具虚假医疗事故技术鉴定书，是否可以追究其刑事责任？

参加医疗事故技术鉴定工作的人员违法收受财物或者其他利益，出具虚假医疗事故技术鉴定书，造成严重后果的，是可以追究其刑事责任的。因为，依据《医疗事故处理条例》第57条的规定：“参加医疗事故技术鉴定工作的人员违反本条例的规定，接受申请鉴定双方或者一方当事人的财物或者其他利益，出具虚假医疗事故技术鉴定书，造成严重后果的，依照刑法关于受贿罪的规定，依法追究刑事责任；尚不够刑事处罚的，由原发证部门吊销其执业证书或者资格证书。”

医疗事故技术鉴定结论是判定是否属于医疗事故及事故等级的依据，因此，要求医疗事故技术鉴定必须科学、公正。为了达到这一目的，除了要求医疗事故技术鉴定工作的人员应具有业务素质、技术水平和能力外，还应当具有良好的执业品德，即在鉴定工作中不应接受申请鉴定双方或者任何一方当事人的财物或者其他利益。实践中，有时会出现医方或者患方为了获得自己满意的鉴定结论，不惜花巨资贿赂鉴定人员，使鉴定人员出具虚假鉴定结论。如果造成严重后果，不但收受贿赂的鉴定工作人员会承担刑事责任，而且贿赂的人也有可能承担行贿罪的刑事责任。

并不是只要医疗事故技术鉴定工作的人员出具虚假医疗事故技术鉴定书，就构成受贿罪，而是要满足受贿罪的构成要件才能认定其承担受贿罪的刑事责任。一般来说，受贿罪是国家工作人员利用职务上的便利，索取他人财物的，或者非法收受他人财物，为他人谋利益的，或者国家工作人员利用本人职权或者地位形成的便利条件，通过其他国家工作人员职务上的行为，为请托人谋取不正当利益，索取请托人财物或者收受请托人财物的，或者国家工作人员在经济往来中，违反国家规定收受各种名义的回扣、手续费，归个人所有的行为。

附录一　医疗纠纷和事故处理相关法律法规辑要

医疗事故处理条例

第一章　总则

第一条　为了正确处理医疗事故，保护患者和医疗机构及其医务人员的合法权益,维护医疗秩序,保障医疗安全,促进医学科学的发展,制定本条例。

第二条　本条例所称医疗事故，是指医疗机构及其医务人员在医疗活动中,违反医疗卫生管理法律、行政法规、部门规章和诊疗护理规范、常规,过失造成患者人身损害的事故。

第三条　处理医疗事故,应当遵循公开、公平、公正、及时、便民的原则,坚持实事求是的科学态度,做到事实清楚、定性准确、责任明确、处理恰当。

第四条　根据对患者人身造成的损害程度,医疗事故分为四级:

一级医疗事故:造成患者死亡、重度残疾的;

二级医疗事故:造成患者中度残疾、器官组织损伤导致严重功能障碍的;

三级医疗事故:造成患者轻度残疾、器官组织损伤导致一般功能障碍的;

四级医疗事故:造成患者明显人身损害的其他后果的。

具体分级标准由国务院卫生行政部门制定。

第二章　医疗事故的预防与处置

第五条　医疗机构及其医务人员在医疗活动中,必须严格遵守医疗卫生管理法律、行政法规、部门规章和诊疗护理规范、常规,恪守医疗服务职业道德。

第六条　医疗机构应当对其医务人员进行医疗卫生管理法律、行政法规、部门规章和诊疗护理规范、常规的培训和医疗服务职业道德教育。

第七条　医疗机构应当设置医疗服务质量监控部门或者配备专(兼)职人员,具体负责监督本医疗机构的医务人员的医疗服务工作,检查医务人员执业情况,接受患者对医疗服务的投诉,向其提供咨询服务。

第八条　医疗机构应当按照国务院卫生行政部门规定的要求，书写并妥善保管病历资料。

因抢救急危患者,未能及时书写病历的,有关医务人员应当在抢救结束后6小时内据实补记,并加以注明。

第九条　严禁涂改、伪造、隐匿、销毁或者抢夺病历资料。

第十条　患者有权复印或者复制其门诊病历、住院志、体温单、医嘱单、化验单(检验报告)、医学影像检查资料、特殊检查同意书、手术同意书、手术及麻醉记录单、病理资料、护理记录以及国务院卫生行政部门规定的其他病历资料。

患者依照前款规定要求复印或者复制病历资料的，医疗机构应当提供复印或者复制服务并在复印或者复制的病历资料上加盖证明印记。复印或者复制病历资料时,应当有患者在场。

医疗机构应患者的要求,为其复印或者复制病历资料,可以按照规定收取工本费。具体收费标准由省、自治区、直辖市人民政府价格主管部门会同同级卫生行政部门规定。

第十一条　在医疗活动中,医疗机构及其医务人员应当将患者的病情、医疗措施、医疗风险等如实告知患者,及时解答其咨询;但是,应当避免对患者产生不利后果。

第十二条　医疗机构应当制定防范、处理医疗事故的预案,预防医疗事故的发生,减轻医疗事故的损害。

第十三条　医务人员在医疗活动中发生或者发现医疗事故、可能引起医疗事故的医疗过失行为或者发生医疗事故争议的，应当立即向所在科室负责人报告，科室负责人应当及时向本医疗机构负责医疗服务质量监控的部门或者专(兼)职人员报告;负责医疗服务质量监控的部门或者专(兼)职人员接到报告后,应当立即进行调查、核实,将有关情况如实向本医疗机构的负责人报告,并向患者通报、解释。

第十四条　发生医疗事故的，医疗机构应当按照规定向所在地卫生行政部门报告。

发生下列重大医疗过失行为的,医疗机构应当在12小时内向所在地卫生行政部门报告:

(一)导致患者死亡或者可能为二级以上的医疗事故;

(二)导致3人以上人身损害后果;

(三)国务院卫生行政部门和省、自治区、直辖市人民政府卫生行政部门规定的其他情形。

第十五条　发生或者发现医疗过失行为，医疗机构及其医务人员应当立即采取有效措施，避免或者减轻对患者身体健康的损害，防止损害扩大。

第十六条　发生医疗事故争议时，死亡病例讨论记录、疑难病例讨论记录、上级医师查房记录、会诊意见、病程记录应当在医患双方在场的情况下封存和启封。封存的病历资料可以是复印件，由医疗机构保管。

第十七条　疑似输液、输血、注射、药物等引起不良后果的，医患双方应当共同对现场实物进行封存和启封，封存的现场实物由医疗机构保管；需要检验的，应当由双方共同指定的、依法具有检验资格的检验机构进行检验；双方无法共同指定时，由卫生行政部门指定。

疑似输血引起不良后果，需要对血液进行封存保留的，医疗机构应当通知提供该血液的采供血机构派员到场。

第十八条　患者死亡，医患双方当事人不能确定死因或者对死因有异议的，应当在患者死亡后 48 小时内进行尸检；具备尸体冻存条件的，可以延长至 7 日。尸检应当经死者近亲属同意并签字。

尸检应当由按照国家有关规定取得相应资格的机构和病理解剖专业技术人员进行。承担尸检任务的机构和病理解剖专业技术人员有进行尸检的义务。

医疗事故争议双方当事人可以请法医病理学人员参加尸检，也可以委派代表观察尸检过程。拒绝或者拖延尸检，超过规定时间，影响对死因判定的，由拒绝或者拖延的一方承担责任。

第十九条　患者在医疗机构内死亡的，尸体应当立即移放太平间。死者尸体存放时间一般不得超过 2 周。逾期不处理的尸体，经医疗机构所在地卫生行政部门批准，并报经同级公安部门备案后，由医疗机构按照规定进行处理。

第三章　医疗事故的技术鉴定

第二十条　卫生行政部门接到医疗机构关于重大医疗过失行为的报告或者医疗事故争议当事人要求处理医疗事故争议的申请后，对需要进行医疗事故技术鉴定的，应当交由负责医疗事故技术鉴定工作的医学会组织鉴定；医患双方协商解决医疗事故争议，需要进行医疗事故技术鉴定的，由双方当事人共同委托负责医疗事故技术鉴定工作的医学会组织鉴定。

第二十一条　设区的市级地方医学会和省、自治区、直辖市直接管辖的县(市)地方医学会负责组织首次医疗事故技术鉴定工作。省、自治区、直辖市地方医学会负责组织再次鉴定工作。

必要时,中华医学会可以组织疑难、复杂并在全国有重大影响的医疗事故争议的技术鉴定工作。

第二十二条 当事人对首次医疗事故技术鉴定结论不服的，可以自收到首次鉴定结论之日起 15 日内向医疗机构所在地卫生行政部门提出再次鉴定的申请。

第二十三条 负责组织医疗事故技术鉴定工作的医学会应当建立专家库。专家库由具备下列条件的医疗卫生专业技术人员组成：

(一)有良好的业务素质和执业品德；

(二)受聘于医疗卫生机构或者医学教学、科研机构并担任相应专业高级技术职务 3 年以上。

符合前款第(一)项规定条件并具备高级技术任职资格的法医可以受聘进入专家库。

负责组织医疗事故技术鉴定工作的医学会依照本条例规定聘请医疗卫生专业技术人员和法医进入专家库,可以不受行政区域的限制。

第二十四条 医疗事故技术鉴定，由负责组织医疗事故技术鉴定工作的医学会组织专家鉴定组进行。

参加医疗事故技术鉴定的相关专业的专家，由医患双方在医学会主持下从专家库中随机抽取。在特殊情况下,医学会根据医疗事故技术鉴定工作的需要，可以组织医患双方在其他医学会建立的专家库中随机抽取相关专业的专家参加鉴定或者函件咨询。

符合本条例第二十三条规定条件的医疗卫生专业技术人员和法医有义务受聘进入专家库,并承担医疗事故技术鉴定工作。

第二十五条 专家鉴定组进行医疗事故技术鉴定,实行合议制。专家鉴定组人数为单数，涉及的主要学科的专家一般不得少于鉴定组成员的二分之一；涉及死因、伤残等级鉴定的,并应当从专家库中随机抽取法医参加专家鉴定组。

第二十六条 专家鉴定组成员有下列情形之一的,应当回避,当事人也可以以口头或者书面的方式申请其回避：

(一)是医疗事故争议当事人或者当事人的近亲属的；

(二)与医疗事故争议有利害关系的；

(三)与医疗事故争议当事人有其他关系,可能影响公正鉴定的。

第二十七条　专家鉴定组依照医疗卫生管理法律、行政法规、部门规章和诊疗护理规范、常规，运用医学科学原理和专业知识，独立进行医疗事故技术鉴定，对医疗事故进行鉴别和判定，为处理医疗事故争议提供医学依据。

任何单位或者个人不得干扰医疗事故技术鉴定工作，不得威胁、利诱、辱骂、殴打专家鉴定组成员。

专家鉴定组成员不得接受双方当事人的财物或者其他利益。

第二十八条　负责组织医疗事故技术鉴定工作的医学会应当自受理医疗事故技术鉴定之日起5日内通知医疗事故争议双方当事人提交进行医疗事故技术鉴定所需的材料。

当事人应当自收到医学会的通知之日起10日内提交有关医疗事故技术鉴定的材料、书面陈述及答辩。医疗机构提交的有关医疗事故技术鉴定的材料应当包括下列内容：

(一)住院患者的病程记录、死亡病例讨论记录、疑难病例讨论记录、会诊意见、上级医师查房记录等病历资料原件；

(二)住院患者的住院志、体温单、医嘱单、化验单(检验报告)、医学影像检查资料、特殊检查同意书、手术同意书、手术及麻醉记录单、病理资料、护理记录等病历资料原件；

(三)抢救急危患者，在规定时间内补记的病历资料原件；

(四)封存保留的输液、注射用物品和血液、药物等实物，或者依法具有检验资格的检验机构对这些物品、实物作出的检验报告；

(五)与医疗事故技术鉴定有关的其他材料。

在医疗机构建有病历档案的门诊、急诊患者，其病历资料由医疗机构提供；没有在医疗机构建立病历档案的，由患者提供。

医患双方应当依照本条例的规定提交相关材料。医疗机构无正当理由未依照本条例的规定如实提供相关材料，导致医疗事故技术鉴定不能进行的，应当承担责任。

第二十九条　负责组织医疗事故技术鉴定工作的医学会应当自接到当事人提交的有关医疗事故技术鉴定的材料、书面陈述及答辩之日起45日内组织鉴定并出具医疗事故技术鉴定书。

负责组织医疗事故技术鉴定工作的医学会可以向双方当事人调查取证。

第三十条　专家鉴定组应当认真审查双方当事人提交的材料，听取双方当事人的陈述及答辩并进行核实。

双方当事人应当按照本条例的规定如实提交进行医疗事故技术鉴定所需要的材料,并积极配合调查。当事人任何一方不予配合,影响医疗事故技术鉴定的,由不予配合的一方承担责任。

第三十一条　专家鉴定组应当在事实清楚、证据确凿的基础上,综合分析患者的病情和个体差异,作出鉴定结论,并制作医疗事故技术鉴定书。鉴定结论以专家鉴定组成员的过半数通过。鉴定过程应当如实记载。

医疗事故技术鉴定书应当包括下列主要内容:

(一)双方当事人的基本情况及要求;

(二)当事人提交的材料和负责组织医疗事故技术鉴定工作的医学会的调查材料;

(三)对鉴定过程的说明;

(四)医疗行为是否违反医疗卫生管理法律、行政法规、部门规章和诊疗护理规范、常规;

(五)医疗过失行为与人身损害后果之间是否存在因果关系;

(六)医疗过失行为在医疗事故损害后果中的责任程度;

(七)医疗事故等级;

(八)对医疗事故患者的医疗护理医学建议。

第三十二条　医疗事故技术鉴定办法由国务院卫生行政部门制定。

第三十三条　有下列情形之一的,不属于医疗事故:

(一)在紧急情况下为抢救垂危患者生命而采取紧急医学措施造成不良后果的;

(二)在医疗活动中由于患者病情异常或者患者体质特殊而发生医疗意外的;

(三)在现有医学科学技术条件下,发生无法预料或者不能防范的不良后果的;

(四)无过错输血感染造成不良后果的;

(五)因患方原因延误诊疗导致不良后果的;

(六)因不可抗力造成不良后果的。

第三十四条　医疗事故技术鉴定,可以收取鉴定费用。经鉴定,属于医疗事故的,鉴定费用由医疗机构支付;不属于医疗事故的,鉴定费用由提出医疗事故处理申请的一方支付。鉴定费用标准由省、自治区、直辖市人民政府价格主管部门会同同级财政部门、卫生行政部门规定。

第四章 医疗事故的行政处理与监督

第三十五条 卫生行政部门应当依照本条例和有关法律、行政法规、部门规章的规定,对发生医疗事故的医疗机构和医务人员作出行政处理。

第三十六条 卫生行政部门接到医疗机构关于重大医疗过失行为的报告后,除责令医疗 机构及时采取必要的医疗救治措施,防止损害后果扩大外,应当组织调查,判定是否属于医疗事故;对不能判定是否属于医疗事故的,应当依照本条例的有关规定交由负责医疗事故技术鉴定工作的医学会组织鉴定。

第三十七条 发生医疗事故争议,当事人申请卫生行政部门处理的,应当提出书面申请。申请书应当载明申请人的基本情况、有关事实、具体请求及理由等。

当事人自知道或者应当知道其身体健康受到损害之日起 1 年内, 可以向卫生行政部门提出医疗事故争议处理申请。

第三十八条 发生医疗事故争议,当事人申请卫生行政部门处理的,由医疗机构所在地的县级人民政府卫生行政部门受理。医疗机构所在地是直辖市的,由医疗机构所在地的区、县人民政府卫生行政部门受理。

有下列情形之一的, 县级人民政府卫生行政部门应当自接到医疗机构的报告或者当事人提出医疗事故争议处理申请之日起 7 日内移送上一级人民政府卫生行政部门处理:

(一)患者死亡;

(二)可能为二级以上的医疗事故;

(三)国务院卫生行政部门和省、自治区、直辖市人民政府卫生行政部门规定的其他情形。

第三十九条 卫生行政部门应当自收到医疗事故争议处理申请之日起 10 日内进行审查,作出是否受理的决定。对符合本条例规定,予以受理,需要进行医疗事故技术鉴定的, 应当自作出受理决定之日起 5 日内将有关材料交由负责医疗事故技术鉴定工作的医学会组织鉴定并书面通知申请人; 对不符合本条例规定,不予受理的,应当书面通知申请人并说明理由。

当事人对首次医疗事故技术鉴定结论有异议,申请再次鉴定的,卫生行政部门应当自收到申请之日起 7 日内交由省、自治区、直辖市地方医学会组织再次鉴定。

第四十条 当事人既向卫生行政部门提出医疗事故争议处理申请，又向人民法院提起诉讼的，卫生行政部门不予受理；卫生行政部门已经受理的，应当终止处理。

第四十一条 卫生行政部门收到负责组织医疗事故技术鉴定工作的医学会出具的医疗事故技术鉴定书后，应当对参加鉴定的人员资格和专业类别、鉴定程序进行审核；必要时，可以组织调查，听取医疗事故争议双方当事人的意见。

第四十二条 卫生行政部门经审核，对符合本条例规定作出的医疗事故技术鉴定结论，应当作为对发生医疗事故的医疗机构和医务人员作出行政处理以及进行医疗事故赔偿调解的依据；经审核，发现医疗事故技术鉴定不符合本条例规定的，应当要求重新鉴定。

第四十三条 医疗事故争议由双方当事人自行协商解决的，医疗机构应当自协商解决之日起7日内向所在地卫生行政部门作出书面报告，并附具协议书。

第四十四条 医疗事故争议经人民法院调解或者判决解决的，医疗机构应当自收到生效的人民法院的调解书或者判决书之日起7日内向所在地卫生行政部门作出书面报告，并附具调解书或者判决书。

第四十五条 县级以上地方人民政府卫生行政部门应当按照规定逐级将当地发生的医疗事故以及依法对发生医疗事故的医疗机构和医务人员作出行政处理的情况，上报国务院卫生行政部门。

第五章 医疗事故的赔偿

第四十六条 发生医疗事故的赔偿等民事责任争议，医患双方可以协商解决；不愿意协商或者协商不成的，当事人可以向卫生行政部门提出调解申请，也可以直接向人民法院提起民事诉讼。

第四十七条 双方当事人协商解决医疗事故的赔偿等民事责任争议的，应当制作协议书。协议书应当载明双方当事人的基本情况和医疗事故的原因、双方当事人共同认定的医疗事故等级以及协商确定的赔偿数额等，并由双方当事人在协议书上签名。

第四十八条 已确定为医疗事故的，卫生行政部门应医疗事故争议双方当事人请求，可以进行医疗事故赔偿调解。调解时，应当遵循当事人双方自愿原则，并应当依据本条例的规定计算赔偿数额。

经调解，双方当事人就赔偿数额达成协议的，制作调解书，双方当事人应当履行；调解不成或者经调解达成协议后一方反悔的，卫生行政部门不再调解。

第四十九条　医疗事故赔偿，应当考虑下列因素，确定具体赔偿数额：

（一）医疗事故等级；

（二）医疗过失行为在医疗事故损害后果中的责任程度；

（三）医疗事故损害后果与患者原有疾病状况之间的关系。

不属于医疗事故的，医疗机构不承担赔偿责任。

第五十条　医疗事故赔偿，按照下列项目和标准计算：

（一）医疗费：按照医疗事故对患者造成的人身损害进行治疗所发生的医疗费用计算，凭据支付，但不包括原发病医疗费用。结案后确实需要继续治疗的，按照基本医疗费用支付。

（二）误工费：患者有固定收入的，按照本人因误工减少的固定收入计算，对收入高于医疗事故发生地上一年度职工年平均工资3倍以上的，按照3倍计算；无固定收入的，按照医疗事故发生地上一年度职工年平均工资计算。

（三）住院伙食补助费：按照医疗事故发生地国家机关一般工作人员的出差伙食补助标准计算。

（四）陪护费：患者住院期间需要专人陪护的，按照医疗事故发生地上一年度职工年平均工资计算。

（五）残疾生活补助费：根据伤残等级，按照医疗事故发生地居民年平均生活费计算，自定残之月起最长赔偿30年；但是，60周岁以上的，不超过15年；70周岁以上的，不超过5年。

（六）残疾用具费：因残疾需要配置补偿功能器具的，凭医疗机构证明，按照普及型器具的费用计算。

（七）丧葬费：按照医疗事故发生地规定的丧葬费补助标准计算。

（八）被扶养人生活费：以死者生前或者残疾者丧失劳动能力前实际扶养且没有劳动能力的人为限，按照其户籍所在地或者居所地居民最低生活保障标准计算。对不满16周岁的，扶养到16周岁。对年满16周岁但无劳动能力的，扶养20年；但是，60周岁以上的，不超过15年；70周岁以上的，不超过5年。

（九）交通费：按照患者实际必需的交通费用计算，凭据支付。

（十）住宿费：按照医疗事故发生地国家机关一般工作人员的出差住宿补

助标准计算,凭据支付。

(十一)精神损害抚慰金:按照医疗事故发生地居民年平均生活费计算。造成患者死亡的,赔偿年限最长不超过6年;造成患者残疾的,赔偿年限最长不超过3年。

第五十一条 参加医疗事故处理的患者近亲属所需交通费、误工费、住宿费,参照本条例第五十条的有关规定计算,计算费用的人数不超过2人。

医疗事故造成患者死亡的,参加丧葬活动的患者的配偶和直系亲属所需交通费、误工费、住宿费,参照本条例第五十条的有关规定计算,计算费用的人数不超过2人。

第五十二条 医疗事故赔偿费用,实行一次性结算,由承担医疗事故责任的医疗机构支付。

第六章 罚则

第五十三条 卫生行政部门的工作人员在处理医疗事故过程中违反本条例的规定,利用职务上的便利收受他人财物或者其他利益,滥用职权,玩忽职守,或者发现违法行为不予查处,造成严重后果的,依照刑法关于受贿罪、滥用职权罪、玩忽职守罪或者其他有关罪的规定,依法追究刑事责任;尚不够刑事处罚的,依法给予降级或者撤职的行政处分。

第五十四条 卫生行政部门违反本条例的规定,有下列情形之一的,由上级卫生行政部门给予警告并责令限期改正;情节严重的,对负有责任的主管人员和其他直接责任人员依法给予行政处分:

(一)接到医疗机构关于重大医疗过失行为的报告后,未及时组织调查的;

(二)接到医疗事故争议处理申请后,未在规定时间内审查或者移送上一级人民政府卫生行政部门处理的;

(三)未将应当进行医疗事故技术鉴定的重大医疗过失行为或者医疗事故争议移交医学会组织鉴定的;

(四)未按照规定逐级将当地发生的医疗事故以及依法对发生医疗事故的医疗机构和医务人员的行政处理情况上报的;

(五)未依照本条例规定审核医疗事故技术鉴定书的。

第五十五条 医疗机构发生医疗事故的,由卫生行政部门根据医疗事故等级和情节,给予警告;情节严重的,责令限期停业整顿直至由原发证部门吊销执业许可证,对负有责任的医务人员依照刑法关于医疗事故罪的规定,依法追究刑事责任;尚不够刑事处罚的,依法给予行政处分或者纪律处分。

对发生医疗事故的有关医务人员,除依照前款处罚外,卫生行政部门并可以责令暂停6个月以上1年以下执业活动;情节严重的,吊销其执业证书。

第五十六条 医疗机构违反本条例的规定,有下列情形之一的,由卫生行政部门责令改正;情节严重的,对负有责任的主管人员和其他直接责任人员依法给予行政处分或者纪律处分:

(一)未如实告知患者病情、医疗措施和医疗风险的;

(二)没有正当理由,拒绝为患者提供复印或者复制病历资料服务的;

(三)未按照国务院卫生行政部门规定的要求书写和妥善保管病历资料的;

(四)未在规定时间内补记抢救工作病历内容的;

(五)未按照本条例的规定封存、保管和启封病历资料和实物的;

(六)未设置医疗服务质量监控部门或者配备专(兼)职人员的;

(七)未制定有关医疗事故防范和处理预案的;

(八)未在规定时间内向卫生行政部门报告重大医疗过失行为的;

(九)未按照本条例的规定向卫生行政部门报告医疗事故的;

(十)未按照规定进行尸检和保存、处理尸体的。

第五十七条 参加医疗事故技术鉴定工作的人员违反本条例的规定,接受申请鉴定双方或者一方当事人的财物或者其他利益,出具虚假医疗事故技术鉴定书,造成严重后果的,依照刑法关于受贿罪的规定,依法追究刑事责任;尚不够刑事处罚的,由原发证部门吊销其执业证书或者资格证书。

第五十八条 医疗机构或者其他有关机构违反本条例的规定,有下列情形之一的,由卫生行政部门责令改正,给予警告;对负有责任的主管人员和其他直接责任人员依法给予行政处分或者纪律处分;情节严重的,由原发证部门吊销其执业证书或者资格证书:

(一)承担尸检任务的机构没有正当理由,拒绝进行尸检的;

(二)涂改、伪造、隐匿、销毁病历资料的。

第五十九条 以医疗事故为由,寻衅滋事、抢夺病历资料,扰乱医疗机构正常医疗秩序和医疗事故技术鉴定工作,依照刑法关于扰乱社会秩序罪的规定,依法追究刑事责任;尚不够刑事处罚的,依法给予治安管理处罚。

第七章 附则

第六十条 本条例所称医疗机构,是指依照《医疗机构管理条例》的规定取得《医疗机构执业许可证》的机构。

县级以上城市从事计划生育技术服务的机构依照《计划生育技术服务管理条例》的规定开展与计划生育有关的临床医疗服务,发生的计划生育技术服务事故,依照本条例的有关规定处理;但是,其中不属于医疗机构的县级以上城市从事计划生育技术服务的机构发生的计划生育技术服务事故,由计划生育行政部门行使依照本条例有关规定由卫生行政部门承担的受理、交由负责医疗事故技术鉴定工作的医学会组织鉴定和赔偿调解的职能;对发生计划生育技术服务事故的该机构及其有关责任人员,依法进行处理。

第六十一条 非法行医,造成患者人身损害,不属于医疗事故,触犯刑律的,依法追究刑事责任;有关赔偿,由受害人直接向人民法院提起诉讼。

第六十二条 军队医疗机构的医疗事故处理办法,由中国人民解放军卫生主管部门会同国务院卫生行政部门依据本条例制定。

第六十三条 本条例自2002年9月1日起施行。1987年6月29日国务院发布的《医疗事故处理办法》同时废止。本条例施行前已经处理结案的医疗事故争议,不再重新处理。

医疗事故技术鉴定暂行办法

第一章 总则

第一条 为规范医疗事故技术鉴定工作,确保医疗事故技术鉴定工作有序进行,依据《医疗事故处理条例》的有关规定制定本办法。

第二条 医疗事故技术鉴定工作应当按照程序进行,坚持实事求是的科学态度,做到事实清楚、定性准确、责任明确。

第三条 医疗事故技术鉴定分为首次鉴定和再次鉴定。

设区的市级和省、自治区、直辖市直接管辖的县(市)级地方医学会负责组织专家鉴定组进行首次医疗事故技术鉴定。

省、自治区、直辖市地方医学会负责组织医疗事故争议的再次鉴定工作。

负责组织医疗事故技术鉴定工作的医学会(以下简称医学会)可以设立医疗事故技术鉴定工作办公室,具体负责有关医疗事故技术鉴定的组织和日常工作。

第四条 医学会组织专家鉴定组,依照医疗卫生管理法律、行政法规、部门规章和诊疗护理技术操作规范、常规,运用医学科学原理和专业知识,独立进行医疗事故技术鉴定。

第二章 专家库的建立

第五条 医学会应当建立专家库。专家库应当依据学科专业组名录设置学科专业组。

医学会可以根据本地区医疗工作和医疗事故技术鉴定实际,对本专家库学科专业组设立予以适当增减和调整。

第六条 具备下列条件的医疗卫生专业技术人员可以成为专家库候选人:

(一)有良好的业务素质和执业品德;

(二)受聘于医疗卫生机构或者医学教学、科研机构并担任相应专业高级技术职务3年以上;

(三)健康状况能够胜任医疗事故技术鉴定工作。

符合前款(一)、(三)项规定条件并具备高级技术职务任职资格的法医可以受聘进入专家库。

负责首次医疗事故技术鉴定工作的医学会原则上聘请本行政区域内的专家建立专家库;当本行政区域内的专家不能满足建立专家库需要时,可以聘请本省、自治区、直辖市范围内的专家进入本专家库。

负责再次医疗事故技术鉴定工作的医学会原则上聘请本省、自治区、直辖市范围内的专家建立专家库;当本省、自治区、直辖市范围内的专家不能满足建立专家库需要时,可以聘请其他省、自治区、直辖市的专家进入本专家库。

第七条 医疗卫生机构或医学教学、科研机构、同级的医药卫生专业学会应当按照医学会要求,推荐专家库成员候选人;符合条件的个人经所在单位同意后也可以直接向组建专家库的医学会申请。

医学会对专家库成员候选人进行审核。审核合格的,予以聘任,并发给中华医学会统一格式的聘书。

符合条件的医疗卫生专业技术人员和法医,有义务受聘进入专家库。

第八条 专家库成员聘用期为4年。在聘用期间出现下列情形之一的,应当由专家库成员所在单位及时报告医学会,医学会应根据实际情况及时进行调整。

(一)因健康原因不能胜任医疗事故技术鉴定的;

(二)变更受聘单位或被解聘的;

(三)不具备完全民事行为能力的;

(四)受刑事处罚的;

(五)省级以上卫生行政部门规定的其他情形。

聘用期满需继续聘用的,由医学会重新审核、聘用。

第三章 鉴定的提起

第九条 双方当事人协商解决医疗事故争议，需进行医疗事故技术鉴定的，应共同书面委托医疗机构所在地负责首次医疗事故技术鉴定工作的医学会进行医疗事故技术鉴定。

第十条 县级以上地方卫生行政部门接到医疗机构关于重大医疗过失行为的报告或者医疗事故争议当事人要求处理医疗事故争议的申请后，对需要进行医疗事故技术鉴定的，应当书面移交负责首次医疗事故技术鉴定工作的医学会组织鉴定。

第十一条 协商解决医疗事故争议涉及多个医疗机构的，应当由涉及的所有医疗机构与患者共同委托其中任何一所医疗机构所在地负责组织首次医疗事故技术鉴定工作的医学会进行医疗事故技术鉴定。

医疗事故争议涉及多个医疗机构,当事人申请卫生行政部门处理的,只可以向其中一所医疗机构所在地卫生行政部门提出处理申请。

第四章 鉴定的受理

第十二条 医学会应当自受理医疗事故技术鉴定之日起 5 日内，通知医疗事故争议双方当事人按照《医疗事故处理条例》第 28 条规定提交医疗事故技术鉴定所需的材料。

当事人应当自收到医学会的通知之日起 10 日内提交有关医疗事故技术鉴定的材料、书面陈述及答辩。

对不符合受理条件的,医学会不予受理。不予受理的,医学会应说明理由。

第十三条 有下列情形之一的,医学会不予受理医疗事故技术鉴定:

(一)当事人一方直接向医学会提出鉴定申请的;

(二)医疗事故争议涉及多个医疗机构,其中一所医疗机构所在地的医学会已经受理的;

(三)医疗事故争议已经人民法院调解达成协议或判决的;

(四)当事人已向人民法院提起民事诉讼的(司法机关委托的除外);

(五)非法行医造成患者身体健康损害的;

(六)卫生部规定的其他情形。

第十四条　委托医学会进行医疗事故技术鉴定,应当按规定缴纳鉴定费。

第十五条　双方当事人共同委托医疗事故技术鉴定的，由双方当事人协商预先缴纳鉴定费。

卫生行政部门移交进行医疗事故技术鉴定的,由提出医疗事故争议处理的当事人预先缴纳鉴定费。经鉴定属于医疗事故的,鉴定费由医疗机构支付;经鉴定不属于医疗事故的,鉴定费由提出医疗事故争议处理申请的当事人支付。

县级以上地方卫生行政部门接到医疗机构关于重大医疗过失行为的报告后,对需要移交医学会进行医疗事故技术鉴定的,鉴定费由医疗机构支付。

第十六条　有下列情形之一的,医学会中止组织医疗事故技术鉴定:

(一)当事人未按规定提交有关医疗事故技术鉴定材料的;

(二)提供的材料不真实的;

(三)拒绝缴纳鉴定费的;

(四)卫生部规定的其他情形。

第五章　专家鉴定组的组成

第十七条　医学会应当根据医疗事故争议所涉及的学科专业，确定专家鉴定组的构成和人数。

专家鉴定组组成人数应为 3 人以上单数。

医疗事故争议涉及多学科专业的，其中主要学科专业的专家不得少于专家鉴定组成员的二分之一。

第十八条　医学会应当提前通知双方当事人,在指定时间、指定地点,从专家库相关学科专业组中随机抽取专家鉴定组成员。

第十九条　医学会主持双方当事人抽取专家鉴定组成员前，应当将专家库相关学科专业组中专家姓名、专业、技术职务、工作单位告知双方当事人。

第二十条　当事人要求专家库成员回避的,应当说明理由。符合下列情形之一的,医学会应当将回避的专家名单撤出,并经当事人签字确认后记录在案:

(一)医疗事故争议当事人或者当事人的近亲属的;

(二)与医疗事故争议有利害关系的;

(三)与医疗事故争议当事人有其他关系,可能影响公正鉴定的。

第二十一条　医学会对当事人准备抽取的专家进行随机编号，并主持双方当事人随机抽取相同数量的专家编号，最后一个专家由医学会随机抽取。

双方当事人还应当按照上款规定的方法各自随机抽取一个专家作为候补。

涉及死因、伤残等级鉴定的，应当按照前款规定由双方当事人各自随机抽取一名法医参加鉴定组。

第二十二条　随机抽取结束后，医学会当场向双方当事人公布所抽取的专家鉴定组成员和候补成员的编号并记录在案。

第二十三条　现有专家库成员不能满足鉴定工作需要时，医学会应当向双方当事人说明，并经双方当事人同意，可以从本省、自治区、直辖市其他医学会专家库中抽取相关学科专业组的专家参加专家鉴定组；本省、自治区、直辖市医学会专家库成员不能满足鉴定工作需要时，可以从其他省、自治区、直辖市医学会专家库中抽取相关学科专业组的专家参加专家鉴定组。

第二十四条　从其他医学会建立的专家库中抽取的专家无法到场参加医疗事故技术鉴定，可以以函件的方式提出鉴定意见。

第二十五条　专家鉴定组成员确定后，在双方当事人共同在场的情况下，由医学会对封存的病历资料启封。

第二十六条　专家鉴定组应当认真审查双方当事人提交的材料，妥善保管鉴定材料，保护患者的隐私，保守有关秘密。

第六章　医疗事故技术鉴定

第二十七条　医学会应当自接到双方当事人提交的有关医疗事故技术鉴定的材料、书面陈述及答辩之日起 45 日内组织鉴定并出具医疗事故技术鉴定书。

第二十八条　医学会可以向双方当事人和其他相关组织、个人进行调查取证，进行调查取证时不得少于 2 人。调查取证结束后，调查人员和调查对象应当在有关文书上签字。如调查对象拒绝签字的，应当记录在案。

第二十九条　医学会应当在医疗事故技术鉴定 7 日前，将鉴定的时间、地点、要求等书面通知双方当事人。双方当事人应当按照通知的时间、地点、要求参加鉴定。

参加医疗事故技术鉴定的双方当事人每一方人数不超过 3 人。

任何一方当事人无故缺席、自行退席或拒绝参加鉴定的，不影响鉴定的进行。

第三十条　医学会应当在医疗事故技术鉴定 7 日前书面通知专家鉴定组

成员。专家鉴定组成员接到医学会通知后认为自己应当回避的,应当于接到通知时及时提出书面回避申请,并说明理由;因其他原因无法参加医疗事故技术鉴定的,应当于接到通知时及时书面告知医学会。

第三十一条　专家鉴定组成员因回避或因其他原因无法参加医疗事故技术鉴定时,医学会应当通知相关学科专业组候补成员参加医疗事故技术鉴定。

专家鉴定组成员因不可抗力因素未能及时告知医学会不能参加鉴定或虽告知但医学会无法按规定组成专家鉴定组的，医疗事故技术鉴定可以延期进行。

第三十二条　专家鉴定组组长由专家鉴定组成员推选产生，也可以由医疗事故争议所涉及的主要学科专家中具有最高专业技术职务任职资格的专家担任。

第三十三条　鉴定由专家鉴定组组长主持,并按照以下程序进行:

(一)双方当事人在规定的时间内分别陈述意见和理由。陈述顺序先患方,后医疗机构;

(二)专家鉴定组成员根据需要可以提问,当事人应当如实回答。必要时,可以对患者进行现场医学检查;

(三)双方当事人退场;

(四)专家鉴定组对双方当事人提供的书面材料、陈述及答辩等进行讨论;

(五)经合议,根据半数以上专家鉴定组成员的一致意见形成鉴定结论。专家鉴定组成员在鉴定结论上签名。专家鉴定组成员对鉴定结论的不同意见,应当予以注明。

第三十四条　医疗事故技术鉴定书应当根据鉴定结论作出，其文稿由专家鉴定组组长签发。

医疗事故技术鉴定书盖医学会医疗事故技术鉴定专用印章。

医学会应当及时将医疗事故技术鉴定书送达移交鉴定的卫生行政部门。经卫生行政部门审核,对符合规定作出的医疗事故技术鉴定结论,应当及时送达双方当事人;由双方当事人共同委托的,直接送达双方当事人。

第三十五条　医疗事故技术鉴定书应当包括下列主要内容:

(一)双方当事人的基本情况及要求;

(二)当事人提交的材料和医学会的调查材料;

(三)对鉴定过程的说明;

(四)医疗行为是否违反医疗卫生管理法律、行政法规、部门规章和诊疗护理规范、常规;

(五)医疗过失行为与人身损害后果之间是否存在因果关系;

(六)医疗过失行为在医疗事故损害后果中的责任程度;

(七)医疗事故等级;

(八)对医疗事故患者的医疗护理医学建议。

经鉴定为医疗事故的,鉴定结论应当包括上款(四)至(八)项内容;经鉴定不属于医疗事故的,应当在鉴定结论中说明理由。

医疗事故技术鉴定书格式由中华医学会统一制定。

第三十六条　专家鉴定组应当综合分析医疗过失行为在导致医疗事故损害后果中的作用、患者原有疾病状况等因素,判定医疗过失行为的责任程度。医疗事故中医疗过失行为责任程度分为:

(一)完全责任,指医疗事故损害后果完全由医疗过失行为造成。

(二)主要责任,指医疗事故损害后果主要由医疗过失行为造成,其他因素起次要作用。

(三)次要责任,指医疗事故损害后果主要由其他因素造成,医疗过失行为起次要作用。

(四)轻微责任,指医疗事故损害后果绝大部分由其他因素造成,医疗过失行为起轻微作用。

第三十七条　医学会参加医疗事故技术鉴定会的工作人员,应如实记录鉴定会过程和专家的意见。

第三十八条　当事人拒绝配合,无法进行医疗事故技术鉴定的,应当终止本次鉴定,由医学会告知移交鉴定的卫生行政部门或共同委托鉴定的双方当事人,说明不能鉴定的原因。

第三十九条　医学会对经卫生行政部门审核认为参加鉴定的人员资格和专业类别或者鉴定程序不符合规定,需要重新鉴定的,应当重新组织鉴定。重新鉴定时不得收取鉴定费。

如参加鉴定的人员资格和专业类别不符合规定的,应当重新抽取专家组织专家鉴定组进行重新鉴定。

如鉴定的程序不符合规定而参加鉴定的人员资格和专业类别符合规定的,可以由原专家鉴定组进行重新鉴定。

第四十条　任何一方当事人对首次医疗事故技术鉴定结论不服的，可以自收到首次医疗事故技术鉴定书之日起15日内，向原受理医疗事故争议处理申请的卫生行政部门提出再次鉴定的申请，或由双方当事人共同委托省、自治区、直辖市医学会组织再次鉴定。

第四十一条　县级以上地方卫生行政部门对发生医疗事故的医疗机构和医务人员进行行政处理时，应当以最后的医疗事故技术鉴定结论作为处理依据。

第四十二条　当事人对鉴定结论无异议，负责组织医疗事故技术鉴定的医学会应当及时将收到的鉴定材料中的病历资料原件等退还当事人，并保留有关复印件。

当事人提出再次鉴定申请的，负责组织首次医疗事故技术鉴定的医学会应当及时将收到的鉴定材料移送负责组织再次医疗事故技术鉴定的医学会。

第四十三条　医学会应当将专家鉴定组成员签名的鉴定结论、由专家鉴定组组长签发的医疗事故技术鉴定书文稿和复印或者复制的有关病历资料等存档，保存期限不得少于20年。

第四十四条　在受理医患双方共同委托医疗事故技术鉴定后至专家鉴定组作出鉴定结论前，双方当事人或者一方当事人提出停止鉴定的，医疗事故技术鉴定终止。

第四十五条　医学会应当于每年3月31日前将上一年度医疗事故技术鉴定情况报同级卫生行政部门。

第七章　附则

第四十六条　必要时，对疑难、复杂并在全国有重大影响的医疗事故争议，省级卫生行政部门可以商请中华医学会组织医疗事故技术鉴定。

第四十七条　本办法由卫生部负责解释。

第四十八条　本办法自2002年9月1日起施行。

最高人民法院关于参照《医疗事故处理条例》审理医疗纠纷民事案件的通知

各省、自治区、直辖市高级人民法院，解放军军事法院，新疆维吾尔自治区高级人民法院生产建设兵团分院：

2002年4月4日国务院公布了《医疗事故处理条例》(以下简称条例),自2002年9月1日起施行。条例对于妥善解决医疗纠纷,保护医患双方的合法权益,维护医疗秩序具有重要意义。现就人民法院参照条例审理医疗纠纷民事案件的有关问题通知如下:

一、条例施行后发生的医疗事故引起的医疗赔偿纠纷,诉到法院的,参照条例的有关规定办理;因医疗事故以外的原因引起的其他医疗赔偿纠纷,适用民法通则的规定。

人民法院在条例施行前已经按照民法通则、原《医疗事故处理办法》等法律、法规审理的民事案件,依法进行再审的,不适用条例的规定。

二、人民法院在民事审判中,根据当事人的申请或者依职权决定进行医疗事故司法鉴定的,交由条例所规定的医学会组织鉴定。因医疗事故以外的原因引起的其他医疗赔偿纠纷需要进行司法鉴定的,按照《人民法院对外委托司法鉴定管理规定》组织鉴定。

人民法院对司法鉴定申请和司法鉴定结论的审查按照《最高人民法院关于民事诉讼证据的若干规定》的有关规定处理。

三、条例实施后,人民法院审理因医疗事故引起的医疗赔偿纠纷民事案件,在确定医疗事故赔偿责任时,参照条例第四十九条、第五十条、第五十一条和第五十二条的规定办理。

人民法院在审理涉及医疗事故民事案件中遇到的其他重大问题,请及时层报我院。

附录二　医疗事故相关流程图

一、医疗纠纷处理流程图

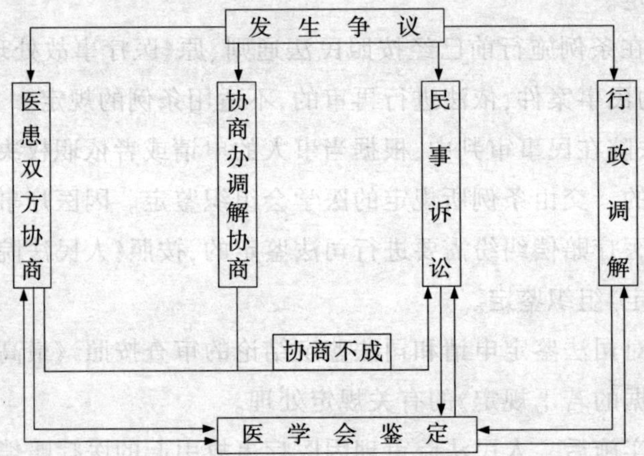

二、医疗事故争议处理流程图

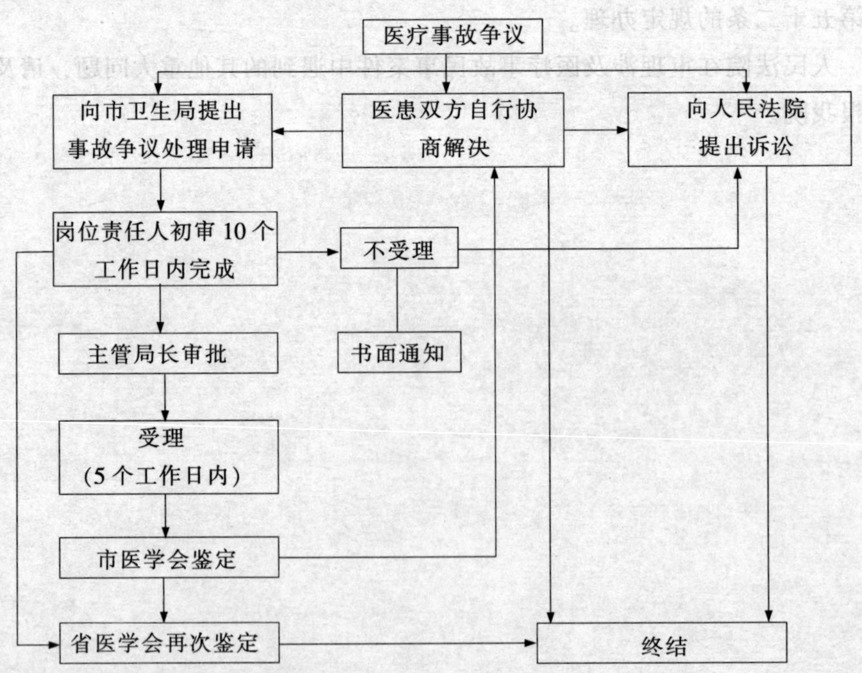

三、医学会鉴定流程图

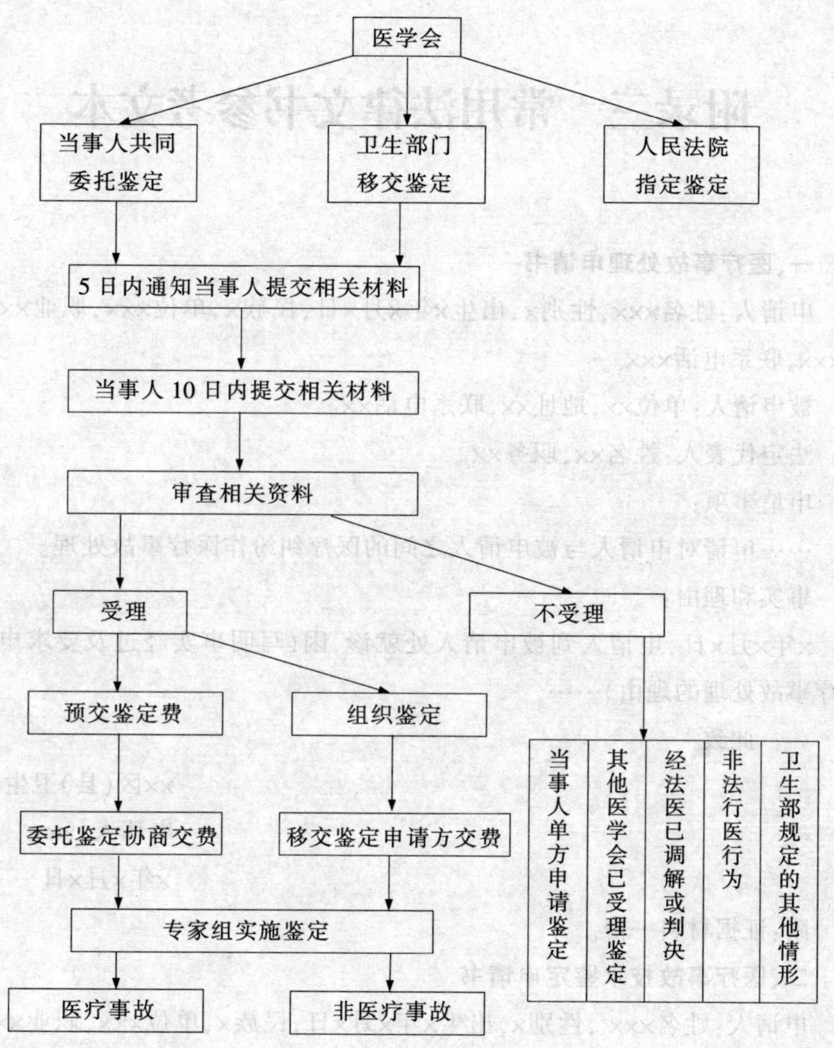

医学会
当事人共同委托鉴定
卫生部门移交鉴定
人民法院指定鉴定
5日内通知当事人提交相关材料
当事人10日内提交相关材料
审查相关资料
受理
不受理
预交鉴定费
组织鉴定
委托鉴定协商交费
移交鉴定申请方交费
专家组实施鉴定
医疗事故
非医疗事故
当事人单方申请鉴定
其他医学会已受理鉴定
经法医已调解或判决
非法行医行为
卫生部规定的其他情形

附录三　常用法律文书参考文本

一、医疗事故处理申请书

申请人:姓名×××,性别×,出生×年×月×日,民族×,单位×××,职业×××,住址×××,联系电话×××。

被申请人:单位××,地址××,联系电话××。

法定代表人:姓名××,职务××。

申请事项:

……申请对申请人与被申请人之间的医疗纠纷作医疗事故处理。

事实和理由:

×年×月×日,申请人到被申请人处就诊,因(写明事实经过及要求申请作医疗事故处理的理由)……

此致

××区(县)卫生局

申请人:×××

×年×月×日

附:证据材料一份。

二、医疗事故技术鉴定申请书

申请人:姓名××× ,性别×,出生×年×月×日,民族×,单位×××,职业×××,住址×××,联系电话×××。

被申请人:单位×××,地址×××,联系电话×××。

法定代表人:姓名×××,职务×××。

申请事项:

……申请对申请人与被申请人之间的医疗纠纷作医疗事故技术鉴定。

事实和理由:

×年×月×日,申请人到被申请人处就诊,因(写明事实经过及要求申请作医疗事故技术鉴定的理由)……

此致

××区(县)卫生局

申请人:×××

×年×月×日

附:证据材料一份。

三、医疗事故赔偿协议书

甲方:________________(医疗机构)

乙方:________________(患方)

甲乙双方根据《医疗事故处理条例》之规定,经协商,在完全自愿的情况下达成如下协议:

1.患者基本情况

姓名: 年龄: 性别: 籍贯: 住址:

身份证号: 住院号:

疾病诊断:

治疗结果:

2.甲乙双方共同认定的医疗事故等级

……

3.医疗事故原因

……

4.赔偿数额

……

5.赔偿金给付时间及违约责任

……

本协议一式三份,甲乙双方各执一份,交××市卫生局一份备案,具有同等法律效力。

甲方:盖章(法定代表人签字) 乙方:(签字并按手印)

×年×月×日 ×年×月×日

四、民事起诉状

原告:×××

法定代理人:×××

被告:×××

法定代表人:×××

1.诉讼请求:……

2.事实和理由:……

3.证据和证据来源,证人的姓名和住址:……

此致

××人民法院

起诉人:×××

×年×月×日

附:合同副本×份,本诉状副本×份,其他证明文件×份。